JN154709

伊沢多喜男

知られざる官僚政治家

大西比呂志著

伊沢多喜男　西巣鴨の自邸で（1935 年頃）

家族と（一九三一年新年参賀を終えて）
妻とくと子供たち
後列右からいよ、龍作、紀、みや

伊沢と台湾運動家たち（蔡培火経営の中華料理店「味仙」で 1939 年 6 月）

中列右側 3 人目から娘いよ、妻とく、多喜男、長男龍作と妻清子、娘みや、紀の妻常枝。後列右から女婿黒河内透、次男紀、劉明電、呉三連・李菱夫妻、平山泰、ひとりおいて林柏寿、ひとりおいて楊肇嘉、蔡培火（左端）

伊沢多喜男　知られざる官僚政治家　目次

凡例

一　本文で引用した伊沢多喜男が発信受信した書簡は、それぞれ「伊沢多喜男」を省略し、宛先者氏名と作成年月日、発信者氏名と作成年月日を引用末尾の（　）内に記した。

一　本文での表記は原則として漢字は新字を用い、現代仮名づかいとした。ただし一部の固有名詞や仮名づかいは原文のままとした。

一　引用史料のカタカナ表記はひらかなに改めた。ただし標題がカタカナ表記の史料は原典のままとした。

一　引用史料には、読みやすさを考慮して適宜句読点・濁点を付した。

一　引用史料中の〔　〕は著者による補記である。

一　難読の用語には、ふりがなを付けた。

一　巻末に記載した「その他機関」「個人」所蔵以外の伊沢多喜男発信・受信の書簡は、伊沢多喜男文書研究会編『伊沢多喜男関係文書』（芙蓉書房出版、二〇〇〇年）に収録されている。

伊沢多喜男　知られざる官僚政治家

はじめに

伊沢多喜男はかつて「日本の黒幕」と呼ばれ、政界で恐れられた官僚政治家である。一八六九（明治二）年、信濃国高遠藩（現伊那市）藩士の家に生まれ、帝国大学法科大学を卒業して内務省に入り、各県知事、警視総監、貴族院議員、台湾総督、東京市長、枢密顧問官を歴任し、戦後に公職追放され一九四九（昭和二四）年に没した。この間「大臣製造者」「官僚政治家の大御所」と呼ばれたこともある。

伊沢の権力の源泉は、内務省であった。一八七三年十一月に発足した内務省は、治安警察、地方行政、土木、社会労働、保健衛生など内政の総合官庁として絶大な権限を有した。そして、内務官僚は人民を嚮導する牧民官として政府の国民支配の要となった（黒沢良『内務省の政治史』）。内政に大きな地位を占めた内務省と内務官僚は、必然、時の政治の変動、政局の変転に関わった。内務省と藩閥・政党・軍部との提携や対立は、明治大正昭和の政治史の主要な舞台の一つである。統治術や人間関係を重視する内務官僚は、元来が政治を好む官僚であった。

なかでも伊沢は政治的官僚の典型であった。「政変の都度、伊沢が動き策謀がめぐらされる。沢山の乾児（こぶん）、または伊沢シンパをあやつり活躍」した（伊与部輝「官僚政治家の大御所伊沢多喜男をあばく」）。伊沢を「日本の黒幕」と呼んだのはカナダ人歴史学者ハーバート・ノーマンである。

伊沢は数々の内閣交代劇に関わった。その都度何度となく大臣就任を要請されたが、ついにこれに応じることは無かった。憲政会や立憲民政党という大政党の結成に関わったが、それらに加わることも無かった。伊沢の政治手法の基本は、贔屓役者を背後から動かすことであった。大正期苦節十年の加藤高明、昭和政党政治期の浜口雄幸、戦時期の近衛文麿、戦後占領期の幣原喜重郎らである。

伊沢の風貌といえば「痩せた頬の高い浅黒い、眼が奥で光る、一見如何にも精悍そのもののような背広の紳士」であり、「豹を想はせ」るものであったという。「怒庵」の称号を贈られ自ら「頑爺」と称し、しばしば癇癪を爆発させ誰とも喧嘩を辞さなかった。ある人は「何か気に入らぬことがあると、相手かまわずがみがみと、入歯を舌で押しながら、食いつくような顔でやる」と評している（近藤英明『国会のゆくえ』）。

しかし同郷の岩波茂雄は「知謀に富み陰険な策士のやうに世間から考へられて居たが、接してみると稚気に富み率直で親しむべき老翁であった」と述べている（安倍能成『岩波茂雄伝』）。友人や家族、郷里への愛情は深く、冷徹な策謀家のようにみえて涙もろい人情家であった。後進にはどこまでも親切であったとやはり同郷の小林次郎は回想している（『国会生活の思い出』）。

さらに官僚の後輩だけでなく、体制に圧迫された人々を擁護し交流を結んだ。大正デモクラシーの吉野作造、美濃部達吉、反軍演説で知られる代議士斎藤隆夫、憲政の神様尾崎行雄、社会運動家でもあった田川大吉郎、台湾の自治獲得運動を目指した林献堂、蔡培火、呉三連らである。

伊沢は人間関係を築くことにあくなき情熱を注いだ。電話魔で時を選ばず相手を呼び出し、自ら訪問した。今日残る多数の来簡からは、伊沢のもとに様々な案件が持ち込まれ、伊沢がそれをこまめに世話していたことが知られる（「伊沢多喜男関係文書」）。

こうして伊沢が築いた人間関係は、政界官界から財界、学者言論人、地方政治、植民地に及ぶ。伊沢の政治活動のほとんどは、この人脈の維持培養と稼働に向けられたといってもよい。戦前の政界で反骨少数派の立場を貫き、伊沢閥と呼ばれた勢力を築いたこの人物はどのようにその力を得、活動を行ったのか。そして戦前期の日本政治にどのような役割を果たしたのか。本書はこの知られざる官僚政治家伊沢多喜男の生涯を、彼の政治活動の源泉となった内務省と時代の動向とともに明らかにするものである。

第一章　修学の時代

信州高遠

一八六九年十二月二六日（明治二年十一月二四日）、伊沢多喜男は信州高遠藩の城下に生まれた。この年版籍奉還が行われ八代藩主内藤頼直は藩知事となり、一八七一年の廃藩置県をへて当地域は高遠県、筑摩県、長野県へ再編統合されていく。戊辰戦争が終結し明治政府による国家建設が始動したころであったが、領内では気候不順で凶作となり、庶民は山野の草木皮まで食料にするありさまであった。藩札や商業手形、偽札も横行して物価が高騰し、次々と出されるお触れが人心浮動をもたらし、同年十一月には入谷野の郷民二〇〇〇人が蜂起する事件も起きた。維新の変革が村々に押し寄せ、動揺と混乱をもたらした（『高遠町誌 下巻』）。

伊沢の祖先は、甲州笛吹川に臨む石和城（現山梨県笛吹市）を居城とした武田信玄幕下にあった。甲州石和の出身であるから伊沢は「いさわ」と読むが、前述のノーマンはＩＺＡＷＡと表記している。伊沢の祖先は武田滅亡（一五八二年）後に高遠城下へ移り住み鉾持村に隠れ住み、徳川時代の文政年間（一八一八〜一八三〇年）祖父門蔵（紋蔵とも）の代になってようやく藩侯内藤頼寧に仕えた。伊沢家は長く苦難に耐えた「戦国争乱の落武者の裔」であった（上沼八郎『伊沢修二』）。

門蔵は江戸で佐藤一斎に師事し、官学を修めて藩黌進徳館を興すのに功労があった。内藤頼直により一八六〇（万延元）年開校された進徳館は、幕末の藩政立て直しのなかで「実学専一」の教育方針で多くの人材を養成した。法学者高橋作衛、書家中村不折、画家池上秀畝らは、後年まで多喜男が交流を結ぶ人々である。

図1　藩黌進徳館

父勝三郎（雅号文谷）は徒士目付で祐筆を勤めたが、食禄は二〇俵二人扶持の微禄で書画の才を生かして凧や幟、襖の絵を描いて生活の足しにしたという。母多計（たけ）は進徳館筆書助教、維新後は小学校長をつとめた内田文右衛門（敬忠・準二）の長女で、日頃唐詩選を愛唱する才媛であった。多喜男はこの母に「お前は武士の子だ。武士の子は武士らしくしろ、恥を知らねばならぬ」と教えられて育った（「武士道の薫育」）。

高遠城と進徳館に近い東大屋敷に復元されている伊沢家は（一九六八年、伊沢修二先生生家として町宝指定）、板葺き石置き屋根のきわめて簡素な作りである。維新後、伊沢家は西高遠新開村相生（後相生町五八九番地、伊沢の履歴書では明治期には本籍高遠町六七八、昭和期の枢密顧問時には高遠町五六七となっている）に移住した。伊沢は後年、「余は相生町にて生まれ育ちたり」と語っている（中村文彦『高遠こぼれ話』）。伊沢家の移転は、江戸詰藩士が帰京し武家の界隈が手狭になったこと、下級武士の反抗を防ぐための疎開であったという。

伊沢家は順、直子、修二、富次郎、信三郎、久、春、寛、多喜男、末五郎という一〇人の子どもの大家族とあって、幕末維新の激動期に窮迫した。一八五一（嘉永四）年生まれの修二は、当時の生活を「一家十数人の大家族で、ようよう口を糊し得るに過ぎなかった。而して余は男子の惣領であったから、具に辛酸を嘗め、負米採薪の事など父と共に日夕労役に服するを常とした」（『楽石伊沢修二先生』）、多喜男も「魚といふものは一年の中にたつた二度ほか喰べられない」「囲炉裏に火を焚いてそしてその火で書物を読むといふやうな状況でありました」と回想している（「郷土山河の感化力」）。貧困のなかでの刻苦勉励の時代であった。

三人の兄

夭逝した長男に代わって一家を支えた修二は一八六一年進徳館で学んだのち、単身江戸に出て中浜万次郎に英語を学び、高遠藩の貢進生として大学南校から文部省に出仕し、一八七四年愛知師範学校校長となった。以後アメリカ留学をへて文部省音楽取調御用掛、東京音楽学校（現東京芸術大学）初代校長を務め、唱歌を導入して近代音楽教育の開拓者となった。また台湾国語教育、吃音矯正など幅広い国民教育の先導者でもあった（奥中康人『国家と音楽』）。

一八七四年三月、七歳の多喜男は愛知の修二のもとに引き取られて付属小学校に入ったが、修二が翌年米国留学すると郷里に戻され、進徳館小学校の系譜を引く東高遠小学校（現伊那市立高遠小学校）に入学した。その頃米国の修二から郷里の父にあて「多喜男並妹共学問勉強いたし居候趣被仰、不肖に於ても誠に欣喜之至に御座候」と、弟妹たちの勉学の様子を気にかける手紙が残っている（伊沢修二一八七六年二月一六日）。しかし多喜男はといえば、この年九月旱魃で困窮した村民が起した一揆の隊列が実家に上がり込んで狼藉を働いたことに怒り、床の間の脇差しを持ち出し一人で立ち向かったというエピソードがある（『名士の少年時代』）。

一八七八年帰国した修二は東京の小石川小日向第六天町に居を構え、郷里の弟たちを呼び寄せた。最初に上京した富次郎は一八五六年に生まれ、一八七二年東京外国語学校に入ってドイツ語を学び一八七四年には東京大学医学部製薬科に入学した。しかし在学中に重い脚気に罹り薬学科に転科し、卒業したのは一八八一年であった。その後広島県で福山病院薬局長などを勤め、一八八三年宮城県医学校薬局長、第二高等中学校医学部の教官となった。富次郎には『病名薬名和洋便覧』（一八八五年）という編著があり、出版人富次郎（奥付では富二郎）の住所は修二宅となっている。

日清戦争後の一八九六年六月、富次郎は一〇数年の仙台勤務から台湾に赴任した。前年六月より修二が台湾総督府学務部長心得として、日清戦後の台湾領有に伴う植民地教育を推し進めていたから兄の推挽があったのだろう。翌年六月台南県医院薬局長に就任し、一八九九年まで勤めた。ちなみに台湾時代に生まれた富次郎の三女きみ子は、作家宇野浩二との恋愛で文壇史に登場する（川西政明「宇野浩二の世界」）。

富次郎は台湾でペストに罹り退官して帰京した後は、親戚の須田哲造の明々堂眼科医院で眼科を研究し、下谷区竹町で医院を開業し震災後は禁酒運動に奔走した（馬詰嘉吉『恩師須田卓爾先生』）。

その下の信三郎は一八五六年に生まれ進徳館に学んだが、やはり苦しい家計を助けるため松本の薬種屋に奉公に出て、一八七〇年上京して修二のもとから東京外国語学校に入学した。しかし途中でフランス語科が廃止となり大学予備門、次いで築地の専修学校で英語や経済を学んだ。この時校長田尻稲次郎の薫陶を受け終生師と仰いだ。

信三郎は外語学校在学中にフランソワ・フェヌロンの『テレマック冒険』を愛読し、これを『鉄烈奇談　経世指針』として本邦初出版した（一八八三年、発行人白梅書屋森重遠）。この書は「文学意識的」翻訳という点で、日本翻訳史上画期的とされるもので（柳田泉『明治初期訳文学の研究』）、中村敬宇の序には「伊沢信三郎君は余か忘年の友なり。夙（つと）に洋学に志し英仏二国の語に通す。しかして仏学は最も其長する所たり」とある。発行人森重遠は旧蜂須賀家に仕えた安井息軒門下の漢学者、修二の岳父であり、白梅書屋は『生種原始論　第一篇』など修二の多数の著書の版元である。

フランス語が堪能だった信三郎は、一八八三年日本銀行、翌年横浜正金銀行に入ってリヨン勤務となった。「信三郎さんはなんでもかんでもバタの臭を嗅ぎたいといってとうとう最後の船のボーイに紛れ込んで巴里へ渡」ったとの逸話がある（『台湾日日新報』夕刊一九二四年九月三日）。パリでは染色事業の先駆者稲畑勝太郎がいて懇意となり、後に稲畑は信三郎の媒酌で修二の妻ちよの妹（登美子）と結婚する（「姻戚の一人として」）。信三郎はまもなく横浜正金銀行を辞めて現地のリヨン市立織物学校に入り、織物機械の研究に励んだ。一八八七年帰国して日本織物会社に入り、織物部長として工場の設計や器械の設置などを担当し、京都西陣で起業する。そこでは織機の付属部品「金筬（かなおさ）」を創案し、一九〇〇年にパリ博覧会に出展するなど織物技術改良の第一人者となった（柳沢芙美子論文）。

修二、富次郎、信三郎ら多喜男の兄たちは、いずれも近代の新知識を吸収しようと貪欲な好奇心で行動した。山深い信州で下級武士の家に生まれた彼らは、藩閥全盛の時代頼るべき伝手もなく、自らの努力で将来を開拓し国家の発展に連なっていこうとした。彼らの立身と国家への志向は、いわば明治の精神を体現するものであった。

信州人の特徴として「克己、耐乏、修養」「精神主義」などが指摘される。と同時に「とにかく批判的でなにかと意見を持ち出す」とも言われる（祖父江孝男『県民性』）。修二の「怒濤」「鮮烈」の個性は有名で、それが原因で文部大臣になれなかったといわれた。富次郎は「大変な癇癪持ち」、信三郎は「短小精悍、なかなかきかぬ気の人物」であった。これらは五歳の頃には「もう自分の思うことはどこまでも押し通さなければきかなかった」多喜男にも多分に共通する気質であった。

慶応義塾

一八七八年帰国した修二は、東京師範学校長、音楽取調御用掛になった。一家を構えた修二は、一八八一年再び多喜男を呼び寄せた。多喜男は東京に戻る飛脚、上京する商人、見習い奉公に出る少年少女の一行とともに郷里を後にし、小仏、笹子の峠を越えて八王子、新宿をへて六日間、六四里の道を踏破して東京に辿り着いた。この時の一行には同い年の従弟で後に眼科の権威となる内田卓爾（のち須田姓、号静海）、一つ下で日本石油顧問などをつとめる伊勢堅八郎らもいて、上京後修二の家で生活をともにした。

小石川の修二の家は旧旗本屋敷数軒分もある大邸宅で、多喜男は玄関番をしながら東京お茶の水の女子師範学校附属小学校に通った。この時幸田露伴の妹延が同期生で、その下の幸（後安藤幸子）とともに修二宅によく遊びに来た（「ある日の幸田露伴の想い出」）。姉妹は後に修二が創設した東京音楽学校に入り、卒業後著名な音楽家となる。修二の家には政府高官、学者、実業家などが多数出入りし、多喜男は自然に政治や行政に関心を持つようになったが、特に「華族」や「大富豪」に対する兄の威厳ある態度をみて、国家官僚に強い尊敬と憧れを持つようになったという（「談話」）。

一八八四年伊沢は三田の慶応義塾普通部に進学した。修二に「貴様慶応へ入れ」と言われたからであった（同前）。同期に岩崎桃介（のち福沢諭吉の婿養子）、鈴木梅四郎（政友会代議士）、一年上に藤原銀次郎（軍需大臣）がいた。進学の時期は「慶応義塾入社帳」には一月十二日入社、保証人伊沢修二とある。この慶応義塾と三高、帝大の修学時代は、明治の政治史でいえば内閣制度成立から帝国憲法公布、国会開設という国家体制の形成期である。学生時代伊沢は何を学び体験しただろうか。

当時の慶応義塾普通部の学制は、本科四級、予科四級あわせて八級制で五年を修業年限とし、一月に始まる三学期制であった（『慶応義塾大学百年史』）。伊沢が二年生となった一八八五年の第一期の成績は「読方小試験」九二点、「読方大試験」八二点で、番外七二名の筆頭であった（「明治十八年第一期勤惰表」）。番外とは学期途中の入学者のクラスである。しかし同年第二期（五月～七月）には、「出席度数七五」で首位の半分以下、成績は「読方小試験四六　書取四九　数学小試験四〇」となり、「合計四四八」で一五名中八位となった。

次の第三期（九月～一二月）では正科予科三番へ登級し、成績は一九名中二位、翌一八八六年の第一期には正科予科一番に登級した。しかし期末の成績は「出席度数一三六　読方小試験六二　書取四三」で、語学、簿記、読方の大試験はいずれも零点で二六名中一五位と下がった。小試とは一期二度の試験、大試験は期末試験で、大試験欠席が響いたようである。このころ医者から「虚弱で勉強に堪えまい」と言われていたためか、以後慶応の在籍記録は無く、伝記には「明治二十年慶応普通部卒業」とあるが、同年四月に卒業した正科二七人、別科九人の中に伊沢の名前はない（「卒業生名簿」）。

しかしこの時代伊沢は福沢のもとで政治への関心を強めた。慶応の先輩犬養毅や尾崎行雄がすでに活躍しており、三田演説館で伊沢は「塾生は毎晩集まって演説の稽古」したという（「談話」）。

大阪第三高等中学校

翌一八八七年七月、伊沢は第一高等中学校を受験したが不合格となった。ただちに大阪の第三高等中学校を受験して合格し、九月に入学した。同校は一八六九年大阪城西門近くに開かれた舎密局に始まり、大阪中学校、大学分校という改組をへて、伊沢が入学する前年に第三高等中学校となった。

この年の入学者は伊沢のように私立学校から六九人、尋常中学からの四一人を含め一一七人であった。予科三級、本科二年が修業年限で、伊沢は予科三級から入り、幣原喜重郎（のち首相）や下岡忠治（内務次官）、大平駒槌（満鉄副総裁）らと一緒になり、高知中学を出て一級に入学した浜口雄幸（首相）とは翌年八月から三年間をともに過ごした。

大阪の門真出身ですでに在籍していた幣原は、伊沢の印象を「第一の異彩」と記している（『幣原喜重郎』）。このほか同級に溝淵進馬（三高校長）、山崎直方（地理学者）、喜田貞吉（日本史学者）ら、すぐ下の学年に有吉忠一（朝鮮総督府政務総監）、阿部守太郎（外務省政務局長）、岡田宇之助（佐賀県知事）、松木幹一郎（台湾電力社長）、木下謙次郎（代議士）らがいる。

当時の校長は前身の大阪中学校、大学分校以来の折田彦市であった。折田はその後約三〇年間にわたり三高の校長を務め、「無為にして化するといふ個性伸張主義」の教育方針を掲げ、「自由の学風」の伝統を築いた。兵式体操やテニス、ラグビーなどのスポーツを導入し、寄宿舎自由寮で学生とともに入浴するなど、学生を熱烈に愛し、また敬愛された校長であった(板倉創造『一枚の肖像画』)。自由寮では「賄征伐、尊大蓬髪の風」が甚だしく、模擬国会、討論会が行われ、東京から来た伊沢や笹川種郎(臨風)らは東遊会なる組織を結成し、盛んに校風の革新を叫び自由寮を「校風の策源地」たらしめたという(『新編自由寮史』)。

一八八八年三月末、折田校長以下職員二一名、生徒九九名は五泊六日で奈良、月ヶ瀬、笠置方面に修学旅行に向かった。行軍と称し第二小隊に伊沢、第三小隊に幣原坦・喜重郎兄弟、大平駒槌が加わった。全行程三二里で途中各所で名跡観覧し、また南北両軍に分かれて発火演習を行い、学術演説会なども開催した(『神陵小史』)。集団行動の規律と団結心を涵養する旧制高校の恒例行事であった。

一八八九年八月、三高は京都市上京区吉田町神楽岡に移転した。九月十一日には煉瓦石造り二階建ての新校舎開業式をかねて予科の卒業証書授与式が行われ、伊沢、浜口、幣原らは本科へ進んだ。

二月大日本帝国憲法が公布され、翌年十一月第一回帝国議会の開院式が行われた。三高では、開院式翌日奉祝のため生徒三五〇名が国旗を飾った山車二台で市内を練り歩き、御所に向って万歳三唱し、綱引きなどの運動会を行った。この時歌われたのが「伊沢多喜男氏新作のトコトンヤレ」であった。

「外国人が血汐や屍でやうやう開いた国会を　トコトンヤレ　トンヤレナ　君が代八千代と歌うて開くは　吾国ばかりギャ　知らないか　トコトンヤレ　トンヤレナ」（『新版神陵小史』）

西洋では多くの犠牲を払って開かれた国会が、日本では天皇のもと平和に導入されたと誇らかに歌うもので、伊沢は幣原、浜口らとともに神輿をかつぎ町中で歌って回った（小林次郎「伊沢先生の思出」）。東京音楽学校校長であった修二は、この時全国の小学校で歌われた「帝国議会開院之兒歌」（小山作之助作曲）を作詞している。

翌一八九一年、日本を揺るがす大津事件が起きた。四月来日したロシア皇太子ニコライ一行は、長崎と鹿児島に立ち寄った後に神戸から陸路京都に向かい、三高の職員生徒は五月九日、皇太子出迎えに上洛した天皇を七条停車場で奉迎した（「第三高等学校関係資料」）。そして十一日、京都を出た皇太子が途中の大津で警備の警官に切りつけられた。この報が伝わると、折田校長は直ちに皇太子の宿所に参候し、生徒も授業を中止してその門前に奉伺して快復祈願の書を献じた。さらに三高職員生徒総代は、予定を切り上げて帰国する皇太子を神戸に、二一日には天皇の東京還御を奉送した。生徒の一人伊沢もこの一行に加わり、国家的危機となった大事件を間近で目撃したのである。

伊沢は生涯にわたり手帳や日記を、断続的ではあるが残している。その最初が一八九二（明治二五）年、三高時代のものである。そこには若き日の幣原、浜口らとの交流が記されていて興味深い。

三高生の日常

このころの三高は九月にはじまる三学期制で、伊沢は月曜日から土曜日まで毎日四〜六コマ、ドイツ語、ラテン語、英語のほか歴史学、理財学などを履修している。厳しい学習の毎日であるが、もちろん時間割通りに出席していたわけでない。ある日は「昨夜の疲労の為め日の高く登るを知らず起き出づれば已に八時なり、到底第一時には間に合はず遂に休むに決す」とある（二月二九日）。しかし慶応時代に休みがちだった反省からか、最初の期末試験では「歴史の試験あり夜来大に苦んで暗記せるが問題甚だ易く勉強の甲斐なき位なり」（三月一九日）と気合いを入れて臨み、好成績であったことを記している。

この年二月に行われた衆議院議員総選挙（第二回）は品川弥二郎内相の選挙干渉で有名である。伊沢はこれについて「国民熱中特に高知県の如き国権自由両派の競争最も甚だしく、争闘の局銃器を弄するに至る、何等の暴状ぞや」と選挙戦の醜状を嘆き、「立憲制は

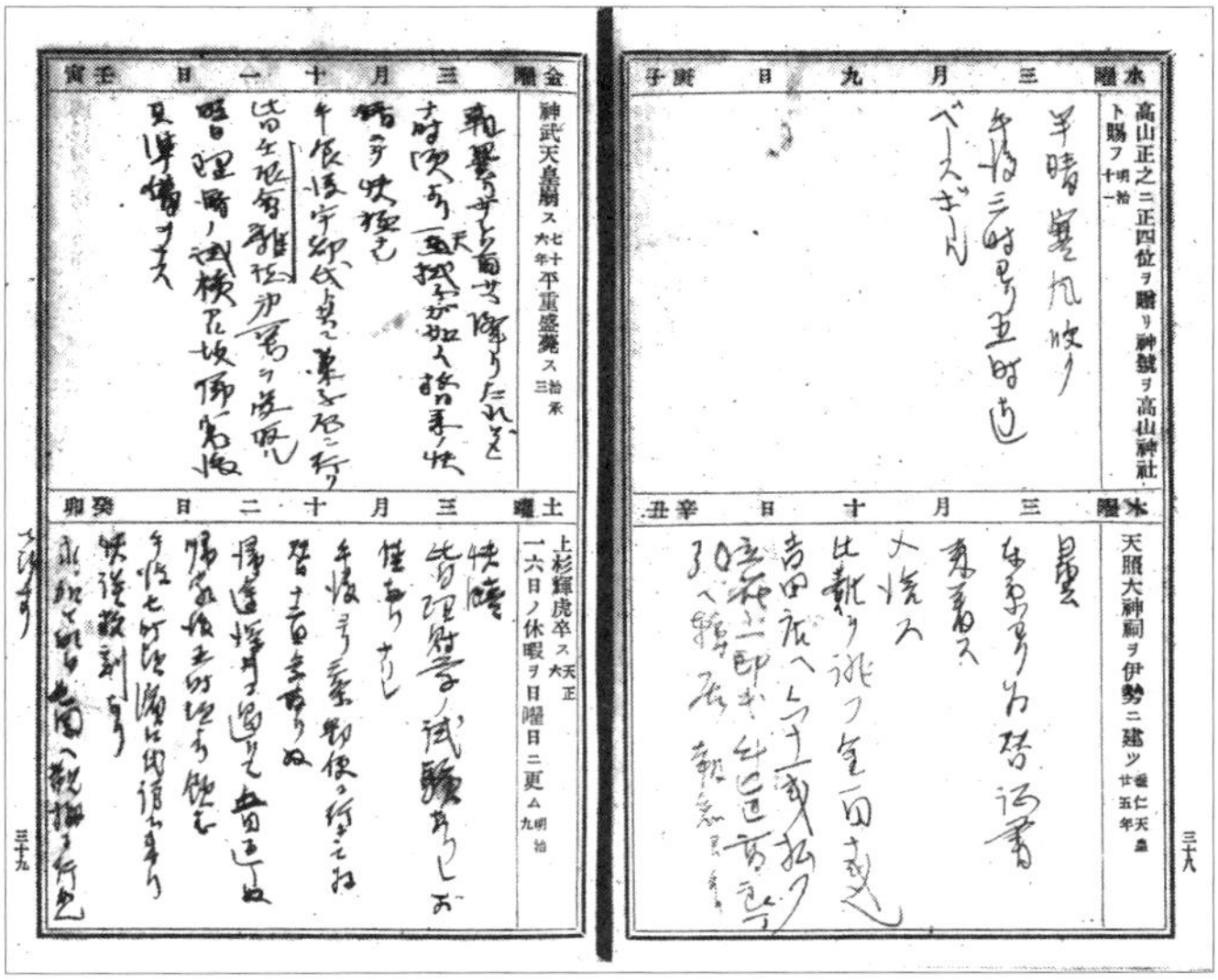

図2　三高時代の日記（一八八二年三月）

吾都に適せざるか抑も又早きか」との感想を記している（二月一日）。高知県では武器などの携帯・運搬を禁止する保安条例の一部が公布されるほどの激戦であった。伊沢は帝国議会開設を祝ったものの、野蛮な選挙の現状をみて立憲制の前途を危惧した。

この年、文武技芸の「攻究錬磨」を目的にした全職員生徒加盟の団体壬辰会が結成された。伊沢は浜口、下岡とともに機関誌の編集にあたり、「峰渓生」「峰水」などの筆名で評論記事を執筆した。また運動部ではベースボール部の初代部長となった（『第三高等中学校一覧』）。日記にも「此日午後二時よりベースボールを行ふ、吾組十九に対して敵僅に一のサクセッス、実に古今未曽有の大勝利壮絶快絶」（二月二日）、「午後三時よりベースボールを行ふ、ピッチなりしが肩と手の節目甚だ痛む」（三月八日）と、野球に熱中する記述がある。三高がまだ大阪にあった一八八六年、アメリカ留学中に経験があった折田校長によってベースボールが取り寄せられ全校生徒が楽しんだという。伊沢は草創期の野球に親しんだ一人で、野球は自分が東京から三高へ移入したと述べている（『三高野球部史』）。伊沢が学んだ慶応義塾では、一八八四年頃にすでに「米人ストーマー氏の教授」により塾生で野球を試みるものがあり、伊沢はすでに慶応時代に野球を始めていたようである（『慶応義塾野球部史』）。

伊沢は幣原や浜口と親しく往来した。二月一四日伊沢は友人たちと「牛肉にて飲」んだのち「加留多を携へて幣原氏を訪ひ十数回対戦」、四月には「天気快晴　幣原氏と共に上賀茂に至り其背後の小丘に攀づ」（一日）と洛中に遊んだ。この頃生家水口家から浜口家に入籍し結婚もしていた浜口雄幸については、「真黒なメクラ縞の筒袖、紺の豆絞りの兵児帯、この恰好で太いステッキを突いて」いた、「何の学科でもよくできたが散歩が好きで、撃剣も少しやった。別に異彩を放つこともなかったが、平均点がよかった」と、後に行われた浜口の伝記編纂のなかでジャーナリスト丸山幹治（侃堂）に回想している（「丸山幹治氏筆記」以下「丸山筆記」）。幣原も「浜口君は三高時代から頭がよく、勉強もした」と回想している（幣原喜重郎『外交五十年』）。浜口は伊沢とは好対照な友人であった。

伊沢は浜口と壬辰会雑誌の編集に携わりよく議論をした。理財学の試験のあと伊沢が下宿で飲んでいたところ、「午後七時頃浜口氏訪ひ来り快談数刻なり」とある（三月二一日）。浜口はこのころすでに政治に趣味があり、同じ土佐の板垣退助を第一の崇拝者としていた。伊沢がわざと浜口に「板垣伯の悪口を吹きかけると必ずムキになってそれは違ふと大いにやったものだ」と、伊沢は語っている（「旧友座談会」）。

学生はみな貧乏であった。伊沢は兄修二からの仕送りと与えられた翻訳の作業で学費や生活の資を得ていた。ある日の日記には次のようにある。

「此夜読本反訳を三十枚に達せしめんとし十二時頃迄寝ねず。尚ほ修二阿兄に送る書状を草する為め午前二時頃迄寝ねず。されども精神疲れて章をなさず成らずして止む。噫余何ぞ金を得て難きや。余は一月半より今日迄学校の余暇孜々として反訳に従事し僅に三十枚月三円を得る丈けの仕事をなせるのみ」（二月二八日）

一ヶ月半でわずか三〇枚しか翻訳を挙げることができず、修二へ手紙を書くのに煩悶していたことが分かる。結局数日後の朝、学校に出る前に未完成のまま修二に送り、同時に「学資金の前借」を願い出る始末であった。修二は多喜男にとって絶対的な存在であった。

六月一五日伊沢はアメリカ建国の父ベンジャミン・フランクリンの自叙伝を購入し、数日後「氏の order を実践する」決意を記した（六月一八日）。「氏の order」とは、フランクリンが毎週一つ実践したという節制、沈黙、規律、決断など一三の徳目で、禁欲的道徳的政治家の典型であったフランクリンは、修二の姿と重なるものであった。伊沢は政治家への志望を膨らましつつあったが、その政治観は道徳性を重視する修二の影響を強く受けたものであった。

帝国大学法科

一八九二年七月、伊沢ら四八人は三高の第四回卒業生となった。帝大法科への進学が決まっていた首席の幣原が卒業生総代として答辞を行った（『壬辰会雑誌』第五号）。浜口は二番目、伊沢は一四番目、ほかに下岡、大平らが進学した（「第三高等学校関係資料」）。

伊沢は下宿を引き払い、友人と東海道線で上京した。前途に不安だったようで、途中汽車が粟津を過ぎる際に「ますら雄は名のみ残して消えぬるを　今も粟津に朝日照るなり」と、木曽義仲が近江粟津の戦いで敗走した故事に因む歌を詠んだ。兄修二から理工科専攻を奨められ、政治家志望であったのでそれを断ったこと、そして何より兄から申し渡された「后後独立すべし、一切世話をせずとの命」が重くのしかかっていた（「日記」七月一八日）。

上京後、伊沢はアルバイト探しで田尻稲次郎や加藤弘之など、著名な帝大教授に面会を申し込んで歩いた。しかし満足な返事を得ることはできず、八月になって神道思想家で共立中学校校長だった今泉定助に会い、「共立中学校の英語教師に雇はれん事を頼む。氏大抵受合ひ呉れたり。先づかせぎ口一つ出来安心す」となった（八月二三日）。稼ぎ口となった共立中学は、神田淡路町で英語を主とした教育を行い、当時九〇〇名ほどの生徒を擁していた（『東京遊学案内』）。伊沢の英語の読書力はのちの外相幣原が「傑出していた」というほどで、芸は身を助けることになったが、月給は四円ほどで十一月に報酬を受け取るとその翌日「永浜氏に三円貸す」とある（十一月三〇日）。のちに大蔵官僚から住友銀行副頭取となる永浜盛三である。稼いだ四円のうち三円を翌日友人に貸した伊沢のように、貧乏学生たちはこうやってお互い金を融通しあっていた。

九月、伊沢は帝国大学法科大学政治学科に進学し寄宿舎に入った。すぐ近くの上野池之端の裏長屋には、幼なじみの中村鈼太郎（のちの洋画家・書家中村不折）が貧苦のなか画業を目指しており、「時折相会して互ひに貧乏に負けてなるものか」と激励し合った（「不折敢闘の生涯」）。同じ学科に三高以来の幣原、浜口、大平、下岡のほか高野岩三郎（のち東大教授）、小野塚喜平次（東大総長）、勝田主計（大蔵大臣）らが一高から加わり、上山満之進（枢密顧問官）、田中清次郎（満鉄顧問）、土方久徴（日銀総裁）らも学科は違うが同学年となった。

帝大に通い始めたころの伊沢は「よく勉強した。成績も悪くなかった」という(『伝記』)。最初の時間割は「月　憲法、火　政治学、政治史　木　統計学、財政学　金　理財学、憲法、法制、土　刑法」で、憲法講座は穂積八束、民法講座は土方寧、国際法は秋月左都夫ら著名な講師陣であった。

受講した穂積の憲法講座は、ドイツのパウル・ラーバントを元にしていて、伊沢はこれに大きな影響を受け「イギリス流の政党内閣と云ふものは良いものぢゃないのだ」と考えるに至った(「談話」)。穂積の師ラーバントはドイツ国法学の泰斗で、君主中心の国家法人説を説いた。伊沢は大学でまずは君主と国家優位の法学の薫陶を受けた。

国際法の秋月は外交官で、当時は文部省から出向して教鞭をとっていた。伊沢文書には秋月の国際法の試験の答案が残っている(「明治二十七年東京帝大政治科国際公法答案」)。イギリス、ドイツを例に連邦と主権の関係、無主の地の国際法上の地位、在留外国人と政府の損害賠償権など五つの問題に対し、得点は六七点であった。成績としては「可」で伊沢の回顧では「卒業のときは、余り良い成績ではなかったが、これは病気のためであった」という(『伝記』)。

一〇月二日、芝日陰町に古洋服を友人と買いに出たが、店では「価格の相談をなし談判破裂しては去る」といった具合で一五、六軒も物色して歩いた末、ようやく購入している。この時代も相変わらず貧乏で、三高時代と同様生活費を翻訳のアルバイトで稼ぐことになった。

その一つが同じ高遠出身での海軍省の嘱託高橋作衛博士から依頼されたアルフレッド・マハンの翻訳で、これを小野塚や高野ら同級生とともに手がけた（『伝記』）。世界各国の海軍に大きな影響与えた書として名高いマハンの The Influence of Sea Power upon the French Revolution and Empire は、一八九二年に本邦初訳『仏国革命時代　海上権力史論』（水交社訳、東邦協会出版）として出版されている。高橋は高遠藩儒高橋白山の長男で、伊沢とは幼なじみであった。ただし同書の翻訳者は上巻が斎藤恒太郎、下巻が内田成道、寺島成となっていて、伊沢や小野塚らの名前はない。彼らは翻訳の下作業に従事したのだろう。

このころ修二は、須田経哲（医師、号は泰嶺）、鈴木馬左也（内務官僚から住友本店総理事）の三人で励精会という座禅会を鎌倉の円覚寺で行っていた。須田は修二の伯父（母たけの妹ゆきの夫）で、鈴木は多喜男が国際法を学んだ秋月の実弟である。多喜男も兄の影響から禅に傾倒し、明治の政財界人が参加した南隠全愚老師の小石川白山道場に通った（『明治の禅匠』）。伊沢は潔癖な性格とあいまって、政治を道徳や禅という倫理や内省的なものと結びつける指向を深め、禅の道場で各界の人士と交流を深めた。

一八九五年七月、伊沢は帝大法科を卒業した。この年卒業した浜口、幣原、下岡、大平、高野、小野塚らとともに結成した二八会は、毎月神田の学士会館で会合を催し、定期的に集まった。この会は「不思議に非政友的色彩が強いので、勝田主計氏は出席したことがない」と回顧しているように(「丸山筆記」)、彼ら同期生がそれぞれ有力な官僚、政治家、学者となるなかで一種の政治性を帯びた結合となり、伊沢の生涯にわたる人脈の中核となった(季武嘉也『大正期の政治構造』)。三高と帝大の時代は、官僚政治家伊沢の思想と人脈の原型が形成された時代といえるだろう。

第二章　内務官僚と明治国家

日清戦後経営と地方官

伊沢が官界に入ったころ、日本は日清戦争に勝利し大国化の道を歩み始めたが、三国干渉によって帝国主義の現実を思い知らされ、軍備拡張と資本主義育成に力を注いでいた。戦後経営期と呼ばれる時期である。その国家目標に向かい藩閥政府（第二次伊藤博文内閣、第二次松方正義内閣）と政党（自由党、進歩党）は、一定の歩み寄りを行い提携が実現した。しかし地方では様々な課題をめぐり、政党勢力との間で「政争と党弊」が発生した時代でもあった（細井肇『政争と党弊』）。

当時の法科卒業生の多くは政治家になるため「先ず官吏の経路」を目指し、多くは「内務省入りを志望し、殆ど総てが猛烈な競争」をした。伊沢の同期の小野塚喜平次や上山満之進の回顧である。伊沢もまた官吏を志望し、内務省を選んだ。

伊沢は十二月文官高等試験を受験した。「高文」と呼ばれたこの試験は、幹部候補の奏任官を任用する試験で、九月末の予備試験は帝国大学法科卒業生は免除され、本試験が十二月に実施された。論文、口述、憲法、刑法、民法、行政法などを必須とし、財政学、商法などの選択試験が行われた。特に重要なのは一八九三年の文官任用令はそれまでの藩閥中心の情実任用から資格任用制を目指し、同時に帝大卒業者の無試験を廃止したことで、そのため翌一八九四年卒業生のほとんどがこれに反発して試験をボイコットした。その結果伊沢らはこの試験最初の受験生となり、また最初の帝大キャリア官僚となった。

伊沢はこの間の事情を、「丁度日清戦役が済んで人の需要が多い時に二十七年の連中が受けずに二十八年の者が受験した、そこで此の受験した二十八年組が生えて飛ぶやうに売れて行ったのです。さう云ふ波に乗って行ったと云ふ方が宜いのでせう」と回想している（「談話」）。

この年の行政科試験には三七人が合格し、下岡、上山、久保田が内務省、浜口、菅原通敬が大蔵省、幣原は農商務省に入り、翌年外交科試験をへて外務省に入った。しかし伊沢は不合格であった。卒業近くに病気になったためであった。

愛知県

高文に落ちた伊沢は、翌一八九六年三月愛知県属に採用された。属は「上官の指揮を承け書記計算の庶に従事する」判任官で、伊沢は都落ちの心境であっただろう。愛知へ下向する伊沢を東京駅で見送ったのは、三高以来の友人で留年していた大平駒槌一人であった。

伊沢はこの地位に不満をもらしたのだろう、直前の二月、台湾総督府学務部長の職にあった修二は弟を厳しく叱責する手紙を寄せた。修二は「いづれになりと奉職致候上は其処に在りて孜々勤功を積み自ら人々の信用を得」ること、「現時の職によく勤むるは他日好位置に到るの礎なり」と目下の職に専心する覚悟を説いている（伊沢修二一八九六年二月四日）。「其処に在りて孜々勤功を積」むという表現は、一八七三年に下された「地方官への詔」で示された地方人民を教導する牧民官の姿であり、内務官僚の理想像であった。

さらに修二の手紙の後半は、以下のようである。

「母上へ之奉養金千円位ここに今信三郎よりも其方よりも一切致さゞる趣にて東上致せり。必死之書状到来致誠に遺憾之至に御座候。右は出立前信三郎へも篤と申聞置候次第にて今更不都合有之候は何か行違にても可有之哉誠に案外無限候。其方よりも以後毎々五円宛必ず時期を誤らず送金致奉養の道を尽される様可被成候。万一難行届に被成下候はゝ其理由小生迄速に可被申越候。唯約束致候事を実行せざるに就ては言語道断と申外無之候。」

すでに病勢が思わしくなかった母（翌年死去）に対し、京都で就職している三男信三郎ともども母への奉養金を怠ったままの出発を難詰し以後、毎々の送金について兄に固く誓約するよう命じているのである。修二は多喜男にとって兄というよりも厳格な家長であった。

修二に地方官の理想を求められた多喜男であったが、当時の地方官の現実は中央と同様、藩閥専制であった。知事の時任為基は鹿児島出身、内務部長は熊本出身の岩男三郎、ついで長州出身の山田春三で、これら直属の上司はいずれも藩閥系でこの後知事を歴任し貴族院議員に列せられていく。藩閥の情実を解消するために試験任用制度が導入され、それをパスして官僚となったが、伊沢ら帝大卒の新進官僚の行く手にはこうした藩閥出身者が要職を占めていた（清水唯一郎『政党と官僚の近代』）。

新任当初配属された地方課で同僚となった山本正心は、「伊沢氏は少しも気取らず辺幅などを飾るような人ではなく、ドチカと云へば、蛮カラ式性格の持主」であったと回想している（山本正心「政界の立て者伊沢多喜男氏出世のスタートと今昔感」）。山本は高知県出身で自由民権運動に加わり保安条例で東京退去後、県会議員、須崎町長などをつとめ、時任知事の誘いで愛知県官吏となっていた。山本はその後土佐の板垣退助が内務大臣になると本省に転出しており、当時の地方庁の末端まで藩閥の縁故があったことを示している（山本由児論文）。

早々に高文に合格することは採用の条件であったと思われる。七月伊沢は時任知事に受験許可願を出した。

「小官儀本年文官高等試験相受度候に付御許可被下度此段奉願候也　明治二十九年七月二十九日　属伊沢多喜男」（「愛知県公文書」）。

こうして十二月伊沢は同級の勝田主計、一年後輩の有吉忠一とともに合格した。晴れて奏任官となると、翌一八九七年四月伊沢は内務部第一課長となり県会委員、土木局道路課治水課なども兼務した。この愛知県時代は出発こそつまずいたが、母たけが同年七月死去したこと以外は「まことに平凡」であった（『伝記』）。

山梨県

翌一八九七年九月山梨県参事官に転じ、九等まである高等官の七等年俸八〇〇円の内務部第二課長（土木局道路課長）となった。清棲家教知事は伏見宮家出身で伯爵、貴族院議員からの転出で、事務や県会での答弁は万事下僚任せで、県庁職員も当惑する宮様知事であった（『山梨県議会史』2）。

伊沢は土木局道路課長として手腕を発揮した。勅使川に砂防工事を起こし、地方森林会幹事を兼ねて造林計画を進め、終生取り組んだ治山治水事業のきっかけとなった。さらに県下で赤痢が流行した際には検疫予防事務に精励し、褒賞として三〇円を給与された。後年「往昔約三十日間隔離病舎に宿泊して赤痢視察をなした」と、後進に自らの体験を伝えているのはこの時のことだろう（小林次郎宛一九一七年十一月末日）。

次いで学務課長となり、生徒のストライキで荒れていた県立尋常中学校の校長代理を務め、伊沢は立て直しのために一八九八年五月、幣原喜重郎の兄坦を校長に招聘した。当時三年生でこの学校に在籍していたのがのちの首相石橋湛山である。

伊沢はこの間、茨城県土浦町の名望家色川三郎兵衛英俊の五女徳子と結婚した。英俊は海保家から先代の色川三中（みなか）の婿養子となった（「覚書」）。岳父三中は醤油業を営みながら平田篤胤に入門した国学者、ペリー艦隊の来航記録など黒船情報を収集した人物として知られる（中井信彦『片葉雑記』）。英俊は醤油の海外輸出を手掛け、県会議員から衆議院議員にも当選した（立憲改進党）。徳子の姉温子は大正天皇の養育係となる湯本武比古に嫁している（永山正「色川三中以後の色川家の系譜について」）。湯本も長野県出身で修二が主宰する国家教育社の盟友でもあったから、多喜男と徳子との結婚は兄の紹介と思われる。

徳子について娘の藤浪みやは、父を怖れる子供たちを前に「母はおろおろと私たちをかばい、子供たちは母のやさしさに息をついていた」と回想している（「対照的な父と母」）。また次男の飯沢匡は、「滅茶苦茶なタイラント」な父に「まめまめしく仕える」母を子供心にいぶかったと記している（「おやじ」(33) 伊沢多喜男」）。子供たちに父母は対照的に映った。

岐阜県

山梨在任一年足らずの一八九八年七月、伊沢は岐阜県参事官、内務部第三課長に転任になった。県庁には帝大同期の久保田政周が参事官でいたが、伊沢の赴任と同時に福島県に転出した（『岐阜県会沿革誌』）。岐阜県在職は一九〇二年二月までの三年八か月にわたり、地方官時代で最も長い任地となった。

この時代は自由民権運動以来の自由党、進歩党が合同して憲政党が結成され、内部分裂をへて伊藤博文ら藩閥官僚と合流した立憲政友会（一九〇〇年九月）が創立され、藩閥政治に対抗する政党勢力が大きく成長したころであった。

当初の知事は安楽兼道ついで野村政明、田中貴道と代わった。安楽は薩摩出身であったが長州の山県有朋系の警察官僚で（一八九九年内務省警保局長、一九〇〇年警視総監）、野村は薩摩出身で福沢門下から官僚となった。田中は福岡出身だが、安楽が第四次伊藤内閣で警視総監になるとその推挽で岐阜県知事から警保局長に転出した（高橋雄豺『明治警察史研究』）。伊沢がここで安楽や田中の知遇を得たことは、警察系の官僚派閥に結びついていくきっかけとなった。

伊沢は内務部第一課長、ついで第二課長として学校教育のほか前任地の山梨県と同様に赤痢予防の検疫行政、造林計画などに関わった。県会議員から教育費の膨張や生徒の風紀問題を追及されると「いちいち記憶して居りませぬ」と突っぱね、以後は部下に答えさせるなど、県会で強硬な姿勢を示した（『明治31年通常岐阜県会速記録』）。

この年一一月成立した第二次山県内閣は憲政党と妥協する一方、文官任用令を改正して官吏身分を保障し、一九〇〇年には集会、結社、多衆運動を取り締まる治安警察法、六月には行政執行法を公布し警察力の強化を図った。

同年七月、伊沢は警察部長となった。このころ岐阜県下では梅毒患者が前後一〇年のピークとなる一四〇〇〇人を超え、風俗衛生は大きな問題であった。しかし料理店、貸座敷などの経営者は県会有力者を通じて警察の指導に抵抗し（『岐阜県警察史』上）、十二月県会で娼妓取り締まりへの法の適用緩和が要請されたが、伊沢は「密売淫と云ふことを知りさへすれば何時でも押へ」ると強硬方針を示した（『明治33年通常岐阜県会速記録』）。行政執行法第二条は「密売淫」に対する警察の強制捜査を規定しており、伊沢はこれを厳しく適用する方針を取った。

これに対し翌年の県会で「警察官の威力を以て圧へ付けて〔中略〕威喝がましいことをしたならば警察は所謂怨府」となると非難が噴出したが、伊沢は規則に触れたものは容赦なく行政処分する方針を崩さなかった（『明治34年通常岐阜県会速記録』）。第二次山県内閣で進められた警察力強化を背景に、伊沢は業者と県会有力者の癒着、政党の腐敗を厳しく取り締まった。

この警察部長時代に、政友会総裁伊藤博文が岐阜長良川畔の旅館に滞在したことがあった。知事の命を受けて旅館に伺候したところ伊藤は芸者同伴で、伊藤の「女道楽」は目に余るものがあったという。伊沢の「政友会ギライ」の一因となるエピソードである（坂本令太郎「伊沢多喜男」）。

福井県

一九〇二年二月福井県内務部長となった。福井県では病気がちの阪本釤之助知事に代わって采配を振るい、「着任の日から喧嘩」を始めた。当時県会では政友派が多数を占め、とくに県農工銀行頭取で政友会支部長竹尾茂が権勢を振るっていた（『福井県史』）。農工銀行を牛耳る竹尾派に対し、反対派は「密かに之が奪回を策し、明治三十六年の総会に於いて、時の書記官伊沢多喜男と通謀し、三田村甚三郎及び林彦一等を誘惑して重役不信任の動議を通過した」と、細井肇『政争と党弊』に書かれている。伊沢と通謀していたとされる三田村は、東京専門学校卒で福井新聞を創刊し、大隈が率いる憲政本党、国民党の重鎮で県会議員、衆議院議員でもあった（荒船俊太郎「三田村甚三郎関係文書」）。

伊沢は阪本知事を通じ、竹尾派への対応について大浦兼武警視総監に呼び出された。このことを伊沢は「竹尾は大浦さんの子分であったのでね。大浦さんに会ったのは初めてその問題で会ったのです」と記している（「談話」）。鎌倉の別荘を訪ねてきた伊沢に大浦は、

「竹尾を余り虐めるなよ」と諭したという。しかし伊沢はこれを無視して、県会から竹尾派を駆逐した。この時代、伊沢は内務部長でありながら、すでに「伊沢の天下サマ」という異名が付けられ、辣腕ぶりは注目されるところであった。

しかし大浦に逆らったためだろう、伊沢は直後に転任を命じられた。山県系官僚の最有力者大浦の権勢は絶大であった。伊沢は三田村に「突然転任之命に蒼惶出発致候なる次第にて、甚だ安からざる心地致候」との無念を伝えている（三田村甚三郎宛一九〇四年一〇月九日）。しかし大浦はむしろ自らに反抗したこの時の伊沢の態度に好感を持ったのかもしれない。この後に伊沢は大浦に引き立てられ、大浦に心酔していく。最初の出会いは、この福井県時代にあった。

このころ伊沢は本省の府県課長井上友一から「君は誠に立派な地方官になると思ふけれども、も少し書物を読まれたならば宜い」といわれ、これを生涯の教訓としたという（「読書を勧めらる」）。行政学や自治問題で多数の著作を残した学者肌の井上は、伊沢に政治への深入りを戒めたのであろう。

しかし伊沢は政争に明け暮れていたばかりではなく、米どころ福井県で農政を学ぶことに努力した。後にある人が伊沢と話をしていて、「短冊苗代がどうの長方形植付が斯うの誘導灯はこうしなければ効果がないなどと丸で篤農家の様な話」をすることをいぶかしんだところ、これは「その昔伊沢内務部長在任中、一年の大半をわらじ履きで県内視察に文字通り東奔西走した」経験に基づくものと分かり感心している（藤堂迂人「県外活躍の県人　浜口首相最高顧問伊沢多喜男氏」）。伊沢は帝大出のエリート官僚であったが、現地で実際を学ぶ行動力の持ち主であった。

滋賀県

一九〇四年九月、滋賀県内務部長に転じた。日露戦争が始まり満州では激戦が続いていた。十一月召集された県会は、議員三〇人のうち政友会十一人、憲政本党一九人と二政党が拮抗する状態であったが、戦争のさなかとあって、次年度予算は「県民の負担を軽減し以て軍費供給の途を講ずる」立場から、両党から各費目を削減、繰り延べが要請された（滋賀県「高等警察ニ関スル事項」）。

しかし十一月二五日、学校教育費から教員の慰労金や俸給費の削減が要求されると、伊沢は「戦局中ではありますが、教育の進歩のことに付ては一日も抛って置く訳には行きませぬ」と反対した（『明治37年通常滋賀県会速記録』９）。戦時下にあっても「国本充実、民力振興」の事業は増額するという立場であった。二八日の県会でも淀川改良工事の負担軽減を求める質疑が出されると、政府への納付金を「県の自由意思に依て納めるとか、納めぬとか云ふことは出来ませぬ」と反対した（『明治37年通常滋賀県会速記録』11）。伊沢は戦時下でも県行政に対する政党の予算削減要求を一貫して退けた。

翌年四月伊沢は第一部長、十二月第三部長兼補となった（「職員進退」）。第一部は土木、建築、第三部は勧業や森林の各課を所管した。十二月の県会では憲政本党議員（寺村毅）が郡役所費の削減を求めたが、これも郡役所は戦後処理の事務が増加していることを理由に応じなかった（『明治38年通常滋賀県会速記録』10）。

すると寺村議員は地元紙に掲載された伊沢事務官名の「国民新聞ト官庁」と題する記事（『近江新聞』一九〇五年九月一〇日）を取り上げ、郡役所が町村に指示して同紙を講読させているという「そう云う馬鹿なこと誰がさしたのであるか」と追及した。伊沢は「馬鹿」が癇に障ったのだろう、「私は不敏にして如何なる意味に於いて馬鹿と云はれたのであるか」と反発して以後の答弁を拒否し、翌八日の県会でも黙殺した（同前11）。

後年伊沢は「滋賀県では大して喧嘩をしなかった」と述べているが（「談話」）、伊沢の喧嘩振りは周囲に強烈な印象を残している。このころ伊沢は大津の連隊区司令部との懇親会で、戦勝気分に湧く軍人の威張りかたが一通りでなかったことに腹を立て、司令官に向かって「戦争に勝ったのは何も軍隊の力だけではない。国民全体の力だ」と喰ってかかったという（原平夫『上伊那近代人物叢書』第一巻）。この時の大立ち回りを松村謙三は、大津の裁判所判事だった野村嘉六からの伝聞として記録している。

「口論から組み打ち沙汰となり、やせっぽちの内務部長を司令官が押さえて、二階からぶらんかん越しに投げ出そうとする。一座は総立ちの騒動だ。ところが伊沢氏は柱にしがみついて抵抗し、いっかな離れない。そのうちすばやく相手側の一人を階段から突き落とし、そのすきに立ち去った」（松村謙三『三代回顧録』）。

滋賀県では鈴木定直知事に目をかけられた。「鈴木さんは実に礼儀正しく謹厳な方であった。私が知事のお宅へ伺ひますと、帰りには必ず御自分で玄関まで送り出され、自から私の外套を取って着せて下さるのでした」と伊沢は回顧している。後の警視総監時代、伊沢は久保田政周東京府知事と二人で病気療養中の鈴木を京都の東竹屋の邸宅に訪ねるなど、鈴木との交流は没年（一九一四年）まで続いた。鈴木は一八七七年警視局を振り出しに一貫して警察畑を歩み富山、滋賀などの警察部長を歴任し、大浦の二度の警視総監時の配下であった（高橋雄豺『明治警察史研究』）。

あるとき伊沢は鈴木に伴われ、大津市田辺の別業活機園で伊庭貞剛と面会した。伊庭は叔父広瀬宰平の勧めで住友に入り大阪本店支配人、別子支配人をへて住友二代目総理事となった。伊沢が会ったころはすでに引退していたが、伊沢は初対面で伊庭に心酔し、後年その伝記『幽翁』（西川正治郎編、文政社、一九三三年）が出されると「人生修行の良書」

として後進に薦めてやまなかった（『追想録河井昇三郎』）。伊庭の後継者鈴木馬左也は、鈴木定直の縁戚で兄修二の禅友でもあった（『鈴木馬左也』）。伊沢は滋賀県時代に鈴木知事を通じて大浦や伊庭、鈴木馬左也といった政財界の有力者へ人脈を広げていったのである。

原敬と警視庁

日露戦後経営は桂太郎と西園寺公望両内閣の妥協と提携によって進められた。しかし両内閣を支える官僚勢力と政党勢力はその間も激しく対立し、大正期にかけ三度の内閣で内相を務めた政友会の指導者原敬は藩閥官僚への切り崩しを行った。伊沢が地方官として頭角を現しつつあったのは、そうした藩閥と政友会対抗の時代であった。

一九〇六年四月、伊沢はこの年成立した第一次西園寺内閣最初の人事異動で帝都警備の責任者である警視庁第一部長となった。伊沢はこの異動について「当時私は滋賀県書記官として内務部長の職に居たが、例の警視庁焼打事件が起って帝都治安の総元締の威信が地に墜ちたことから、渺たる一地方官から警視庁の第一部長に抜擢」されたと記している（「西園寺老公の薨去に想ふ」）。警視庁の部長職は奏任官としては最高の高等官三等であった。

原は内務大臣の職権を用いて、様々な人事を行った。その一つが「無能な知事」を排除して「有能な知事」を抜擢する名目で行った帝大出身の官僚の登用であった（『原日記』

一九〇八年三月二七日)。この内閣で地方局長となった床次竹二郎(一八九〇年帝大卒)はその代表例で、伊沢は大浦に反発した気骨ある帝大卒の新進官僚として、原の目にとまったのである。

原は警視庁官制を改正し(一九〇六年勅令第七九号)、警視総監の指揮権を総理大臣から内相直属とし、大規模な人事異動を行った。原は内相時代に警視総監に薩摩出身の安楽兼道を重用したが、安楽は伊沢が岐阜県警察部長であった時の知事であった。原は安楽を通じて警視庁から大浦系を排除することに努めた。

四月三〇日、青山練兵場で天皇臨席の征露凱旋陸軍大観兵式が行われた。戒厳令が前年末に解除され、帝都の治安回復を示す一大イベントに伊沢は行幸道筋や式場周囲の警官配置、人力車夫の取り締まり、消防の準備など警備全般を指揮した。

原内相が盛岡に帰省した間の九月五日、日比谷で開かれた電車賃値上げ反対の市民集会が暴動化した。この日は日比谷焼き打ち事件から一周年で、各所で電車が襲撃されて運転手や車掌など多数が負傷し、騒乱状態となった。こうした情勢のなか九日上野駅に戻った原は、出迎えた伊沢に「警衛は感謝するが、政治家は狙われたら仕方がない。どんなに護衛されても駄目だと」と、護衛の申し出を断った。原の毅然とした態度に接し、以来伊沢は原に深い畏敬の念を持ったという(「丸山筆記」)。

和歌山県知事

警視庁勤務八ヶ月ほどで、一九〇七年一月伊沢は和歌山県知事に任命された。清野長太郎ら二八会の友人は、知事栄転の祝いとして伊沢に「本会の決議を以て謹んで怒庵の号を送る」との葉書を寄越した。これに対し伊沢は「以来どこでも喜怒御免だぞ」との狂歌を返し、この称号を生涯愛用した（「怒庵の由来」）。

知事になるには高等官三等以上の官等が必要で、原内相が伊沢を短期間視庁第一部長に就任させたのは、その布石であった。原は数次にわたって地方官異動を行い、この時は一六人の知事が異動し六人を免官とする党派的人事を行ったが、伊沢を政友系の知事にしようとしていたのは明らかで、和歌山赴任にあたって原は伊沢に任地で思いのままやるよう勧めた。

二七日午後南海線で和歌山市駅に着任した伊沢を出迎えた古参事務官佐藤孝三郎は、伊沢を「容姿は小さく風采は挙がらないが剛毅な人」と評している。伊沢はさっそく剛毅なところを見せた。

赴任まもないあるとき、旧藩主徳川頼倫が伊沢のもとに家扶を使いに出した。文庫創設のために和歌山に残る旧藩所有の書籍を徳川家に提供することを求めたのだが、使者の態度が横柄だったことに伊沢は怒った。そして「かの書籍は県に引取りたるものにて、既に徳川家の有にあらず。こんな者に断然渡すことはできぬ」と突っぱね、取りなしに対しても「徳川公より詫状一札を取るべし」と周りを困惑させた（佐藤孝三郎『高岳自叙伝』）。伊沢は家族につねづね軍人と華族に娘をやらぬと言っていたが、伊沢が激怒したのは、使者の無礼以上に「徳川公」という旧時代の権威であった。

このころの伊沢の熱血ぶりを、本省から和歌山県学務課長として赴任した柴田善三郎の伝記では次のように描かれている。

「赴任するや、直に君（柴田）は所管教育上の数案を起して（この起案がどのやうなものであったか審かでないのは残念であるが）伺ひを上した。これに対し、温厚の苦労人である内務部長佐藤氏は、夙に壮佼之気の君の企画を買ひ、専ら力を貸されて知事の首肯を求むるに努めてくれたのであったが、知事伊沢氏は容易にどの案にも首を縦にはされぬのだった。人も知る智卓抜にして性剛毅、警視庁の部長から転じて来て、しかもまだ三十七八歳といふ、今を凜然と誇らかな伊沢氏であつた」

柴田は次々と起案しては伊沢の下に持って行ったが、いずれも「浅慮の案件」と一蹴され、「もう少し勉強してからにせい。口が黄色い！」と激しく叱責されたことを記している（『稿本柴田善三郎』）。

和歌山県は陸奥宗光、岡﨑邦輔ら政友会幹部の出身地で、元来同党勢力が強い地域であった。最初の十一月県会で伊沢は家屋税を新税目とする原案を提示したが政友会は拒否し、翌一九〇八年県会でも土木、勧業、教育を拡充する前年度より一〇万円余り増加の歳出予算が大幅に削減された。こうした政友会の攻勢に対し、伊沢は内務大臣の指揮を求め原案執行で対抗した。翌年度追加予算でも再提案が否決されると、伊沢はまたも原案執行を行い、知事と県会の対立は大荒れが続いた。

さらに五月の第一〇回衆議院議員総選挙では全国で政友会が大勝するなか、伊沢は政友会県支部に圧力をかけ、政友会候補を落選に追い込んだ。伊沢は政友会の原に抜擢されたが、任地の政友会勢力とは激しく対立した。原から赴任にあたり言われたように、伊沢は思いのまま県政に臨んだのである。

西園寺内閣は社会主義への取締や原の人事政策に反発した山県らの策動により、七月総辞職した。第二次桂内閣の内相には平田東助、農商務相に大浦がなった。内閣交代にともない伊沢の三重県への異動が伝えられたが、結局留任した。伊沢が任地で政友会勢力と激しく対立した姿勢を示していたからだろう。

第二次桂内閣は財政緊縮と国民精神の作興を掲げ、一〇月戊申詔書を発して勤倹と風紀の引き締めを通達した。伊沢は十一月、県下に「神職者ノ心得ニ関スル訓令」を発し「敬神ノ念」を広め神社を中心として地方民が団結するよう求めた。前内閣で伊沢は神社整理を率先して進めたが、国民統合政策の方法として神社を重視した。

翌一九〇九年三月県会で、日露戦争から帰還した陸軍部隊のためという理由から、和歌山市への遊郭設置の要望が地元から出された。しかし伊沢はこれを風紀の退廃をもたらすものと断固反対した。伊沢は後年芸妓問題について聞かれ、長い官僚生活の時代に「一回も増設、新設等を許可したることはなし」と述べている（「芸妓問題批判」）。伊沢の潔癖な性格を物語るものである。

伊沢は原内相が進める神社整理に積極的に応えた。町村財政の負担軽減のため無資格の神社を整理統合するもので、和歌山県では南方熊楠の反対が有名であるが、伊沢は前知事以来の政策を受け継ぎ、一九〇九年六月の郡市長会議では整理の好成績を「喜ぶべき現象」と記した（「談話」）。実際伊沢が赴任した〇七年に三、〇一七社あった県下の神社は、一九〇八年には一、九二二社、翌一九〇九年には一、〇九一社に激減している。ただし伊沢は残した神社によってむしろ「尊崇の至誠を致し維持の基礎を確実にする」重要性を説いている（『熊野実業新聞』一九〇九年七月一〇日）。伊沢は晩年には郷里の信濃宮を奉賛するなど生涯篤い敬神思想の持ち主であり、敬神の観念と神社整理は矛盾するものではなかった。

伊沢は教育にも力を入れた。県の教育会で孝道講習会を開催し、師範学校の成績評価に「人格点」導入を指示するなど、教育における人格陶冶を重視した。その事例として、有田郡広村に幕末の先覚者浜口梧陵（初代県会議長、後のヤマサ醤油創業者）が創始した私立耐久中学校の校長宝山良雄との交流がある（「宝山君と中学教育」）。禅僧で米国留学経験もある宝山の教育理念は、「自学自習、自主自立」を掲げ実践的人間の育成を目指す「人格主義の人間教育」といわれる（松本皓一論文）。伊沢は小松原英太郎文部大臣に当地視察を進言し、一九〇八年十一月これを実現させた。二三日小松原は有田郡広村の同校を視察したが時の文部大臣が地方の一私立学校を訪問し評価したことは、当時世間の耳目を集めた。伊沢は宝山の教育方針を「知行合一」と述べ、宝山の教育方針と耐久学舎の実践は、理念と現実の両面を重視する伊沢が共感するものであった。

愛媛県知事

一九〇九年七月下旬伊沢は郷里の長野で大山綱昌知事と同県参事官岡田宇之助と面会し、その後平田内相に呼ばれて上京し愛媛県知事に任命された。岡田もこの時伊沢のもと愛媛県内務部長に任命されているので、長野での面会はその交渉であったのだろう。岡田は第三高等中学校の一年後輩であった。

転任に際し、地元紙は「政党政派に屈せず所信を断行し知事としての面目を発揮したること、歴代知事に於て未だ氏の如きを見ず」との賞賛を送った(『和歌山毎日新聞』七月三一日)。

愛媛県への転任は、平田の強い希望であった。平田と懇意だった修二が多喜男にあてた手紙には、平田内相が多喜男のことを「どこ迄も保護可致に付一ヶ年間位は面倒にても耐忍を望む」と述べたという(伊沢修二一九一〇年二月二一日)。平田が伊沢を「どこ迄も保護可致」とまで嘱望したのは、農商務大臣の大浦兼武の意向であった(『原日記』一九〇九年八月一日)。前内閣で原敬に抜擢された伊沢は、今度は藩閥内閣の有力者平田や大浦に取り立てられた。政党と藩閥間で、伊沢のような有能な若手官僚の争奪が行われたのである。

一木喜徳郎内務次官からの招電を受けて伊沢が上京すると、一木は「現愛媛県知事の秕政のさま」を話しその粛正を要請した(『稿本柴田善三郎』)。前知事は政友会代議士の経歴を持つ安藤謙介であった。

地元の『愛媛新報』は、伊沢を「少しく傲慢に且圭角ある人」としながら「自信力強く決断力にも富み絶大なる執着力を有し」ている「好知事」と期待した(『愛媛新報』一九〇九年八月一〇日)。同時に柴田善三郎も和歌山から異動して警察部長となった。また後に伊沢の配下となる香坂昌康が学務課長・庶務課長となった（『香坂昌康氏談話速記録』）。ここで香坂の結婚の媒酌を努めたのが宇和島出身の実業家山下亀三郎で、山下と伊沢が相識になるのもこの時代であった（山下亀三郎『沈みつ浮きつ』）。

伊沢は愛媛県でも政党の腐敗や癒着を厳しく追及した。とくに安藤知事時代から進められ、不正が噂された三津浜の築港事業については徹底的な取り調べを行い、一九〇九年九月町長、町会議員など十一名を寄付強要の恐喝容疑、政友会県支部の幹事長を詐欺容疑、同派の幹部、県議を偽証などで拘引した。指揮したのは柴田警察部長であった。

さらに伊沢は一〇月県会で三津浜港築港など二二ヶ年継続土木事業計画（総額七五五万五〇〇〇円）を、「疎漏杜撰を極め到底此儘進行する能わず」と事業中止を声明し、十一月の県参事会に大幅な削減案を提出した。すると県会政友派に国会議員も応援にかけつけ、県政糾弾大会や政談演説会を開催し、既定事業の遂行と知事不信任を決議して反対の気勢を上げた。

政友会県支部が決議した宣言書は次のようであった。

「現任伊沢知事は赴任後尚浅く県下の事情に通ぜざるにも拘はらず、本期県会に対し確固たる定見なく漫に土木事業に向て大削減を加え、以て県会の決議及び政府の認可を無視し既定の計画を破壊せんとするは、我県の県是を蔑視し我県民を侮辱するの甚だしきものなり。加ふるに赴任後の言動は人権を尊重するの念に乏しく専制的官僚の弊習を帯び、和衷協同を以て県政の興隆を期するの誠意なきは我県民の均しく憤慨して措く能はざあるところなり」（『読売』一九〇九年十二月十二日）

伊沢は不信任決議取り消しを県会に命令したが、政友派の訴えを容れた本省の床次地方局長はこの措置を不当とする電報を寄越して来た。伊沢はこれを「ケンカイイマヘイカイセリ」と返電して握りつぶし、直ちに上京して平田内務大臣に指揮を仰ぐ対抗策を取った（「府県制発布五十周年記念座談会」）。本省では伊沢と床次が殴り合い寸前となる一幕があったというが、平田内相は伊沢に原案執行を命じる措置を与えた。平田は約束通り伊沢を「どこ迄も保護」したのである。

森林造成事業

愛媛県で伊沢は森林造成計画に熱心に取り組んだ。このころ全国各地で急速な産業開発による森林の荒廃とこれによる水害が続出しており、政府が一九一〇年一〇月発した公有林野整備造成の通牒をうけて、林務課に森林の整理造成方針策定を命じた。

伊沢が森林造成に取り組む契機となったのは、この年帰省したとき故郷の山河の荒廃ぶりを目にしたからであった。十二月高遠町長阪井清彦にあてた手紙には次のようにある。

「小生が久振にて故郷に帰り最も不愉快に感じたるは三峰川の有様に候。往時油の如く湛(たた)へたる箱屋淵や小僧淵は見る影もなく、浮嶋と称せられたる弁天嶋の辺には石礫の磊々たるを見るのみにて転(うた)た悽愴の感に打たれたる次第に候。是れ固より水源地に於ける山林濫伐の結果にして、高遠附近山林の荒廃と何等関係無之とは存候得共、一般地方民の愛林思想を喚起するは最も必要と存候。小学校時代より十分殖林に関する思想を注入致置候はゞ将来余程之効果可有之、小生の郷国に対する微衷も多少行はるゝを得べくかと相喜び申候。金子及寄附願書は内田叔父に相托し候間御了承被下度候。」（阪井清彦宛一九〇九年十二月一九日「伊沢先生挨拶」）

この年は母たけの十三回忌にあたり、伊沢はこれを記念して高遠町小学校に学校林造成の資金を寄付した。その目的はこの事業を通して、子供たちに「殖林に関する思想」を涵養することであった。

翌年三月、部落有林野四万七〇〇〇町歩を統一し森林を造成する計画を県下に訓令した。この計画を進めるに当たり、伊沢は農商務省山林局長の上山満之進に人選を依頼し五月上山は渡辺吾一を林務課長として派遣した。渡辺に県の辞令を交付する際、伊沢は「当県には住友の四阪島精錬所がある。この煙害問題は県としても重大な関係があるので、特に慎重に取り扱って貰いたい」と重要性を述べた（渡辺吾一「住友家別子林業と四阪島鉱煙害の回顧」)。

四阪島煙害問題

四阪島煙害問題は愛媛県造林事業上、最大の障害であった。農商務大臣大浦が伊沢を同県にやったのも、この問題の解決を期待してのことであった(「談話」)。別子銅山を経営する住友は一九〇四年、煙害防止のため今治沖の瀬戸内海四阪島に精錬所を移転したが、ここでも排出される亜硫酸ガスは島周辺に深刻な煙害をもたらした。一九〇八年地元農民、町村県会は知事・貴衆両院・農商務省・内務省に被害救済の請願を行い、住友に賠償を求める運動が高まった。ようやく安藤知事時代に住友から農民側に補償が示されたが、その額は農民の要求と大きく隔たるものであった。

住友の別子支配人鈴木馬左也は内務省出身で愛媛県書記官、大阪府参事官、農商務省勤務を経て住友本店副支配人として入社した。鈴木は一九〇九年に伊庭貞剛の意向を引き継いで住友の第三代総理事に就任し、農民代表に煙害の損害賠償だけではなく除害設備による完全解決を目指したが交渉は暗礁に乗り上げた。

伊沢が愛媛に赴任したのはこの時であった。すでにふれたように滋賀県時代に伊庭と面識があった伊沢が知事として赴任したことは、事態打開に大きかった(末岡啓照『伊庭貞

図3　四阪島精錬所（明治38年頃）

剛小伝』）。伊沢は両者の斡旋に入り、何度も岡田内務部長を伴い四阪島の精錬所を視察し、鈴木のほか住友吉左衛門（友純、号春翠）、久保無二雄ら住友首脳との協議を続けた（『岡田宇之助日記』以下「岡田日記」）。また伊沢は大浦農商務大臣、下岡忠治農務局長にも現地視察を求め住友と被害農民の調停にあたった。この時地元農民との折衝に当たったのが、農商務省に入省したばかりの石黒忠篤であった（『石黒忠篤伝』）。

九月十一日、煙害調査会長で陳情の先頭に立った壬生川町長の一色耕平以下地元各村代表は、県庁を訪れ伊沢知事に「煙害問題解決の急要なる状況」を陳情し、これをうけて伊沢は翌週現地視察を行った。当日の模様は一色の記録によると以下のようであった。

「九月十八日　本県知事伊沢多喜男、属中村潔、被害視察に来郡、六軒に迎へ、楠河、三芳、国安、壬生川の被害を視察し、直に壬生川港の内外関係を視察し、周桑郡役所に行き郡吏町村吏有志の茶話会に臨み、被害の陳述を聴取し、安国

清吉宅に於て茶話会を開く。出席者は該一行の外郡長荒田読之助、郡書記棚橋長太郎、川又金太郎、農蚕学校長狩野時二郎、県会議員黒田広治、中川村長越智茂登太、福岡村長玉井正夫、壬生川町長一色耕平なり」（一色耕平『愛媛県東予煙害史』）。

一色は翌一九一〇年五月県庁に伊沢を訪い「鉱主と会談等に関する用件」を協議し、六月にも別の村から山林大被害の報告を受け伊沢に実害被害の視察を求めた。伊沢は現地被害各村の実情の把握につとめた。

八月伊沢は農商務省と打ち合わせた後、東予各郡長を集めて協議し、八月四阪島煙害賠償交渉の覚え書き（調停案）を示した。その内容は煙害代表者の選出、権限、賠償金算出の調査標準、意見一致を見ない場合の農商務大臣または知事への委任、賠償金の分配方法など仔細にわたるものであった（川東竫弘『農ひとすじ岡田温』）。伊沢は一〇月各郡の農民代表者を県庁に集めてこの案を協議して了承を取り付け、住友側も応じることになった。

こうして十一月、農商相官邸において伊沢を座長に住友農民双方代表による煙害賠償契約協議会が開かれ契約書が調印された。その時決定された四阪島精錬所の一年の精錬鉱量限度を五五〇〇万貫とする条件は、伊沢の提案に依るものであった。ほかに農民側への賠償金支払いは被害調査額に応じて町村に比例配分して農林業改良奨励基金とし、耐毒性がある経済上有利な品種の研究開発にあてることにした。また賠償金は町村に蓄積して県の監督のもと産業組合、水利組合、森林組合などへ利子付きで貸し出す方法をとった。被害農民に対する直接的賠償ではなく、県が主導して農村の厚生を支援する方策で、農商務省と連携してこの難題を解決した伊沢は「生涯を通じての会心の作」と称した（『追想河井昇三郎』）。

前知事時代の秕政改革や長年の懸案処理に成果を挙げたこの時代は、伊沢人脈培養の出発点ともなった。伊沢に見出され警察部長に重用された柴田善三郎は「その後十年、二十年、三十年の後に於てまでも、等しく当時を忘れ兼ね、懐しみ暮していたかを物語る」松山会という会を結成し、伊沢を中心として毎月一回在京の会員が集まった（『稿本柴田善三郎』）。しかし原敬はこのころの伊沢について、「政友会を打破らんとするが如き行動」と記している（『原日記』一九一〇年五月十二日）。四阪島煙害問題の処理を通して大浦との関係を強めた伊沢は、原の期待に反して政友会と対立する方向へと転じつつあった。

明治の終焉

一九一一年八月、第二次桂内閣は「情意投合」によって政権を西園寺に譲った。内相には再び原敬が就任し、秋の府県会議員選挙に備えて知事異動を発令した。これにより休職中の安藤謙介や犬塚勝太郎、川村竹治など政友派知事が復活し、大浦系と目された知事が免官となった。「政友会を打破らんとする」と目されていた伊沢であったが、この時は更迭を免れた。原はこの時大浦の「子分」を排除の対象としたが、伊沢はまだ大浦の「子分」とまではなっていなかったのである（『原日記』九月二日）。

翌年四月地方長官会議で上京した際、伊沢は西園寺公望を総理大臣官邸に訪ねた。西園寺と初対面の印象を次のように書いている。

「老公は官邸の居間に唯一人ポツ然とデスクに向って居られて、入って来る私に椅子を与へられた。その光景が私としては又頗る意外だったが、臆面もなく対座して、職責上県治に関する意見を申し述べた」（「西園寺老公の薨去に想ふ」）

西園寺の秘書原田熊雄によれば、後年これを記憶していた西園寺はその時伊沢が「此処は閑鳩が鳴き原氏の方は門前市をなす」と言ったという（原田熊雄一九三八年八月二二日）。伊沢は「門前市をなす」原と「ポツ然とデスクに向って居」た西園寺を対比させているが、原より西園寺をひそかに敬愛していたことがうかがわれる。

七月二五日早朝東京から愛媛に戻った伊沢は、直ちに登庁して参事会を開催した。そこに「陛下御容体御良好ならざる旨」の新聞号外が飛び込んだ。数日後の三一日午前四時、柴田警察部長から「陛下崩御の報」があり直ちに登庁した伊沢は、「天皇陛下崩御あらせられたる旨告示を発せらる。皇太子殿下直に践祚神器渡御式を行はせらる」との公報を出した（「岡田日記」）。

九月一三日、伊沢は上京し青山葬場殿での大喪に出席した。随行した岡田内務部長の日記によると次のようであった。

「午後五時半より大礼服着用和田倉にて下車、二重橋外のテントなる控所に至る。七時頃宮内官の案内にて一同正門外に整列、七時半哀の極の喇叭（ラッパ）と共に先頭の儀仗兵行進を始む。七時五十分頃行進の先頭二重橋より出て儀仗兵の後尾に続く。八時一発の号砲あり。霊柩霊轜に移御あらせらるゝなり。間もなく正門出御橋を渡りて予等の整列せる前面を通御あらせらる。車の軋る音実に謂ふべからざる悲哀の響あり一同最敬礼を為す」

その後、伊沢と岡田は鹵簿の列に加わった。葬場殿での式が終了し、霊柩列車の「御発舎」を見送って宿舎に帰ったのは未明であった。明治が終焉し世は大正に改元され、地方官伊沢にとっても新しい時代が始まった。

第三章　官僚政治家へ

大正政変

明治天皇崩御に前後して政界は激動した。十二月二個師団増設問題で倒れた西園寺内閣に代わって第三次桂内閣が成立した。大浦内相は次官・局長・地方長官人事に着手し、翌年にかけ三四知事が異動となった。政友会系の知事を一掃する報復人事で、伊沢の昇任説も有力となった。

十二月三〇日、伊沢は新潟県知事を命じられた。政友系知事として知られた前任の森正隆は休職となり、伊沢は「官僚系のチャキ〳〵」「大浦直系」と評された(『万朝報』十二月三一日)。しかし当時貴族院議員であった修二は新潟県知事就任を辞退するよう電報を送り、上京してきた多喜男に再度辞退するよう説いた(『海南新聞』一九一三年三月九日)。修二は党派対立に深入りしつつあった弟を危惧したのである。

しかし伊沢は兄の説得に応じず、新潟県知事を拝命した。伊沢はこの時原にこれまでの「御推挽」を感謝し、将来かわらぬ「御眷顧」を切望する書簡を送っている(原敬宛一九一二年十二月二一日『原敬関係文書』)。伊沢自身は原に敵対するつもりはなかったようだが、否応なく藩閥官僚と政友会との対抗人事の渦中にあった。

年明けて一月四日、伊沢は愛媛県庁で告別の辞を行い、翌日には公会堂で茨城県知事に昇格した岡田とともに送別会が催された。地元新聞は伊沢の県政における「整理改善の実」や煙害問題解決を評価する一方、「官権を濫用して民権を圧抑」したと批判した（『愛媛新報』十二月二二日）。「官権」によって政友派を「圧抑」したことは事実であった。

一月一六日、伊沢は地方官会議に出席し大浦内務大臣の訓示を聞いた。しかし、帝都は年末から閥族打破と憲政擁護を宣言する国民党大会などで騒然とした情勢であった。伊沢が新潟に赴任したのは、桂首相が政友会や野党の内閣弾劾に対抗して新党組織計画を発表した二〇日であった。

翌日登庁した伊沢は県を家族に喩え、「甘垂れたる母の如く子の非行を助くる訳に行かず」と不正や腐敗を厳しく糾す施政方針を示し、早速前知事時代から紛糾していた次年度予算案編成に着手した（『新潟県議会史』）。しかし中央の政情は急展開した。二四日の憲政擁護大会は聴衆三、〇〇〇名を集め、二月五日再開された帝国議会では桂内閣不信任決議案が提出され、尾崎行雄が首相弾劾演説を行った。議事堂周辺では多数の民衆デモが行われて議会は停会となり、桂首相は七日新党設立を宣言して乗り切ろうとしたが、一〇日再開した議会を護憲派の民衆が取り巻くなか総辞職に追い込まれた。この日民衆の一部は政府系の新聞社や警察を焼き打ちし軍隊が出動した。

二〇日、政友会を与党として成立した山本権兵衛内閣で内務大臣となった原は、水野錬太郎内務次官に地方を政争に巻き込まぬよう指示した。しかし三月三日、予算案などの要件で上京した伊沢は突如休職を命じられた。代わって新潟県知事には伊沢が愛媛県で休職に追い込んだ安藤謙介が任命された。「四国の讐を北陸で打」つ交代劇であった（『新潟新聞』一九一三年三月四日）。

伊沢は「私としては予て多数党（政友会、非政友共に）には気受けの良くないことだから、或はヤラレるかも知れぬが、特別の知遇を受けて居る原敬氏が内務大臣であるから一言の話もなくバッサリ休職にすることはあるまい」と思っていた。原の信任を得ていたと思っていた伊沢はその理由を後日、原に尋ねたところ「君が知事で居るのに不都合な様な事柄は、君にはない。併し君が余り厳正公平にビシビシやるので、党の方にも色々意見があって、治まらぬ」からであったという（『伝記』）。

しかし、原は日記に「桂の新党組織に際し、地方官の職務を忘れて尽力せし新潟愛知の知事を更迭せしむること、昨夜水野次官と内議し、本日山本首相に内談せしに異議なし」と、新潟の動きを記している（『原日記』三月一日）。新潟では二月七日の桂新党に呼応して結成準備会が組織されており、原は伊沢が「地方官の職務を忘れて」これに関わったとみた。伊沢は原から明確に反政友会系官僚とみなされ更迭されたのである。

休職となった伊沢は東京府豊島郡巣鴨村宮仲（のち、東京市豊島区西巣鴨二ノ二五一七）

図4　西巣鴨町の伊沢邸

に住居を新築した。日露戦後に拝領した下賜金を資金とし五〇〇坪の敷地に六〇坪の家で、書斎には中村不折が描いた父母の肖像画を掲げた。隣地には明治初年高遠からともに上京し修二宅で暮らした伊勢堅八郎が実業家として成功して邸宅を有しており、両家は裏戸を通して行き来した。庭には林業試験場から払い下げられた五本のヒマラヤシダ、築山と野菜畑があり、和服姿でステッキをついて主がこの庭をよく散策していたことを、長野からの奉公人の一人は回想している（一ノ瀬今朝子「伊沢多喜男翁の想い出を手繰って」）。

当時小学校に入った次男の飯沢匡は、父親が職業欄に無職と書き入れるのを残念にみていたと回顧している（「二・二六事件と〝君側の奸〟」）。恩給年限に達しないうちに浪人となり

「肩書きのない」身となった伊沢は、交番で道をきいた巡査にソッポを向かれ、郵便局の窓口では書類の記入が間違っていると突返されたという。しかしこの「肩書きのない」時代は、伊沢にとって役人生活上「最も得る所」があったとも回想している（『伝記』）。伊沢は官僚の地位を失って、改めてその威力を認識したのである。「肩書き」という地位こそは官僚の力の源泉であった。

大隈内閣と二十八年組

桂内閣が退陣した後、山本権兵衛が政友会と提携して組閣した。一方、中国大陸では辛亥革命によって清朝が倒れ中華民国が成立したが、袁世凱によって孫文が追われるなど動乱が続き、日本国内でも中国への対外硬論が高まった。さらに翌一九一四年一月には都市商工業者を中心に営業税など三悪税に反対し減税を要求する運動が全国に広がり、いったん退潮した憲政擁護運動は再び高まりをみせた。議会では海軍高官の瀆職事件（シーメンス事件）が追及され内閣弾劾を求める民衆は再び議会を包囲し、三月山本内閣は総辞職した。

四月、大隈重信に組閣の大命が降下した。大隈担ぎ出しに動いた一人は大浦兼武で、山県系官僚と前年十二月に成立した立憲同志会勢力を結集して、政友会の打倒を目指した。

大隈内閣は各省に自由任用の参政官、副参政官を配置して政党の猟官熱に応える一方、各省次官、警視総監、内務省警保局長などを自由任用から外し専門官僚の登用を行った（一九一四年勅令第二〇七号、同年勅令第二一八号）。これによって内務次官下岡忠治（のち久保田政周）、警保局長安河内麻吉（湯浅倉平）、警視総監伊沢多喜男（西久保弘道）、大蔵次官浜口雄幸（菅原通敬）、外務次官幣原喜重郎、農商務次官上山満之進らが抜擢された。伊沢はこの内閣の顔ぶれについて次のように回想している。

「丁度大隈内閣の時は次官級は殆ど全部二十八年組が占めて居った。即ち警視総監は私で、内務次官が下岡忠治、大蔵次官が浜口、宮内〔注：農商務の誤り〕次官が上山満之進でした。其後例の参政官、副参政官を置いてから浜口、下岡が内務省の参政官大蔵省の参政官になったので、それで其の後へ又二十八年組の久保田政周が内務次官になり、大蔵次官には菅原通敬がなって行った」（「談話」）

当初この内閣の内務次官には、警察官僚出身の有松英義が有力だったが、大浦が枢密院書記官長だった下岡を山県に推して就任した経緯がある（坂井雄吉「有松英義の政治的生涯」）。前山本内閣では、内務次官水野錬太郎は帝大明治二五年卒、警保局長岡喜七郎は二四年卒、外務次官松井慶四郎は二二年卒、橋本圭三郎は二三年卒で、いずれも文官高等試験実施以前（明治二一〜二六年試補試験）の世代であった。伊沢ら文官高等試験をへた帝大卒業生たちが、官界生活二〇年をへて、官僚トップを占めるに至ったのである。

早晩解散総選挙が予想されるなか、選挙を指揮する内相ポストは難航した。官僚系と同志会から大浦、与党となった中正会から尾崎行雄、国民党から犬養毅が推され、結局、大浦が農商務相に回り、大隈が内相を兼任することで収まった。しかし実権は内務次官の下岡忠治が握った。下岡は熊本県参事官の時、知事として赴任した大浦の「寵遇」を受け、大浦が農商務大臣の時には片腕の農務局長となった。以後大浦系は「下岡氏其の牛耳を把る」とまでいわれた（『三峰下岡忠治伝』）。

組閣終了後、内務省は地方官異動で政党出身者や政党と縁故あるものをことごとく処分する方針を打ち出した。この人事は「事実上の内相」大浦と下岡次官によるもので、四月二一日と二八日の二度にわたり三二名の地方官異動が行われ、新潟県安藤謙介、長野県依田銈次郎、青森県田中武雄、福岡県南弘らが休職、東京府宗像政、衛生局長杉山四五郎らが免職となった。原敬は「地方官の大更迭ありたり。政友会と関係ありと疑はれたる者を休職となし、同志会の便宜を計るもの丶如し」と記した（『原日記』一九一四年四月二八日）。

東京府知事となった久保田政周も二八年組であった。久保田はこの時、原敬にあて「内務省は着々大浦子の計画を実行」しつつあり、大浦より「是非東京府知事に参り候方得策なるべしとの御意見に付承諾」したと書き送っている（久保田政周宛原敬一九一四年四月二一日『原敬関係文書』）。久保田も大浦の誘いに応じ幕下へ転じたのである。伊沢ら二八年組は大隈内閣下に形成された政友会に対抗する官僚グループの中核となった。

警視総監

警視総監に就任すると早々に方々から祝いの品が届けられた。潔癖な伊沢は書生に命じてことごとく拒絶させたが、その中に兄修二から贈られた鯛一尾があり、それを知らずに書生が突き返したことから修二が激怒したという一幕もあった（「危ふく兄弟の縁切り」）。

新警視総監に就任した伊沢の横顔は、新聞では次のように報じられている。

「明治二十八年赤門を出づる直に愛知、山梨、岐阜、福井、滋賀の各県に事務官となり後警視庁の警視となり、明治四十年和歌山県の知事に任ぜられ四十二年には平田東助子に見抜かれて愛媛県の秕政革新に従事し、甚だ峻辣を極め警察権の発動によりて大疑獄を起し、同県政友派の驍将を獄に投じて心胆を寒からしめ、後大正元年桂内閣成るに及びて新潟県知事となれり、氏が警視庁に警視を勤め居たる当時、早くも大浦子より嘱目せられ居たる為め今回警視総監に挙げられたるなり」（『東朝』一九一四年四月一七日）。

伊沢は当初、大浦に「あなたは警察政治をやられるだらう。そんなあなたが自分を警視総監にされても、あなたの期待されるやうな総監にはなれない」と辞退した（『伝記』）。

平田東助も就任に反対したが下岡や上山ら同期の友人、兄修二の勧めもあり、警視総監の特別任用制を廃止し警視総監の機密費を内閣に返戻することなどを条件に受諾した。伊沢を説得したのは下岡であった。伊沢は「下岡君が仲介して大浦子に近づくようになった際、私は大変誤解しておりましたと云ふことを話したことがある」と述懐している（小島憲一郎『堀貞自叙伝』）。

非藩閥の出身で、帝大出の高文合格者でもある伊沢の警視総監就任は画期的であった。川路利良大警視以来、伊沢まで二一名のうち一七名が鹿児島出身で、ほかに高知（田中光顕、西山志澄）、佐賀（関清英）、熊本（亀井英三郎）とほとんどが藩閥系であり、警視庁の官吏も鹿児島出身者が多いことで知られた。市会、政党の有力者による情実人事も横行していて、伊沢が警視総監になると早速「署長の顔ぶれを書いたもの」が公然と要求されるほどであった。

伊沢は、警視庁を非藩閥化させ専門官僚の組織へと転換させることを進めた。まず人事の刷新として、官房主事と警務部長にともに広島県出身で一九〇三年帝大卒の石原磊三と川崎卓吉をあてた。官房主事は警視庁内では総監に次ぐポストで人事・企画・会計と高等警察を管掌し、警務部長は警務・刑事を司る警察の中心であった。伊沢は警視庁でこの二人を「両翼」とし、早世した石原のあとは川崎を重用した。また特高課長となった丸山鶴吉も広島県出身で、伊沢が没するまで腹心となった。

伊沢は所轄警察署幹部の大異動も行った。五月に予定された昭憲皇太后の大葬に備える市内の治安維持が名目で、「伊沢文書」にはその際の人事資料として管下五四人の各警察署長の出身藩、人物評を記した文書がある（「警視庁幹部名簿」）。

南部藩出身の牛込神楽坂署長本堂半四郎は「後藤〔新平〕男及原氏の宅へ出入りす」、鹿児島藩出身の新宿署長池端清武、青梅署長古江実夫はともに「人格よろしからず」、深川洲崎署長浅野桂次郎は「高橋義信のコブン」、品川署長森住政憲は「森久保〔作蔵〕のコブン」と記されている。その一方、京橋月島署長となった川淵洽馬には「学士署長中前途有望なること第一位なるべし」と評価している。伊沢が薩摩系と政友派の「コブン」が跋扈する警視庁を刷新しようとしていたことがわかる。

このほかの下僚には正力松太郎（警視庁任官一九一四年六月、警視庁官房主事、後の主な経歴に読売新聞社長、内閣顧問）、岡田周造（同七月、長野県知事、東京府知事）、石井光次郎（同、台湾総督府秘書課長、朝日新聞社、衆議院議員）、大久保留次郎（同八月、台湾総督府警務局長、千葉県知事、東京市助役）、中谷政一（同十二月、関東庁警務局長）、横尾惣三郎（同前、埼玉県内務部長、農民講道館創設）、生駒高常（同一九一五年四月、台湾総督府文教課長、拓務省管理局長）らがいる。ここに出てくる官僚たちは以後伊沢の政治活動の重要な協力者となる。

警視総監時代は内務省内の伊沢系官僚群形成の基盤となった。

東京市政の浄化

伊沢は就任早々の四月二一日、衛生部長を従え京橋区八丁堀、日本橋区村松町を視察した。市内では春先より発疹チフスが流行したのに加え、四月には下町を中心にペストが猖獗を極め、年末までに四一人の死者が発生していた。

同年六月、東京市会議員選挙が行われた。東京市政は明治三〇年代以降、星亨、村野常右衛門、森久保作蔵ら政友会代議士を首領とした常磐会が市会で勢力を張っていた。とくに村野や森久保が率いた三多摩壮士は、徒党を組んで暴力で有権者を威嚇し恐れられた（渡辺欽城『三多摩政戦史料』）。

伊沢は市政の浄化を目指して警察を指揮し、選挙を前に早稲田に大隈首相を訪問し取り締まりを協議し、森久保を警視庁に招いて三多摩壮士を東京に引き入れないこと、暴力を振るわないことを求め、三多摩壮士の動きを抑制した。

結局森久保は落選し、常磐会も議席を半減させる大敗をした。この要因には万朝報、都新聞などの市政記者倶楽部を中心とした「市民派」による市政浄化、常磐会打破のキャンペーンが挙げられるが（櫻井良樹『帝都東京の近代政治史』）、選挙戦のさなか森久保が阪谷芳郎市長に警視庁の不公平を訴えているように、伊沢が政友会・常磐会の運動を厳しく取り締まったことも作用した（『阪谷日記』五月二九日）。

伊沢は選挙後も常磐会追及を緩めず、幹部で代議士、区会議長、府会議員、市会議員も務める市政の大物高橋義信を、ある大商店に関する恐喝嫌疑で拘引した。指揮したのは川崎で「大ものを検挙することで多数の小ものを屏息」させることが狙いであった（『川崎卓吉』）。警視庁が高橋を東京地方裁判所検事局に書類送検したところ、与党の一つ中正会の尾崎行雄法相が高橋を「助けろ」と直談判にやって来たが伊沢は拒否し、結局高橋を収監した。伊沢は与党の圧力も排し、東京市政の政友会の弱体化を図った。

第一次大戦と第十二回総選挙

五月二四日から二六日にわたり青山御所で昭憲皇太后の大喪が行われた。警視庁は警衛司令部を置いて巡査約五、〇〇〇人を配備し、伊沢は責任者として霊柩の先導を勤めた。大喪後の七月下旬には御陵が置かれた伏見桃山へ参拝に赴き、福井、金沢の北陸地方を旅行して帰京した。七月には深夜、急遽各署を通じて非番巡査を出動させて一斉取り締まりを行い、一夜にして一六五名の賭博、窃盗、現行犯を拘束するなど、犯罪撲滅を峻厳に行った。

八月第一次大戦に日本が参戦した。その日伊沢は警視庁に各署長を召集し、対策を協議した。府下に居留するドイツ人の保護と取締について外務省と、予想される物価高騰への対応を若槻礼次郎蔵相、浜口次官、神山理財局長ら大蔵省関係者とも協議した。

十一月二六日兄の修二が多喜男を訪問した。修二はこの頃故郷高遠の藩黌進徳館の旧蔵書や先哲阪本天山、内田文皐、伊沢文谷などの漢籍書画をまとめて、自ら所有する地所とともに地元に寄付し、進徳図書館と美術館を建設する運動を進めていた（委員長は内藤頼輔）。これは一九一七年九月に開館するが、修二は当時町長となっていた上島善重元陸軍中佐に「愚弟多喜男の如きは熱心に主張する者の一人」と書いている。多喜男もその熱心な推進者であった（上島善重宛伊沢修二書簡一九一五年四月二二日）。

翌一九一五年一月中国に対する二十一ヶ条要求が発せられ五月に府下で対中国強硬の民衆運動が起こると、伊沢は各警察署長に取り締まりを指示した。またこの頃日本に亡命してきたフィリピン独立運動の志士アルテミオ・リカルテが国家主義者宇佐穏来彦の手引きで潜伏先の春日井から横浜に移動してきた動静について、伊沢は内偵した情報を大浦内相ほか関係の愛知県知事、神奈川知事に宛て詳しく通報している（外務省外交史料館「要視察外国人ノ挙動関係雑纂　米国人一」）。大戦に伴う帝都の治安維持と情報収集は、警視総監伊沢の重要な任務であった。

少数与党で議会運営が難航していた大隈内閣はこの機会をとらえて、政友会打破の宿願を果たそうとした。大隈は十二月、衆議院で師団増設費が否決されると解散で応じ、一九一五年一月大浦を内相に任命して選挙態勢を取った。

この選挙では理想選挙同盟会、大隈伯後援会といった新しい団体が登場し、大隈首相の車窓演説、演説レコードといった華々しい選挙キャンペーンが有名である。大浦内相は同志会の安達謙蔵を選挙長とし、中正会の田川大吉郎、大隈伯後援会の市島謙吉らと連絡を取り、下岡内務次官を通じて全国の警察から情報を収集し采配を振るった（『三峰下岡忠治伝』）。伊沢は帝都の責任者として大隈首相、大浦内相と協議を重ね、選挙違反捜索と取締まりを陣頭で指揮した。その際伊沢は、川崎や石原ら警視庁幹部に「絶対公平な態度でやれ」と指示し、与党の大津淳一郎が選挙情報の収集に来たのに対し、「そんなことは出来るものか」と拒否した（「談話」）。

しかし一方で伊沢は元巡査の松本剛吉をこの頃、「月手当二十円でスパイに使った。一年か半年使った」という（「丸山筆記」）。松本は後に元老山県や西園寺の情報係として有名である（『松本剛吉政治日誌』）。一八八四年に神奈川県警部、埼玉県警部などを歴任し退官後衆議院議員となり、また田健治郎に秘書官として仕え政界の情報通となったが、若き日の松本の「探偵巡査」ぶりは自伝『夢の跡』に詳しい。

松本を用いることを伊沢に依頼したのは、組閣当初この内閣の内務次官就任が有力視されていた有松英義であった（坂井雄吉論文）。伊沢はこの頃「石川三四郎をも使った。警視庁で仏書の翻訳をさせた」とも語っている。伊沢は与党から情報提供の依頼を拒否したが、実際は密偵を使って情報収集していたようである。情報提供の依頼は、伊沢がそうした情報を持っていたことの表れであろう。

原敬は「我党大敗の最大原因は政府の選挙干渉」、政府の買収は「世間には百六十万円を費したりとの風説あり」と記している（『原日記』三月一八日）。伊沢がこの選挙干渉にどのように関わっていたかわからないが、この後野党の追及で政治問題となる。

安達と伊沢は両輪となって、選挙戦の陣頭指揮をとった。選挙の結果、与党の立憲同志会は前回の九五議席から一五三議席と飛躍的に増加し、野党の政友会は激減した。この選挙での全国での選挙違反者数は前回の三、九五〇人から八、三三二人と倍増しているのは、警察によって厳しい取り締まりがなされたことを物語っている（季武嘉也『選挙違反の歴史』）。この選挙で浜口は大蔵次官のまま郷里の高知から、下岡内務次官も兵庫で大隈伯後援会の支持を得て当選した。官僚の非政友系政党への転出が相次ぎ、官界の分化が進んだ選挙であった。

大浦事件

五月政友会代議士村野常右衛門は、前年末の議会開会中に大浦内相が林田亀太郎内閣書記官長に四万円を渡し、香川県選出の白川友一ら政友会不平組議員の買収を行い、さらに選挙で対立候補を撤退させる便宜を図って白川から一万円を収賄したと告発した。いわゆる大浦事件の発端である。

窮地に陥った政府と大浦を救うべく、伊沢は下岡次官、林田の後任の江木翼書記官長らと対策にあたったが、捜査の中で伊沢も関与が疑われた。起訴された一七人の議員のうち、愛媛県の代議士武市庫太（白川とともに政友会を脱党）が林田から運動費三〇〇〇円を受け取り、伊沢からの手紙を持って大浦内相に謝礼を行ったと報道されたのである（『東朝』一九一五年七月十二日）。武市は安達謙蔵の「乾児」で、伊沢は愛媛県知事時代から関係があった。武市が運動費受領を認めたものの手紙の件は否認したため伊沢は取り調べを免れたが、伊沢が安達とともに資金を用いて政友会議員の引き抜きに関与していたことをうかがわせる。機密費による買収は暗黙の常識で、伊沢もそう認識していたのである。

伊沢は尾崎司法大臣に面会して穏当な処置を求めたが、尾崎は「罪があれば必ず罰しなければならぬ」と反対した。これに対し伊沢は家宅捜索で押収したかつて原敬が岐阜県で

「某を買収した手紙」というものを持ち出し、原でさえこうした過去があると尾崎に迫った(「丸山筆記」)。このころ元老の山県も「機密金使途にまで取調ぶる事となるは困ったものなり」と考えていたように(『原日記』八月一八日)、機密費による買収は政界の常識で表沙汰にすることはタブーであった。

しかし尾崎や鈴木喜三郎次官が説得に応じないと、伊沢は彼らの更迭を大隈首相に進言した。結局山県の意向も働いたのだろう、尾崎法相、平沼騏一郎検事総長、鈴木次官らは七月二八日、大浦を起訴猶予処分とすることを認め政治決着が図られた(田宮裕「大浦事件」)。七月二九日大浦は責任を取って内相を辞職した。閣議後「孤影悄然として帰った」大浦の自殺を恐れ、伊沢は鎌倉の邸まで尾行したという。以後伊沢は大浦が亡くなるまで無聊を慰めると称して足繁く同邸へ通う。大隈首相も辞表を提出したが、元老会議で留任を勧告されると大隈は内閣改造で乗り切ろうとした。これに反対した加藤外相、若槻蔵相、八代六郎海相らが辞職し、八月一〇日下岡内務次官、浜口大蔵次官、伊沢警視総監らも連袂辞職した。大浦事件は、二八年組の退場ともなった。

司法官僚への敵意

同志会の松下軍治は、寺内正毅に「大浦子ああいう事に相成りしは、全く部下の伊沢、下岡、宮内大臣波多野〔敬直〕等の失策にして、あの一事は大浦に同情すべき点有之候」と批判した（小山俊樹『憲政常道と政党政治』）。与党内同志会からも伊沢ら官僚系の「失策」と批判の声が上がった。

大浦事件は白川の選挙区がある高松地方裁判所で審理され、結局九月大浦は起訴猶予処分になった。しかしこの事件の背景には、司法省と内務省の長年の対立があった。伊沢は次のように回顧している。

「司法警察をめぐって数十年間、内務司法両者が争った。司法警察は検事の手にあるべきだというのが司法省の主張で、余の警視総監時代、司法次官は鈴木喜三郎氏、検事総長は平沼騏一郎氏だった。この意思を代弁した尾崎法相は、司法警察官の身分権を司法省に相談せよという。しかし司法警察官も行政警察官も同じであるから、内務省ではその身分について司法省に相談するわけにいかぬ」（「丸山筆記」）

内務省は一八七四年一月司法省から行政警察を分離して省務を開始したが、犯罪捜査は司法省の検事局主導で行われ、内務省警保局との間で管轄権をめぐってしばしば対立が生じていた。前内閣以来、平沼検事総長のもと司法部の改革が進められ、裁判所構成法の改正により司法警察を裁判所と検事局に置くことになり、これに内務省は反発を強めていた（新井勉論文）。平沼・鈴木ら「司法省の主張」で大隈内閣が動くことに、伊沢ら内務官僚は強い危機感を持っていた。大浦事件はそうした両省間の長年の対立が顕在化した事件であった（三谷太一郎『近代日本の司法権と政党』）。

後年伊沢と鈴木はともに大浦事件を回顧しているが、伊沢はこの事件は鈴木が司法省の威力を見せつけ「内務省に一撃を加へようと待ち構えて」いたもの、鈴木は「伊沢君が殊更に事を構へて僕を中傷」し、「政治上何か意味あってのこと」と述べている（東京朝日新聞政治部編『その頃を語る』）。事件から一〇年以上経った後でも互いに名指しで批判するほど、両者の対立は根深いものであった。内務官僚伊沢は平沼、鈴木ら司法官僚を生涯の政敵とみなすが、大浦事件はその原因の一つとなった。

外地巡遊

警視総監を退任した伊沢は、一九一五年一〇月二八日、神戸でこの頃住友総本店の副支配人となっていた大平駒槌と会い、下関から朝鮮の釜山へ渡り京城に入った。京城ではすぐ上の姉寛子が嫁していた立花小一郎陸軍中将が出迎えた。立花は一九一三年朝鮮駐箚軍参謀長となって赴任し、前年第一九師団長に親補されて竜山の官舎に妻とともに住んでいた（「立花小一郎年譜」）。

立花の日記には「此夜伊沢多喜男来訪、停車場に迎ふ」（一〇月二九日）、「伊沢は宮野君の招により行く」（三〇日）、「伊沢は千代本に於ける歓迎会」（十一月一日）、「伊沢今日仁川に遊ぶ〔中略〕夕七時伊沢帰宅共飲」（十一月四日）、「伊沢義州平壌等巡視の途に上る」（十一月五日）と義弟の来鮮を記している（「立花小一郎日記」）。一週間ほど京城に滞在した後、一二月鴨緑江を渡って満州に入り、中旬に関東州を南下して旅順に到着した。

この外地巡行の目的は、関東州視察にあったと思われる。この年一月日本は対華二十一ヶ条要求を発して中国への進出を強化し、第二次満蒙独立運動も活発となるなか日本権益が集中する関東州統治は重要性を増していた。出発にあたり伊沢のもとに届けられた「満洲御視察御参考事項」という書類は、関東都督府の権限、満蒙における日本人の事業、蒙古懐柔策、大連旅順の市制、満蒙の警察など一五項目にわたる調査報告書である。作成者は不明だが、この後植民地行政にも関わる伊沢にとって関東都督府のもとの関東州行政、とりわけ警察行政の視察は貴重な体験になっただろう。

内地に帰還前には再び京城に立ち寄り立花の官舎に泊まった。その際立花の紹介で寺内正毅朝鮮総督に面会し「夜の十一時過ぎまで話し込んだ」（「丸山筆記」）。二〇数年の官僚生活を終えた伊沢は、初めての外遊で朝鮮、満州を一巡し、そのなかで陸軍長州閥の長老寺内という従来にない人脈を得た。

翌一九一六年四月、台中での勧業共進会観覧のため三井源右衛門、松木幹一郎らとともに初めて台湾に渡った。この年は台湾領有二〇年記念でもあり、五月兄の修二が樺山資紀、後藤新平ら台湾総督府ゆかりの有力者とともに来台し、一四日士林で行われた芝山巌二〇年の大祭には兄弟そろって出席した（『台日』一九一六年五月一五日）。

芝山巌の大祭というのは、伊沢修二が台湾総督府民政局の学務部長心得に就任し、台北市郊外士林に設立した芝山巌学堂で一八九六年一月、内地帰還中の留守に六人の学務官僚が現地人に襲撃され死亡したいわゆる芝山巌事件の慰霊祭である。この殉職事件は、植民地支配の先頭に立つ官僚の使命感を芝山巌精神と称揚するものとなった。修二は事件の翌一八九七年台湾総督府顧問となり、国語教育の普及だけでなく発音矯正、纏足の廃止など台湾の近代化と国民化をいっそう推進した。

修二は一九一七年五月に死去すると芝山巌に合祀され、郷里高遠でも台湾からの寄付金を元に「伊沢修二先生之碑」が建立された（碑文は元台湾総督明石元二郎）。伊沢修二は芝山巌精神という植民地支配のイデオロギーとともに歴史に名をとどめ、多喜男にとっても台湾は特別の地となった。

貴族院議員

一九一六年一〇月、大浦事件の打撃、政友会の予算案追及（減債基金問題）、対中国外交

の失敗などから大隈首相は辞意をもらし、元老山県との間で後継内閣の交渉が行われた。大隈は与党の同志会総理加藤高明を推したが、山県や西園寺らが朝鮮総督寺内正毅を推し五日寺内に大命が降下した。

その日貴族院の欠員補充が発令され、伊沢ほか石井菊次郎、江木翼、高橋作衛、西久保弘道、湯浅倉平、菅原通敬ら一二名が勅選議員に任命された。伊沢は以後二四年間貴族院議員を勤める。出身の官僚組織を基盤として政治活動を行う「官僚政治家」へと転じたのである。

先に京城で寺内に面会した際、伊沢は「善意の悪政」という意見書を出し、それを読んだ寺内は伊沢の政治観に賛同し彼を閣僚候補に挙げたという（「丸山筆記」）。そのポストは組閣の際平田東助が内相就任を固辞しており、平田の信頼が厚かった伊沢が次の内相候補に挙がった可能性はある。

野に下った立憲同志会は、後藤新平や中小路廉が脱党して入閣したこともあり政府との対決姿勢を鮮明にし野党再編は活発となった。その動きの中心となった一人が長年庇護を受けた山県に「自己の新天地を開拓する」と絶縁状を送った下岡忠治で、大隈伯後援会を母体とする公友倶楽部を率い多数党結成に動いた（『三峰下岡忠治伝』）。

しかし下岡の弱点は同志会総理の加藤とは疎遠であったことであった。加藤はこれまで山県のもとで活動していた下岡に不信感があった。これに対し伊沢は「加藤、浜口らと親善なると同時に、大浦、下岡とも最も親善」であった（「朝鮮総督問題」）。こうした政治的位置が、下岡に代わって平田、有松ら大浦系官僚と加藤の同志会を結びつけ、さらに中正会、公友倶楽部の三派有力者との調整に動くことを可能にし、伊沢の存在をクローズアップさせることになった。

一〇月一〇日、成立した憲政会はそうした各派の合同によって成立した。加藤高明総裁以下、富田幸次郎が幹事長に、以下尾崎、安達、若槻、浜口が役員となった。下岡は翌年配下の議員とともに合流したが、結成に尽力した伊沢は参加せず党員にもならなかった。寺内や平田、大浦など藩閥系官僚、加藤、浜口など憲政会の双方に影響力を行使できる立場にあった伊沢は、党外から影響力を保持する立場を取ったのである。政権や政党からの距離を保つ伊沢のスタンスは、この時以来といってよい。

伊沢は貴族院で幸倶楽部に入会した（一八九九年創立、内幸町に会館）。幸倶楽部は官僚派を中心とする茶話会、無所属派、男爵議員を中心に「政党政派に超然」とすることを目的に結成され幸三派とも呼ばれた会派である。山県系の平田、大浦、田健治郎のほか兄修二も所属したことがあり、伊沢はここで田と親しく交際した（尚友倶楽部史料調査室『幸倶楽部沿革日誌』）。

伊沢は一九一六年十二月開会の第三八回貴族院から審議に加わり、翌年七月の予算委員会で北海道長官による土地払い下げや水力電気事業の特許出願について批判した。しかしその後は貴族院議員としての活動はみられない。伊沢の政治的基盤は未だ弱く貴族院での活動が本格化するのは、数年後、伊沢の手兵となる院内会派同成会を結成してからである。

横浜市政への介入

寺内内閣の内相となった後藤新平は首脳人事に着手し、久保田政周内務次官、西久保弘道警視総監、湯浅倉平警保局長ら前内閣で抜擢された官僚を免官とし、次官に水野錬太郎を復活させた。この人事は地方の事情に精通した水野を起用して総選挙に備えようとしたものであった。

伊沢と大浦は浪人となった久保田の復活に動いた。一九一七年八月、東京市で奥田義人市長が在職中に死去し後任の銓衡が空転すると、大浦は伊沢に「多少危険でも前案の通りに試みては如何」と書き送った（大浦兼武一九一七年九月二七日）。「前案」というのは久保田の人事のことで、大浦は伊沢に久保田の東京市長擁立を進めることを指示した。この計画には下岡や一木なども関わったが、結局東京市会の支持を得られず久保田も辞退して工作は失敗した。

翌一九一八年、舞台は横浜市に移った。この頃退任した安藤謙介市長の後任に、再び久保田を擁立しようとしたのである。伊沢は地元への交渉に、神奈川県知事有吉忠一や横浜正金銀行頭取井上準之助、横浜商人中村房次郎らに依頼した。伊沢と中村の関係は、中村が経営する増田商店に伊沢の第三高等中学時代の親友岡部正と塩川栄次郎が勤務した明治三〇年頃に遡る。以来、伊沢と中村は生涯「畏敬おかざる心友」となった（『ある横浜商人の賦』）。

八月大浦は来訪した久保田から「例の進行振り委細」を聞き、「誠に安心喜悦之至」と伊沢に書き送った（大浦兼武一九一八年八月二日）。そして「多数党に何か故障の起らぬ様に進行」させることを指示した。警戒したのは、市会多数を握る政友派の動向であった。

前年東京で失敗した市会対策は入念に行われた。伊沢は中村に「横浜市は如何なる方法を以て歓迎するか」を報酬・交際費・自動車・官舎など具体的に列挙して確認し、また「有力者の全幅の後援」を要請した。結局中村は横浜市会の政友派の重鎮赤尾彦作らと交渉の末、伊沢に「大臣級の待遇」を約束した。提示された待遇は伊沢が求めたように東京市長に並ぶ年俸一万二千円、専用自働車ほか破格のものであった（『伝記』）。八月九日、久保田は市会の全会一致で市長に選出された。この結果を聞いた大浦は伊沢に「横浜市の方非常の御尽力に依り只今稀有の全会一致の決議に優遇策も好都合」と書いている（大浦兼武一九一八年八月十一日)。

久保田の横浜市長就任は、中村を窓口に伊沢が内務官僚を横浜市長に送り込む始まりであった。以後、大正後半から昭和期に横浜市長となった渡辺勝三郎、有吉忠一、大西一郎、青木周三、半井清らはいずれも伊沢の推薦による内務省出身者で、青木もこれに近い逓信官僚であった(大西比呂志『横浜市政史の研究』)。大隈、寺内両内閣期に官僚の政友会と憲政会への系列化が進み、内務官界の「二部交替制」が顕著となると、その影響は東京市や横浜市のように大都市の市長人事に波及し、伊沢はこれに深く関与したのである。

大浦はこの一ヶ月後の九月三〇日死去した。その年十二月一七日、伊沢、上山、安達、下岡らは高輪の防長倶楽部に集まり「故大浦翁伝記編纂事業其他記念事業」について協議を始め、翌年九月一五日丸の内の日本倶楽部で発起人会を開き記念事業会を結成した(「上山日記」)。この伝記編纂にあたり伊沢は原首相に発起人になることを求めたが、原は「余は大浦に縁故なければ之を断りたり」と記している(『原日記』一九一九年一〇月四日)。伊沢が大浦と原が長年宿敵にあったことを知らなかったはずは無い。それを知りながら頼んだとすれば、伊沢一流の挑発かもしれない。伊沢は一九二六年二月財団法人大浦育英会を発足させ、毎年東大法学部ほかから貸費生を採用して後進の育成にも関わった。伊沢は大浦の名を後世に伝えることに尽力した。

岡田宇之助と住友

官僚ポストをめぐる抗争は、大都市市長人事だけでなく植民地や民間にも及んだ。寺内内閣成立とともに茨城県知事を休職となった岡田宇之助は一九一八年一月、後藤新平内相から満鉄理事への就任を薦められ、関東都督や寺内首相にも進言するとの話しを聞いた。初代満鉄総裁を勤めた後藤の推薦であるから有力であった。

しかし岡田は翌日、これまで官界で目をかけられてきた伊沢に相談した。伊沢は一四日、一五日にも来邸した岡田に住友別子鉱業所の次席ポストを持ち出し、後藤に対抗して住友への就職を勧誘した。二月に入ると住友本店の久保無二雄、鈴木馬左也が来訪し岡田説得に加わった。しかし岡田は「熟考の結果謝絶」した。住友といえども「社会的地位」や「上役を頂くの不愉快」など官尊民卑の風は強く、岡田は民間への転出に逡巡したのである。

伊沢は一六日再び久保、鈴木らと面談し岡田を呼び出し、国家社会に貢献する点で「何等の軒輊(けんち)なし」と説得した。伊沢はさらに電話攻勢し、ようやく岡田は後藤に住友への就職を回答した（「岡田日記」）。しかし後藤から満鉄理事の件はすでに関東都督府で内議中であり住友への回答を延期するよう要請されると、動揺した岡田は夜半に伊沢を訪れ住友の方を謝絶したいと再び翻意した。

しかしその後満鉄の方は関東都督との間で雲行きが怪しくなり、三月二八日伊沢は大平駒槌とともに岡田を訪問した。大平は東大卒業後、農商務省鉱山局勤務をへて一九一一年鈴木馬左也の要請で住友に入り、別子鉱業所支配人、一九一八年には別子所長となっていた。官界から住友に入っていた大平の説得は効果があったようで、ついに岡田の了承を得た。伊沢は翌月大阪に赴き鈴木と岡田の待遇を詰め、結局五月岡田は住友に入社した。

官僚のいわば天下り先をめぐって後藤系と伊沢系が争い二転三転の末、伊沢は引き抜きを阻止することに成功した。住友ではこの頃将来の多角的事業経営のため外部からの人材、とくに高級官吏は官需、軍需の受注を円滑にするため必要とされていた（畠山秀樹『住友財閥成立史の研究』）。伊沢はそうした住友の要請に応え、同時に民間への人脈拡大を行ったのである。

原内閣批判

一九一八年九月、米騒動で寺内内閣が倒れ原敬内閣が成立した。政友会を基礎にした初の政党内閣は、貴族院でも研究会と提携し両院で多数を占めた（西尾林太郎『大正デモクラシーの時代と貴族院』）。この内閣に対し貴族院各派交渉委員となった伊沢は、無所属を代表して批判に立った。伊沢の貴族院での論戦への本格的なデビューであった。

原敬内閣は一九一九年二月、米騒動への対策として食糧自給を目指す開墾助成法を提案した。伊沢は三月六日、臨時国民経済調査委員として貴族院予算委員会で山本達雄農相と道家斉農務局長に質問した。まず衆議院の修正で政府原案から開墾助成の予算枠が撤廃されたことを批判し、米過剰で米価が著しく下落した今日あえて増産を奨励する理由、そして朝鮮台湾の剰余米の内地移入との関連であった（「41貴族院議事速記録」一九一九年三月六日）。伊沢は十一日の委員会でも、この法を朝鮮や台湾にも適用するかどうか質し、植民地経営の観点からこの法案に反対した。

伊沢は原内閣が提案した小選挙区制導入と直接国税を三円に引き下げる衆議院議員選挙法改正にも反対し、大選挙区制と納税資格に地方税負担を加える案を出した。伊沢は政友会が依拠する地方名望家層に加え、広く中産階級の政治参加を期待しており、この頃原首相を訪問し、物価の高騰による「中産階級の破滅」を防止するよう要求している（『東朝』一九一九年一〇月五日）。両院で与党政友会が多数を占めるなか政府案を阻止することは難しかったが、伊沢は農政と植民地政策、選挙法など原内閣の重要法案を次々と批判した。

一九二〇年七月、中橋徳五郎文相が東京高等工業、神戸高等商業など専門学校の昇格を地方で食言すると、伊沢はその影響から各地で関係者の運動が熾烈になっていることを議会で追及した。この問題は翌年一月文相問責建議が提出されるまでに発展し、原首相が中橋を擁護すると二月二五日、予算委員会で伊沢は「千鳥の香炉を壊した悪戯の侍」を「家老」は「手討ちになさるか切腹仰せ付けられるか」と質問し、原首相は「名君は物よりも人を重しとします」と答えた。この芝居がかったやりとりに「一座の面々も感嘆」と新聞に報じられている（『東朝』一九二一年二月二八日）。三月七日の予算委員会では、満州方面で新規取引所の開設をめぐり混乱していること、一四日は小樽の埋立地を安価に函館船渠会社に貸下げる問題を質した。伊沢は原内閣が各地で進める利益誘導政策も批判した。

貴族院同成会

伊沢は原が進めた政友会の貴族院への勢力拡大、「貴衆縦断」政策にも抵抗した。一九一九年五月、貴族院最大会派研究会や官僚系勅選議員団幸倶楽部を批判する男爵議員らが公正会を結成すると、十一月伊沢は無所属議員と土曜会（一九〇一年結成）を合流し、主に勅選議員と多額納税議員からなる同成会を結成した。伊沢が所属してきた幸倶楽部は「全く物を言はせず本当の専制」であり、同成会によって貴族院の側から「憲政会の弱体を補う」ことを目的とした（『伝記』）。伊沢は後年「僕は英国でいふ、ヒズ・マゼスティー・オポズィションの立場から同成会に在って、終始時の政府の行政を監視した」と述べている（小島憲一郎編『堀貞自叙伝』）。伊沢は英国流立憲主義の野党を目指し、同成会を結成した。

最初のメンバーは伊沢のほか、江木翼、西久保弘道、中小路廉、高橋作衛、何礼之、湯浅倉平、菅原通敬、高田早苗ら三〇人で、研究会一四三人、公正会六五人、山県系の茶話会四八人に比べて小会派であったが、官僚、学者など多士済々で「一人一党主義」を掲げた（仲田伝之訟一九三二年九月六日）。伊沢の統率ぶりは「一糸みだれぬ観」で、以後加藤、若槻、浜口といった憲政会、民政党内閣の貴族院における「純然たる支柱」となった（松村謙三『三代回顧録』）。伊沢が研究会に対抗して結成した同成会は、貴族院の政党化をいっそう進めるものとなった（内藤一成『貴族院と立憲政治』）。

この年四月伊沢の長女高は、静岡県小笠郡南郷村で代々庄屋を勤めた名家河井重蔵の五男昇三郎と結婚した。高は伊沢が岐阜県官時代の一八九八年に生まれ、父に伴い次々と転校した後、東京女子高等師範に入学し専攻科卒業間際であった。河井重蔵は立憲国民党から三度衆議院議員選挙に当選した代議士であり、長男弥八は東大をへて内務省入省後、当時貴族院書記官長であった。女婿となった河井昇三郎は一高をへて東大法科を一九一五年に卒業し翌年文官高等試験に合格したが、その年十一月住友総本店に入社した。伊沢河井両家を取り持ったのは住友の大平駒槌、河井弥八と静岡中学の同窓柴田善三郎で、彼らから送られた多数の婚儀書類が「伊沢文書」に残されている。

河井昇三郎を女婿として伊沢は住友との関係をいっそう強くした。そして昇三郎の兄河井弥八はこの後内大臣秘書官長（一九二六年）、侍従次長（一九二七年〜三二年）といった宮中の要職を務め、昭和期の伊沢の政界活動の重要な協力者となる。河井家との婚姻関係は、伊沢の政治活動にとって重要な意味を持つものとなった。

万国議員商事会議

一九二〇年末から二一年にかけて開かれた第四四帝国議会でも伊沢は新聞報道された某県知事の醜聞を取り上げ、床次内相の監督責任を追及した。しかし衆議院で普通選挙法や労働組合法が政府と野党との間で激しい応酬がなされるものの、貴族院でこれらが審議されることはなく伊沢の目立った発言も無い。

議会終了後、伊沢はこの年五月二四日から二七日ポルトガルのリスボンで予定された第七回万国議員商事会議に参加することになった。万国議員商事会議はイギリス議会の発意により一九一四年のベルギーに始まり、以後パリ、ローマ、ロンドン、ブリュッセルで開催された。前年末、ブリュッセル駐在の安達峰一郎公使から次回会議で国際的な金融、運送問題が協議されるため、有力な出席者派遣が要請された。貴族院書記官長河井弥八が埴原正直外務次官に指名したのは、委員長神田乃武男爵、副委員長伊沢であった。

三月一七日、幸倶楽部で伊沢の渡欧送別会が開催された。初めての洋行に際し、住友吉左衛門（友純・春翠）は伊沢に次のように書き送っている。

「謹啓　時下愈御清穆大慶奉存候。陳者此度万国商事会議御参列之為不日御渡欧相成候趣、国家之為慶賀之至奉存候。何卒御自重首尾能御任務を全ふせられ御帰朝之程奉祈上候。御出発前親しく御送別も申述度存候へ共、彼是取込不任其意、何卒不悪御諒恕被下度奉願候。就ては誠に乍雅少御餞別之誠意を表し度、金壱万五千円別券小切手を以て拝呈致候間御受納被下度存候。右御挨拶旁如此御座候。」（一九二一年三月一〇日）

当時の一万五〇〇〇円は現在のゆうに数百万円にあたる額である。伊沢は出発直前に面会した鈴木馬左也にも暇乞いの書簡を発しているが（一九二一年三月二二日）、鈴木はロンドンの伊沢に滞欧中「住友諸支店に御用御託しの事少しも御遠慮御無用」と、会社挙げて便宜を図ることを申し送っている（九月一日）。愛媛県知事時代、四阪島煙害問題で住友と現地住民の調停にあたって以来伊沢は住友と密接な関係を持ち、洋行に際し住友は伊沢に多大な支援を贈ったのである。

三月二五日、伊沢は横浜より日本郵船伏見丸でアメリカに向け出発した。随行し船室をともにした貴族院書記官小林次郎は長野県上水内郡高岡村（現飯綱町）の出身で、伊沢は小林の学生時代から目をかけ内務省入省などの面倒をみた関係にあった。小林も伊沢のことを「師父」と仰いで敬愛し、二八会の事務局を務めたほか晩年まで政治活動や生活面の世話を尽くした（「伊沢先生の思出」）。

一行はシアトルからノーザンパシフィック鉄道でシカゴ、ニューヨークをへてワシントンに向かい、同地で駐米大使となっていた幣原喜重郎と再会した。四月イギリスに渡り、ロンドンのビクトリア駅でヨーロッパ歴訪中の皇太子歓迎式典に立ち会った。この旅行のなかで一番感興深かったと伊沢は回想している（『東朝』一九二一年一〇月十二日夕刊）。

三月三日日本を旅立った皇太子は、インド洋からスエズ運河を通過して地中海に入り、ジブラルタル海峡をへて五月九日、ポーツマス港から上陸している。この日宮廷専用列車でロンドンに向かった皇太子一行は午後十二時四〇分にビクトリア駅に到着し、国王ジョージ五世、第二王子ヨーク親王ら王族のほか大勢の市民が出迎えた（波多野勝『裕仁皇太子ヨーロッパ外遊記』）。

伊沢はその時ジョージ国王が日本の皇太子を「自分の大切な倅が遠くから帰ってきたのを喜ぶように」歓迎したこと、そしてイギリス国民が国王たちを「自分たちの親爺のように」熱狂的に取り囲んだことをみて感激し、それにひきかえ我が日本では、皇室と国民の結び付きが「為政者のつまらぬ考えからその間を遠ざけるようにしてしまった」と批判した（「にれのや閑話」）。立憲主義の祖国イギリスのような国王と国民の睦まじい関係を、日本の天皇制にも期待していたことがうかがえる。

五月二四日、リスボンで始まった会議にはスペイン公使広沢金次郎、アメリカより井上匡四郎が加わり、ドイツに対する戦後賠償の債権問題、連合国間の貸借関係と為替相場の取り決めなど国際的な財政政策が論議された（外務省外交史料館「国際議員商事会議一件」）。ここで伊沢がどのような活動をしたかは明らかでないが、日本代表団の一員として会議に連なったことは、伊沢の国家官僚としての意識をいっそう自覚させただろう。

会議終了後伊沢はフランス、イタリア、ドイツ、ベルギー、スペインなどヨーロッパ諸国を歴訪し、七月に訪れたベルリンでは満鉄衛生局から留学中の母方の従弟内田孝蔵や内務監察官として留学中の斎藤守圀に面会した。仲の良かった内田が帰国を一ヶ月延ばしてベルリンの諸処に案内してくれたことを、伊沢はうれしそうに内田の実家に知らせている（内田きさ子宛七月一日）。

図5　ベルリンで　内田孝蔵と

内田はドイツで第一次大戦後発展した整形医学を学び、帰国後日本への導入の先駆者となった。内田が開いた丸の内眼科医院や麻布新竜土町の本邸は、昭和期に伊沢が秘密の会合に利用する舞台となった（塩野ひさ江編『内田孝蔵』）。

この間八月のパリで印象派の風景画家ヴィクトル・ヴィニョンの「古い藁屋」という油絵をベルンハイム社から四、〇〇〇フランで購入し、ロンドンでは、Law Relating Trade Union あるいは World of Labour といった書名の書籍数十点を一二六ポンドで購入している（「倫敦購入書籍受領書・パリ購入絵画受領書」）。住友の美術品を収蔵している泉屋博古館分館（東京都港区六本木）に、現在ヴィニョンの油彩「田舎屋」として登録されている絵画があるが、これが多額の餞別をもらった伊沢が土産として住友に贈ったものかもしれない。

一〇月八日帰国した伊沢は帰朝報告で、ドイツは「何事も組織的で規則づくめ」であるのに対し、イギリスの「自由主義」を評価し、今後の国際社会ではドイツが「国際的競争の勁敵」となると語っている（「海外より観たる祖国」）。伊沢は大学時代にはドイツ国法学を学び国家官僚の優位を疑わなかったが、この頃にはイギリスの「自由主義」を好みドイツには警戒的であった。

過激社会主義法案

一〇月三一日、伊沢は憲政会主催の帰国歓迎会で「帰朝するときは原内閣は倒れて居る筈と思っていた」と述べ、依然居座る原内閣を打倒し憲政の常道から加藤高明内閣に向けて動くことを主張した。しかしその数日後の十一月四日、東京駅頭で原首相が暴漢に襲われ翌日内閣は倒れた。かつて知事に抜擢してくれた原が暗殺されたこの事件について、伊沢は何も記述を残していない。

年末第四五帝国議会が召集されると、伊沢は原の後を継いだ高橋是清内閣に対し同成会交渉委員として批判の論陣に立った。とくに争点となったのは過激社会主義法案の審議であった。ロシア革命と第一次大戦後の共産主義思想や社会主義運動の拡大に危機感を持った原前首相と元老山県が前年司法省と内務省に「治安維持ニ関スル件」の法案策定を指示し、この議会に提案されたのであった。

翌一九二二年二月二五日貴族院で審議が開始され、山内確三郎司法次官は「近来外国の社会主義者と連絡を執り、我国体の基礎を破壊せん」とする勢力が増加しており放置できないと提案理由を説明した。三月一日特別委員会で審議が開始されると、伊沢は過激主義とは何を指すか、四日にはロシア過激主義と日本の国是がなぜ相容れないかと質問した。

三月一四日、法案は若干の修正を加えて委員会を通過したが、伊沢は「一概に過激主義を排斥するは早計」とし、本会議審議に入ることを唯一人反対した。伊沢は三月二四日の本会議でも、学者や言論人の自由討議は「国家の為に最も必要なる行動」であると擁護し、「思想に対しては思想を以て善導すべき」と反対した（「45貴族院議事速記録」一九二二年三月二四日）。伊沢は自由主義的立場から政府の言論思想への過剰な介入を執拗に批判した。

しかし伊沢が反対した理由は他にもあった。この法案はそもそも司法省が緊急勅令で成立を企図したのに対し、内務省は内容に緊急性が欠けていると反対し、そのため議会での法案審議になった経緯があった。伊沢はこの法案は「鉛筆を削っても検事がそれは人を刺すためだと認定すれば有罪というのだから」との憤慨を周囲にもらし（飯沢匡「おやじ伊沢多喜男」）(33)、司法に包括的な権力を与えることに反対であった。伊沢の反対論は取締の対象を限定する内務省の意見に沿うもので、大津事件と同様に背景に司法省と内務省の対立があった。

結局この法案は衆議院で審議未了廃案となったが、関東大震災と日ソ国交樹立（一九二五年一月）を経て治安維持法（同五月）へと至る。伊沢はこの後も思想や信条に対する国家の過剰な介入に一貫して反対する。この間、吉野作造は『中央公論』（一九二四年四月）

誌上で「過激社会運動取締法案を難ず」と題して「朝憲紊乱」の曖昧さを突き、そもそも「危険思想は本質上威圧の出来るものかどうか」と主張した。民本主義者吉野と官僚政治家伊沢は、この法案に対し近い理解を持っていたといえる。

第四章　政権への道

加藤友三郎内閣

一九二二年六月高橋内閣が改造の不一致から総辞職すると、元老松方正義と枢密院議長清浦奎吾は、海軍大臣加藤友三郎大将と憲政会総裁加藤高明の二人を候補に挙げた。加藤友三郎はワシントン会議の全権委員としての功績、加藤高明は憲政の常道という名目で「加藤にあらずんば加藤」という銓衡になった。この時伊沢は政権獲得のためには加藤高明に、推薦の鍵を握る松方へ接近することを説いた。

「加藤伯は元来、元老嫌いで、口癖に盲碌爺共といっていた。元老を決して訪問しなかったが、遂に伊沢氏等に勧められ、高橋内閣の倒壊の半月前に松方公を訪問する約束をした。」(「丸山筆記」)

伊沢の勧めで松方に会った加藤は、松方の「閣僚の注文」に対し、「若槻氏を内相、浜口氏を蔵相たらしめると答えたので、松方公もそれならよかろうといった」と、交渉は成功した(同前)。憲政会代議士たちは政権近しと松方邸に押しかけ、急遽憲政擁護演説会を開くなど猛運動を始めた。これに対し政友会の床次竹二郎、横田千之助ら幹部は憲政会政権阻止を目指し、貴族院の水野錬太郎を通して最大会派研究会の支持を取り付けた。政友会の巻き返しにあっていったん受諾を辞退していた加藤友三郎は、貴衆両院の政友会勢力を基礎とすることで組閣を引き受けることを決意し、そのため加藤高明を擁立しようとした伊沢の工作は水泡に帰した。

翌一九二三年一月、野にとどまった加藤高明は第四六貴族院本会議でシベリア出兵と、関東州租借地、満鉄付属地以外の中国からの郵便局撤去を取り決めた日支郵便条約問題を取り上げた。前者は前年六月首相が表明した沿海州からの撤兵方針に対し、占領地域全体からの撤兵を主張するものであった（櫻井良樹『加藤高明』）。後者の日支郵便条約問題は枢密院への諮詢前に政府が調印したうえ、中国が対華二十一ヶ条要求を否認する声明を発表したこともあって、枢密院は政府外交の弱腰を強く非難した。

政府と枢密院の対立は、貴族院野党の伊沢らの絶好の攻撃対象となった。同成会の江木翼は二月六日、日支郵便条約が枢密院への諮詢前の調印であり、また総理大臣による上奏裁可を経ていないとした（「46貴族院議事速記録」一九二三年二月六日）。以後同会の山脇玄、中小路廉らに続き、茶話会、公正会の幸三派の議員がこの問題で政府を追及した。伊沢は同成会結成後も幸倶楽部の評議員や幹事を続け、幸三派と無所属議員ら貴族院の政府批判勢力の糾合に動いた。

加藤首相は枢密院との妥協によって事態収拾を図ろうとしたが、平田内大臣から憲政会に政権を渡すべしとの意見があがり、この問題は倒閣の具となりつつあった。革新倶楽部の尾崎行雄は、本来法制的な問題が政治問題化したのは「貴族院枢府一部の人々が或種魂胆に基づいたのではなかろうか」と批判した（西尾林太郎『大正デモクラシーの時代と貴族院』）。尾崎の念頭には大浦事件で対立した伊沢があっただろう。

伊沢は貴族院において、政府の弱腰を枢密院と呼応して批判した。しかしこうした政権打倒の方法が「憲政の常道」からの逸脱であることを伊沢は認識していただろうか。後の浜口内閣のロンドン軍縮条約問題をめぐり、枢密院と結んだ政友会による攻撃で伊沢は逆の立場に立たされることになる。

山本内閣と関東大震災

議会を終えた八月、加藤友三郎首相は静養していた軽井沢の別荘で転倒し負傷した。伊沢もこのころ同地に滞在しており、さっそく加藤を見舞いその様子を浜口に知らせた。

「去る十三日夕過し、二階階段の中途よりすべり落ち腰部を打ち臥床せられ候。固より大したことには無之候得共、階段の上下等には疼痛を感ずる趣にて両三日は横臥し居りたり。昨日見舞ひたるに、既に床を離れ椅子に倚りて対談し元気は平常と異る所なきも、尚ほ階段の上下はなさゝる方宜しとのことにて二階（寝室は二階にあり）より降下せず候。しかし是も一両日にて差支なきに至るべく存候」（浜口雄幸宛一九二三年八月二〇日）。

同じ書簡で伊沢は、政友会が西園寺や松方ら元老に働きかけて「変態内閣出現」を策動していることを聞き、これを阻止するためいつでも上京すると知らせている。この頃、政友会内部では高橋総裁への不満が強く、貴族院研究会とも結んで岡野敬次郎司法大臣を担ごうとする策動があり、伊沢はそうした動きを警戒した。

伊沢は加藤首相の様子を「平常」と伝えたが、実際は前年末から肝臓癌が末期的症状となっておりこの数日後死去した。内田康哉外相が臨時首相となり二八日、組閣の大命は山本権兵衛に降下した。

組閣にあたり山本は挙国一致を唱え、八月二九日、築地水交社で加藤高明憲政会総裁、犬養革新倶楽部総理らを招いて入閣交渉を行った。これに対し伊沢は同日、貴族院の幸倶楽部、無所属など四派代表とともに山本首相と面会し、「挙国一致と云ふ事以外政策について何等か御考へありや」と質したが、山本は何の政策も持ち合わせていないと答えた（『東朝』一九二三年八月三〇日）。伊沢の回想では山本から「自分はこれから船に乗るのだから、行先を問わずとにかく乗ってくれ、乗り出せば船長が方向を決定するという挨拶」に「唖然として辞した」と記している（「丸山筆記」）。伊沢は山本の無定見に失望し、当初交渉に対して好意的であった加藤も数日後に入閣を断った。山本に協力してもその後に加藤内閣実現を期待することは出来なかったからであった。

その二日後、関東大震災が起きた。その時の様子は、伊沢から戦時中に懐旧談を聞いた蔡培火が記している。蔡培火は一八八九年生まれ、台湾総督府国語学校師範部を卒業して公学校の教員を務めた。その後林献堂の支援によって日本に留学して東京高等師範学校に学び、帰台後に『台湾民報』の編集発行人を務め、林とともに台湾の自治を目指す運動に参加した。この年一月には治安警察法違反の嫌疑で逮捕されたこともある民主化運動の闘士であった。伊沢と蔡の接点は分からないが、すでに伊沢と交流があった林献堂が介したものだろう。

「大正十二年九月一日の正午近くであった。残暑甚しい為め、縁側の籐椅子に凭(もた)れていたとき、突然ガタ〳〵とあの大地震がやって来たのだった。縁側の直ぐ下は芝生の庭で、下りて立っている間、仲々揺れて止まない。芝生の庭の続きにある彼の野菜畑、あそこに隣り近所五六家族の者が期せずして皆そこに飛込んで避難して来た。揺れが間を置いて頻々大きくやって来て、皆の人々は安心して其家へ帰られず、飯もなし炊事も相叶はぬ次第、家人が有るだけの米を炊出して、それらの人々の飢を医(いや)して上げた。」(蔡培火一九四二年二月一七日)。

震災数日後、伊沢は麹町(下二番町三三)に住む加藤高明を草鞋がけで訪問した。加藤邸は大きな損傷を受けたが火災は免れていた。

「自分は昼食の迷惑になるといかぬと思ひ、今日は唯だ話に来たゞけで、昼食は堅パンを携帯してあるから御心配を煩さぬと申せば、加藤氏も今日こそは昼餐を上げ度ても何うにも仕様がないと言はれた。その後、奥様が出て来られ玄米ですけれど昼餐は準備してあると言うて勧めて呉れた。折角の御用意だと思ひ、一緒に頂戴して見れば、市役所から配られた相当色黒い玄米の飯であった」（同前）。

伊沢は震災直後、東大地震学講座の今村恒明助教授に火災被害について問い合わせ、その大きさと人心への影響を痛感した。伊沢が加藤を訪問したのも「国民、市民の精神作興を謀るの緊要」を説くためであった（「当面の急務は人心の作興」）。

伊沢は九月十一日に発足した大震災善後会（委員長徳川家達）の委員となり、震災犠牲者の「記念追悼の事業」の必要性を訴えた。当初は目前の悲惨な状況のなかで「こんな悠長な計画」と市長始め多くの委員は耳を貸さなかったが、伊沢は一〇月帝都復興院評議会議員（会長阪谷芳郎）、翌年九月には東京震災記念事業協会の会長にも就任して、数万人が犠牲となった本所の陸軍被服廠跡に広く市民からの寄付金を集めて記念堂を建設する事業を進めた。こうして一九三〇年に建設されたのが震災記念堂（現在の東京都慰霊堂、墨田区横網町）であった。伊沢は震災後の国民の精神作興と犠牲者慰霊に率先して取り組んだ。

火災保険金補助貸付問題

震災で多くの人命と家屋が失われたため、多額の保険金支払いを迫られた生命保険会社や火災保険協会は政府に補助を求め、政府は火災保険金補助の貸付法案を議会に提出した。これに対し伊沢は、政府案は「資本階級擁護」であり国庫負担は不可であるとの談話を発表した（『東朝』一九二三年一〇月一日夕刊）。保険金は被保険者のみが受益する利益であって、国民一般より徴収した税金で支払うべきでない、緊急に実施すべきは被保険者という「中産階級以上」の救済ではなく、「国民の最大多数たる下層階級」であると主張するものであった。伊沢が広く大衆の利益を優先させる考えを持っていたことが確認できるが、この意見は大震災善後会でも否決された少数意見であった（「丸山筆記」）。

伊沢の談話が新聞に報じられたその日、吉野作造が伊沢に手紙を寄越した。吉野は東大の研究室を焼かれ、多数の蔵書と貴重な資料を失っていた。

「拝啓　本日朝日夕刊所載火災保険金支払問題に関する御高見拝誦仕り、御同感の余り書面を以て敬意を表し候。小生も当初より御高説と全然同様の意見を有し候のみならず、政府補助強要論の横暴に対しては少らず憤慨罷在ものに御座候。某大新聞に一度短文を寄せるも最高幹部の所見と異るとやらにて突き返され、心中私かに残念の情をもやし居候折柄、御意見の御発表に接し聊溜飲をさげたるの感有之候。」（吉野作造一九二三年九月三〇日）。

吉野は先に同様の意見を新聞社に出したが突き返され大いに憤慨していたところ、伊沢の意見に接して「溜飲をさげた」と賛意を示して来たのである。「国民の最大多数たる下層階級」の利益擁護を重視する伊沢と吉野は、法案がこれに逆行すると考えた。

この後政府は保険支払金の一割を直接国庫から貸付け、財源は国庫剰余金とする火災保険貸付法案を閣議決定し第四七臨時議会に提出した。しかし政友憲政両党の激しい反対に遭い、二二日衆議院特別委員会で審議は中止、本会議でも廃案となり所管の田農商務大臣も辞職した。翌一九二四年、清浦内閣が成立すると火災保険貸付問題は再燃し、農商務省は保険会社に補助し納付金で回収する案を作成した。この案は大蔵省と折衝した上で震災公債を勅令として発するもので枢密院で精査が開始されたが、三月枢密院の反対で勅令案は撤回された。

火災保険をめぐって発生した政府と枢密院の対立について、吉野は四月『東京朝日新聞』紙上で「枢府と内閣」と題する五回にわたる署名入り論説を発表し、政府に立ちはだかる枢密院の廃止を主張した。この問題は震災処理を越えて、明治憲法体制下の枢密院の存在をクローズアップさせ、吉野が民本主義をより徹底していく契機になった（松尾尊兊『吉野作造集』)。この問題の当初において、官僚政治家伊沢と大正デモクラシーの唱道者吉野が共感した意識を持っていたことは興味深い。伊沢の統治観の中に、デモクラシーと共通する民衆観があったことを示していよう。

虎ノ門事件と清浦内閣

年末の二七日、摂政狙撃事件（虎ノ門事件）が起きた。山本内閣は直ちに総辞職し警備の責任者であった湯浅倉平警視総監も辞表を提出した。事件の翌日、伊沢と上山満之進は警視庁に湯浅を訪問した。上山の日記には「貴院秘密会にて不祥事件の説明あり質問続発、午餐中村是公伊沢多喜男と共に警視庁に湯浅倉平を見舞ふ」とある。中村是公は元満鉄総裁で上山、伊沢と同じ同成会所属貴族院議員であった。彼らは連日湯浅の処遇を協議したが、湯浅は結局懲戒免職となった。

翌一九二四年一月七日、枢密院議長清浦奎吾が内閣を組織した。清浦内閣は研究会を中心に貴族院に基礎を置く超然内閣であったので、政友会、憲政会、革新倶楽部は官僚内閣打倒の運動を開始した（第二次護憲運動）。これに対し清浦内閣は衆議院では政友本党のみの少数与党であったため、議会解散に出ようとした。三〇日、伊沢は貴族院幸倶楽部と無所属議員の有志連合とともに首相を訪問して解散回避を勧告し、「憲政の運用は政党に俟たねばならない」と総辞職を求めた。官僚出身の伊沢が政党を擁護し、官僚内閣を批判したのである。

三一日清浦が議会を解散すると伊沢は同成会会員による選挙干渉監視団を組織し、政府に対抗する運動を開始した。知事経験のある貴族院議員を配置して政府の選挙干渉を調査しその内容を新聞に公表して野党を支援するもので、以後伊沢は総選挙ごとにこうした政府への対抗団体を指揮した。

選挙戦が始まると伊沢は四国・関西・甲信越・東北地方、湯浅は東海道、上山は東北地方を担当として各地に向かった。愛媛県を選挙区とする政友会代議士高山長幸は、伊沢に「政局之変化により貴党と我党とは相提携する事と相成政党といふものは面白きもの」と書き送り、伊沢の来県を依頼した（高山長幸一九二四年四月一〇日）。かつて愛媛県で反政友知事として鳴らした伊沢が、この選挙では政友会と提携することになった奇縁を指しているのである。東海道方面を担当した湯浅は、静岡県で政府が実業家に選挙費調達を命じたことや官吏候補が出現したことなど政府の選挙干渉の事実を伝えている（湯浅倉平一九二四年四月二〇日）。伊沢はこれらの情勢報告をもとに護憲派の勝利を確信し、第一党憲政会の議席は「百七八十名」「連立内閣」と予測した（『東朝』一九二四年四月二九日）。五月一〇日の投票結果は憲政会一五一、政友会一〇〇、革新倶楽部三〇、野党政友本党は一一六議席で、予測より憲政会の議席はやや下回ったが連立内閣は実現した。

護憲三派内閣と植民地人事

一九二四年六月十一日、苦節十年をへて加藤高明は護憲三派による組閣を行った。憲政会からは若槻礼次郎（内務大臣）、浜口雄幸（大蔵大臣）、仙石貢（鉄道大臣）、江木翼（内閣書記官長）が就任し、幣原喜重郎（外務大臣）も憲政会に近い存在であった。政友会からは横田千之助（司法大臣）、高橋是清（農商務大臣）、革新倶楽部は犬養毅（逓信大臣）が閣僚となった。

この時伊沢は加藤首相から入閣を請われたが「閣外から援助したい」と述べ、かわりに仙石貢を推薦した。伊沢が要請されたポストは明らかでないが、内務大臣は憲政会と政友会が対立してまとまらず、副総理格の若槻が就任した経緯がある。伊沢は内相就任を求められたが対立を避けて辞退したか、あるいは伊沢が推して仙石が就任した鉄道大臣を当初要請された可能性もある。伊沢は大臣を悉く断る理由について、「僕は非常に弱い人間で、つい他の色に染まる虞がある。所信に忠実になれば、妥協は出来ないではないか」と述べている（森戸吾良「信州の生んだ偉人伊沢多喜男翁の書」）。自由にものを言い活動するために、内閣や省務に縛られる大臣にならなかったというのである。

護憲三派の均衡に配慮したこの内閣の顔ぶれに、伊沢や上山は満足しなかった。組閣後の上山の日記に「若槻に面会し伊沢等の人事に付き陳ぶる所あり」とある（「上山日記」六月二七日）。上山もこの時若槻内相から復興局長官就任を求められたが、伊沢と相談して提案を拒否した。伊沢や上山は優柔不断な若槻への不信をしばしばもらしている。

加藤首相は次いで朝鮮、台湾の植民地人事に着手した。朝鮮では一九一九年以来総督であった斎藤実が辞意をもらし結局留任となったが、有吉忠一政務総監を更迭することになった。そしてほぼ同時に台湾総督の内田嘉吉が病気を理由に辞職の意向を示したため、台湾総督と朝鮮総督府政務総監の後任人事が併行することになった。

この植民地高官の人事に、組閣の選にもれた伊沢と下岡忠治という二八会の同期が候補となった。伊沢は加藤首相から入閣を要請された際、「強いて自分が希望することを言えば台湾総督」と伝え加藤もそのつもりでいた。台湾は修二以来ゆかりの地であり、かねて配下の川崎卓吉（警務局長、殖産局長）から同地の政情は伝えられていた。しかし憲政会では党籍がない伊沢ではなく、衆議院議員の下岡を推す声が大きかった。この問題をめぐる伊沢と下岡のやりとりを「丸山筆記」は次のように記している。

「加藤三派内閣成立するや、伊沢氏は疲れ切って寝込んでいた。加藤伯から招かれて入閣を勧められ断って仙石氏を勧めた。ところが下岡氏が来て、枕上で台湾総督になりたいが譲ってくれといふ。これは譲るも何もないのだが、しかし加藤首相はまだそこまで考へていないだろう、僕になれといはれたこともないと答へた。下岡氏は、余がすでに内定しながら隠しているとでも思ったか知れない。」

この問題は容易に結論が出ず、八月二三日加藤首相の軽井沢の別荘で伊沢、望月小太郎、松井慶四郎らとともに二時間にわたり台湾総督の後任について協議が行われた。

一方下岡は台湾総督就任が難しい形勢となると、朝鮮総督府への運動を開始した。これをみた伊沢は下岡を訪問して「朝鮮へ行くのはやめろ」と忠告した。伊沢には朝鮮の動向も総督府警務局長の丸山鶴吉から伝えられていた（下岡忠治宛六月十一日、一八日）。伊沢は下岡に三派内閣の「寄合所帯は長くは持つまい」「単独内閣が成立すれば、君は大臣になれる」と説いた。伊沢は下岡のこだわりが「党の不平組、謀叛組」など憲政会党員の猟官熱に押されているとみて自重を求めたのである（「丸山筆記」）。

結局七月伊沢が台湾総督、下岡が朝鮮総督府政務総監に内定したが、下岡は翌一九二五年十一月在職中に死去した。伊沢は下岡の死を聞いて「痛嘆之至」と書いている（下村宏宛一九二五年十一月三〇日）。下岡は三高以来の友人であり、伊沢が大浦兼武のもとで頭角を顕す契機を作ったのは下岡であった。しかしその後下岡にとって伊沢は脅威と映ったらしく、「下岡氏は死ぬまで伊沢氏に釈然ならざるものがあった」、二人は「非常に意見を異にして随分激しい論争をして、所謂喧嘩」をしたという（『三峰下岡忠治伝』）。伊沢と下岡はともに内務官僚出身で憲政会に近かったが､伊沢は内務省､下岡は憲政会を重視した。今回の植民地人事の対立は、そうした二人の政治的スタンスの相違が起因した。

加藤首相は満州人事にも手をつけ、野党の政友本党に近かった川村竹治満鉄社長を更迭し、憲政会に近い枢密顧問官安広伴一郎を任命した。伊沢はこの人事にも関与し、安広に大平駒槌を副社長に起用することを進言した。大平は一九二二年、鈴木馬左也が住友の総理事を病気で辞任するとこれに殉じて住友を辞職し、古巣の農商務省の嘱託となっていた。また安広は伊沢が第三高等中学時代の教員であった。

護憲三派の内閣であったが加藤首相は植民地人事について、台湾総督伊沢、満鉄社長安広、副社長大平という憲政会主導の党派的人事を行った。台湾、朝鮮、満州など外地の高官人事はこの後二大政党による内閣交替に連動し、伊沢が満州に送り込んだ大平も政友会の田中義一内閣が成立すると更迭される。今回の人事はそうした党派的植民地人事の先例となった（井上敬介『立憲民政党と政党改良』）。

台湾総督

一九二四年九月一日、宮中で台湾総督の親任式が行われた。伊沢は赴任を前にして、兄修二以来の台湾人との交流、最近では林献堂ら名士と意見を交換し大いに理解があり、「自治制も漸く実施の緒に就いて来たのだからこの際大いにこの点に力を注ぎたい」との抱負を語った（『東京日日新聞』一九二四年九月二日）。伊沢は修二が台湾から一時帰国した一八九六年に、兄が連れてきた柯秋潔らと半年ほどの間、寝食を共にし日本語を教えたこともあった。

総督の側近の総務長官には当初予定した川崎卓吉が内務次官となったため、丸山鶴吉の推薦により浪人中の後藤文夫を指名した。後藤はこのときまだ官歴が不足していたのでまず総務長官心得とし、後に昇格させる異例の人事であった。内務局長には木下信（鳥取県知事）、殖産局長片山三郎（農商務省漁政課長）、警務局長坂本森一（愛知県内務部長）、専売局長宇賀四郎（大蔵省専売局煙草課長）、鉄道部長白勢黎吉（鉄道部運輸課長）といずれも新進官僚で固めた。若手の抜擢は古参の局長や知事を自発的に退職させようと意図したものであった。

伊沢は憲政会系の党派的人事で総督に就任したが、伊沢が幹部に抜擢した後藤、木下、坂本らはその時点では憲政会系ではなかった。むしろ「揃ひも揃って世の中から政友系と目される連中」（「故加藤伯の生涯」）で、彼らは伊沢に抜擢されることによって憲政会系官僚となったのである。

八月と九月の二度の台風で大きな被害が出た台湾に天皇から救恤金が下賜され、御礼言上に参内するなど伊沢の赴任は遅れた。この間京都の清風荘に西園寺を訪問し、「台湾はどこ迄も内地の延長であり、島民は斉しく陛下の赤子である」とする一視同仁主義の統治観を披瀝し、後藤新平らの「腐敗政治」是正を目指すと述べた。西園寺はこれに「満腔の賛意」を示し、伊沢は意を強くして台湾に出発した（「西園寺老公の薨去に想ふ」）。

九月二二日午後東京駅を出発、途中宇治山田、京都に宿泊して伊勢神宮、桃山御陵を参拝した。ついで大阪をへて二六日午前、神戸港より日本郵船備後丸に乗船し、門司で後藤文夫と合流して台湾へ向かった。船には台湾より迎接に来た三村三平、明石定蔵、辜顕栄、林熊徴らが乗船した。辜、林は総督府評議員で前年皇太子来台に際し叙勲を得た台湾の有力者で、辜とは一八九七年ころ修二宅で会ったことがあった（『辜顕栄翁伝』）。また当時基隆炭礦、基隆船渠などの経営にあたっていた実業家顔国年も伊沢と交流があった有力者である（『顔国年君小伝』）。

三〇日午前八時基隆港に到着した伊沢は船上で記者団に統治方針の第一声を発し、上陸後臨時列車で台北に向かい、九時過ぎに総督府官舎に到着した（『台日』一九二四年一〇月一日）。官邸で一般の歓迎を受けた後台湾神社に参拝し、菅野尚一台湾軍司令官の訪問を受け、午後四時から台湾随一の台北鉄道ホテルで官民有力者の歓迎会に出席した（「伊沢総督着任当初日程」)。

翌一〇月一日、伊沢は会議堂で各局長、州知事、官吏に訓示を与えた。台湾日日新報社説は、そのなかの「官紀の振粛」と「一視同仁」に注目した(『台日』一九二四年一〇月三日)。

伊沢の施政は、行財政整理による剰余金で減税を断行し、日月潭整理工事などの開発事業、台湾大学設立を中心とした教育振興を目指すもので、手始めに総督府と地方組織の統廃合と大規模な人員削減を行った。総督府の逓信局、土木局、法務部を廃止し、秘書官や技師などの職員、地方では郡守・市尹にいたる地方官が削減された(井出季和太『台湾治績志』)。これら人員整理により高等官七一名、判任官七三五名の合計八〇六名が退職した(岡本真希子『植民地官僚の政治史』)。

総督府本庁の局長などには本国からの「新知識を有する新人」を任命し、州知事以下の地方官僚には「悉く従来の在官者」を就任させる方針を採った(『台日』十二月二八日)。行財政改革を進めながら従来の日本人官僚を一掃し、台湾人官吏を登用したのである。「本島人の高官」最初の人といわれた劉明朝は、東大法科卒(一九二二年)で高文にも合格し総督府土木局をへてこの時新竹州勧業課長となった。後年劉はこの時の伊沢の「異数なる御抜擢」に感謝する手紙を送っている(劉明朝一九三一年三月三一日)。こうした人事により形成された伊沢時代の総督府官僚は、後任の上山満之進総督期にも引き継がれ、伊沢は彼らを通じて後々まで台湾総督府に大きな影響力を持った。

四〇〇万人の台湾

一〇月九日伊沢は台北市内の視察を行い、ついで一九日から全島巡視に出発した。総督の全島巡視は第四代の児玉源太郎の時に始まり、北京から取り寄せた八人が担ぐ大きな駕籠（轎）に乗り前後に騎兵一小隊を従えた行列は、さながら「土皇帝」の威容を示す一大デモンストレーションであった（原武史『可視化された帝国』）。抗日運動鎮圧と並行して行われた前時代的な全島巡視は、文官総督伊沢の時代に引き継がれ、総督と大日本帝国の権威を示した。

初日の模様は次のようであった。

「五時二四分台中到着、州知事常吉徳寿、警務部長猪俣松之助、市尹川中子安治郎、民間代表坂本素魯哉、松岡富雄、楊吉臣ほか、州市協議会員、在郷軍人分会、赤十字社員、愛国婦人会各代表が駅ホームで歓迎、各学校生徒、消防隊員などが駅前で歓迎、総督を乗せた車列を迎える街道筋は日本国旗で飾られていた」（『台日』一〇月一九日、二〇日）。

台湾文化協会の有力者黄旺成は、総督見送りに行かせた総督府評議員の楊吉臣が伊沢の「機嫌はあまり良くなかった、新総督は少々雑談してすぐに他の部屋に行った」と記し

図6　駕籠上の伊沢総督

ている（『黄旺成先生日記』）。出迎えた親日台湾人も伊沢の気難しさに手を焼いたようだ。

翌二〇日は台中神社を参拝し水源地、市場、師範学校を巡視し、二一日には台中から鉄道で彰化に向かい、二水、五城、日月潭を訪問した。台中からは辜顕栄、蔡蓮舫、林瑞秀ら有力者が同乗した。二二日は斗南より日本精糖会社線で崙背方面に向かい、二三日嘉義神社、林業試験所、製材所を巡視し烏山頭に登った。烏山頭では大堰堤築造事業による米と砂糖の増産計画について説明を受け、隧道の工事現場に足を運ぶなど精力的な視察を続けた。

二四日台南神社、閻山神社を参拝し、安

平塩田、師範学校、第一中学校、孔子廟などを視察、二五日高雄で州庁舎、中学校、検糖所、築港、二六日には屏東で飛行場を視察した。屏東飛行場では歓迎飛行を観閲し、ツオウ、パイワン、プヌン三種族の先住人男女四〇名と「蕃童教育所」の男女生二〇名を引見し、伊沢は「名はなんと云ふ」「学校では何が好きか」と下問し金品を下賜した。二七日台北帰着まで九日間の巡視は、産業振興と教育を奨励するとともに各地で神社参拝を行った。特別列車を仕立て、自動車や奥地では人力車、輿にも乗った総督は行く先々で盛大な歓迎会が催され有力者一般市民を引見した。

伊沢は初度巡視を終えた十一月末、早々と東京に向かった。総督府の官制改革と官吏の待遇改善を政府内務省と交渉するためで、この時沼津に行啓中の皇后に拝謁を許され、台湾の気候風土、先般の風水害の状況、一般島民の生活状態、衛生施設、「生蕃」のことなどを下問された。この拝謁を伊沢は「感泣のほかない」光栄とし「台湾を世界の楽土にしたい」との思いを強くした（『台日』一九二五年一月一日）。

拝謁後の十二月二三日伊沢は東京を発し神戸から蓬莱丸で夫人と片山殖産局長を帯同して帰台した。その際「台湾の統治は、五万の内地人を対象とする統治ではない。四百万の台湾人である」と声明した（『台日』一月二八日）。赴任時に示した台湾自治への理解をさらに踏み込んで発言したものであった。息子の飯沢匡によると、伊沢は「グレート・ブリテンの中のアイルランド自治国」を理想と考えていたという（「おやじ(33) 伊沢多喜男」）。しかしこの声明は、現地の日本人社会に大きな衝撃を与え、「極度に内地人を圧迫し台湾人に阿諛」したものと猛烈な非難を浴びた（『台湾を惑乱せる伊沢一派の暴戻』）。伊沢が赴任したころの台湾では民主化を求める政治運動、文化運動が活発に展開されており、統治の目標は「四百万人の台湾人」という宣言に、改革運動を進めていた台湾人指導者は大きな期待を寄せ、逆に日本人たちは強く反発したのである（頼西安『台湾民族運動唱道者林献堂伝』）。

台湾議会設置運動

一九一九年、原内閣が文官総督の道を開くと台湾人から総督の立法権縮小を要求する六三法撤廃運動が高まり、林献堂、林呈禄、蔡培火らによって啓発会、新民会、台湾文化協会などの文化団体が結成された。六三法撤廃運動は台湾議会設置運動に発展し、一九二一年一月林らによって帝国議会に請願書が提出された。その結果、六月には不十分ながら台湾人の民意を容れる総督府評議会が新設された（若林正丈『台湾抗日運動史研究増補版』）。

台湾自治運動の指導者林献堂の詳細な年譜には、九月一日台湾総督に「政界惑星之称之伊沢多喜男」が就任し、「四百万台民為統治之目標慈起在台日人之非難攻撃」と、在台日本人が非難する伊沢へ期待を寄せていることを記録している（葉栄鐘『林献堂先生年譜』）。

林献堂は一八八一年台中の名家霧峰林家に生まれ、台湾での教育活動を行うなか、板垣退助や田川大吉郎などと交流を深め、台湾の自治運動を進めた指導者であった。林は翌年一〇月、新民会の幹事黄呈聡とともに伊沢に台湾政治の改革を求める建白書を提出し運動への支援を求めている。伊沢は施政の根本に「一視同仁」を置いたが、これは日中戦争期以降の創氏改名や日本語使用を強制した皇民化政策と異なり、台湾を内地に従属する外地ではなく対等な主体としてみようとするものであった。林献堂や蔡培火ら運動の指導者は、こうした伊沢の統治姿勢に期待をかけ後々まで伊沢を敬慕する。

図7　在京台湾人留学生による台湾議会設置請願運動　1926年1月

一九二四年十二月二五日、台湾議会設置運動の長年の協力者田川大吉郎は三〇年ぶりに台湾を訪問した。田川が台湾に「他の何事を差置いても必ず参ろう」と決心したのは、「台湾総督伊沢氏の台湾に関する談話が台湾日々新聞―いわゆる御用新聞に抹殺されたこと」であったという(田川大吉郎『台湾訪問の記』)。先の伊沢の声明は内地でも大きく伝えられ、田川は伊沢新総督を擁護すべく訪台を決意したのであった。

田川が伊沢に会った際、「台湾議会の話」は伊沢の方から出た。伊沢は田川に協力を約束したのだろう。田川は林献堂の家に滞在するなどして全島を見て回り、翌二五年一月一三日台湾を離れた。

同年二月林献堂らは七八〇人の連署を集めて上京し、加藤首相らに面会するなど帝国議会に台湾議会設置の請願（第六次）を行った。この運動には楊肇嘉（一八九二年生れ、早稲田大学に留学）、呉三連（一八九九年生れ、東京高等商業予科に留学、のち大阪毎日新聞記者）、羅万俥（一八九八年生れ、明治大学に留学）などが東京や横浜で参加したが（第七次、一九二六年一月）、伊沢はこれら新世代の親日台湾人とも交流した。

台湾官立大学の創設

伊沢は一九二四年末、早くも上京した。目的の一つは、台湾の官立大学開設に向けた準備であった。大学設置構想そのものは新台湾教育令を布いた田総督時代の一九一九年十二月、下村総務長官によって調査立案が開始されたが、その後の内田総督時代には大きな進展がなかった。今回の交渉によって次年度予算に一七万円が計上され再び動き出した（陳瑜「台北帝国大学設立構想に関する研究」）。

「伊沢文書」には一九二五年作成の「大学創設ニ関スル調査」「台湾大学設立ノ主旨」「台湾大学ニ文学部併置ノ理由」「大学新営費要求ニ関スル書類」「就学歩合、入学志願者及児童数」といった書類が多数ある。これらは前年一〇月伊沢の招きで来台し、二五年七月総督府の大学創設事務委員に就任した幣原坦によって進められた計画を示すものである。

幣原坦は喜重郎の二つ上の兄で、三高時代の上級生であった。幣原は帝大文科を卒業し鹿児島造士館教授、東大教授、広島高等師範校長を歴任し、伊藤博文の招聘により韓国統監府で教育行政にあたった。幣原は前年欧米諸国に赴き、教育制度や植民地での大学運営を調査し、その中で注目したのが「東洋研究」であった。これは日本に根強かった「支那」中心の東洋史研究を広く東洋全般南方地域にも発展させるものであった（林恒全論文）。幣原作成の「台湾大学設立ノ主旨」にも「台湾大学を以て南方に於ける日本文明の中心たらしめ又之を近隣に伝播する唯一の機関たらしむる」と主張されている。

一九二四年一〇月総督公室で開かれた第一回大学設立会議で医学部は予算の関係から見

送られたが、伊沢は理学部と文学部の設置を求め、後藤総務長官は卒業生の需要が見込めないとこれに反対した。幣原が折衷案として理科に農科を加え文科に法科を加えることを提案し、最終的に理農学部と文政学部設立が決定された（幣原坦『文化の建設』）。

この文政学部は「南洋史学土俗人種学」を中心に、「教材を西洋に取るよりも寧ろ東洋とくに南洋」を重視し、理農学部も「総て台湾を中心とする熱帯亜熱帯」を対象とした。台湾の新設大学を新たな東洋・南洋学の拠点としようとする幣原の構想に沿うもので、伊沢も他に例がないものと自負し、「台湾で得た種々の経験を南洋において発揮するには誠に好都合」と日本の南洋進出のため文政学部は研究拠点となり、台湾大学を教育だけでなく国策的観点からも重要と考えた（「日本の楽土台湾の近況」）。

この後伊沢の離任により大学開設は次の上山総督期に持ち越されたが、上山は大学創立計画は「総て前総督の案に変更を加えず」と言明し、一九二八年台北帝国大学が開学した。台湾における官立大学は、教育学者幣原坦と総督伊沢によって基本設計されたものであった。

蓬莱米

一九二五年は芝山巌事件から三〇年にあたった。伊沢は二月一日の式典で台湾教育の目的は「孝悌忠誠なる国家の元良」を創出することと述べた（『台湾警察協会雑誌』一九二五年）。式典が終わると伊沢はその足で内地に向かい、東京では総督府の物産陳列会などに出席し軽井沢で長期滞在した。沼津御用邸に天機奉伺をして帰台したのは、二ヶ月余り後の四月中旬で、伊沢はただちに軍艦に搭乗して澎湖諸島の視察と招魂祭出席に出かけた。五月一日台北に帰還するとまたも東京に向かい、一〇日宮中で行われた大正天皇の銀婚式祝典に出席し、一四日には秩父宮に拝謁した。秩父宮は訪欧の途中に台湾に立ち寄ることが決定しておりその準備であった。

二八日秩父宮が基隆に到着すると、台北台中など各地で数万人の提灯行列が行われ、陳列館で台覧品供覧など盛大な歓迎会が催された。六月二日に秩父宮が台湾を離れ、奉迎の大役を果たした伊沢は「一視同仁の有り難い御心」との総督謹話を発表した（『台日』一九二五年六月五日）。

伊沢はその後全島巡視に出かけた。六月二七日、台湾東部海岸の宜蘭、花蓮港地域に向かい吉野移民村、タロコ蕃地花宜道路、台東製糖会社、北埔農場など視察し、屏東、高雄を回って七月四日帰還した。義兄の立花小一郎は炎暑のなかの巡行について、「台湾官吏としては是が天職と被存候間御辛抱之程奉願候」との手紙を送っている（一九二五年七月六日）。東部地域は台湾西海岸地域に比べて開発が遅れており、治山治水事業や農場開拓の必要があった。

伊沢が台湾から内地への移入米を制限する原内閣の政策に反対したことはすでに述べたが、巡視の先々で農事試験場や農場を視察し、とくに増産奨励、品種改良など米穀政策に力を入れた。一九二六年四月二三日から三日間にわたり台北鉄道ホテルで開かれた大日本穀物大会には農林省から石黒忠篤農務局長が来台し、移出商組合員、生産者代表らが参会した。伊沢は「米穀は吾台湾に於ける農産の大宗」であり、その消長は台湾農民だけでなく「母国食糧補給上影響する」と増産と内地移出を説き、近年の内地種米栽培の成功を強調した（『石黒忠篤伝』）。

台湾における内地米種は一九一〇年代より磯栄吉、末永仁らの農業技師によって改良が重ねられ、一九二四年台中農業試験場で新品種が開発された。大会では政府買上米の等級引下げを主務省へ建議することを決議し、最後に伊沢がこの内地種米を「蓬莱米」と命名して閉会した（『台日』一九二六年四月二四日、二六日）。蓬莱米は以後、生産量価格ともに在来種を上回り、作付けは急速に拡大し日本内地への重要な経済作物となった。伊沢は内地でたびたび台湾物産会を催し、その際神仙思想で台湾を指す「蓬莱」は内地移出を促進する宣伝効果を持った。磯栄吉、末永仁は「蓬莱米の父母」と呼ばれるが、命名し増産を奨励した伊沢は育ての親といえるだろう。

第五章　二大政党の時代

第二次加藤高明内閣

一九二五年三月、普通選挙法案（衆議院議員選挙法改正）と治安維持法が成立し、翌月政友会の高橋是清総裁が引退して陸軍大将田中義一が後任に就いた。革新倶楽部は治安維持法の是非をめぐって分裂し政友会との合同が決議されると尾崎行雄らが脱退し、党首犬養毅は引退を表明した。これまで憲政会と政友会の間にあった革新倶楽部は政友会に吸収され、加藤高明を支えてきた三派の決裂は時間の問題となった。

犬養逓信大臣の後任には、江木内閣書記官長と伊沢が候補に挙がった。しかし江木、伊沢はともに貴族院議員であり、特に伊沢は政友会から敬遠された。結局犬養の後任であるから衆議院から出すことが主張され、憲政会党人派の領袖安達謙蔵が就任した（『安達謙蔵自叙伝』）。

自らの名前が下馬評に挙がる中央の政局に台湾で伊沢はもどかしさを覚えたのか、六月幣原と浜口に総督辞任の意向をもらした。伊沢の申し出に、幣原は「流言百出の因」となり「現内閣に累を及ぼす」と憂慮を示し、浜口もまた「絶対に御思ひとまり被下候」と強く慰留した（幣原喜重郎一九二五年六月一〇日、浜口雄幸同十一日）。幣原と浜口は、伊沢の台湾総督辞任は混迷する政局にさらに悪影響を与えると反対した。

七月二九日、加藤首相は浜口蔵相が進める税制整理案を閣議に提出した。しかし積極財政を求める政友会の小川平吉司法相、岡崎邦輔農林相が強く反対し閣内不一致で総辞職となった。政友本党と提携して政権授受を期待した政友会による倒閣の策動であった。しかし元老西園寺は加藤を再び推薦し、八月二日憲政会を単独与党とする第二次加藤内閣が発足した。閣僚は政友会が占めていた司法、農林、商工各大臣を除いてすべて留任した。

中央政局が動くなか、台湾の伊沢のもとに京都今出川に住む兄信三郎危篤の知らせがあり、八月六日急遽郵船吉野丸に乗った。九日朝京都で見舞いを済ませたが上京中の一三日に信三郎は死去した。信三郎はフランスから帰朝後、一八九一年京都の西陣北猪熊に居を構えて伊沢機料店を開業して日本最初の金筬製造販売を行い、大正期には東京針金工業株式会社を創設し実業家として成功し震災後京都に帰還していた（「父伊沢信三郎略歴」）。

その日伊沢は総督辞任の件で幣原と浜口に会っていた。彼らはやはり総督辞任に反対した。翌朝京都に向かい葬儀を執り行い再び東京に戻ったところ、九月一日今度は池袋に住む次兄の富次郎が死去した。さらに二七日には府下大井町に住む義兄（妻とくの姉よしの夫）の湯本武比古が死去した。湯本は明宮（後の大正天皇）の傅育官を務めた文部官僚で兄修二の後輩でもあった（飯沢匡『異史明治天皇伝』）。

相次ぐ親族の葬儀もあって東京滞在は長期化し、一〇月になってようやく台湾に帰任した。総督辞任は幣原、浜口らの説得によって翻意したようで、伊沢は翌月、阿里山、水山方面、十一月台南神社、基隆、台中、台北、八仙山、鹿港、彰化へと精力的に巡視を行った。

加藤高明の死

一九二六年一月、伊沢は平山泰秘書官、後藤総務長官、阿部滂財務局長を帯同して台湾から上京し第五一議会へ出席した。休会明けの二一日、衆議院で施政方針演説を行った時の加藤首相の様子はおかしかった。翌二二日、二三日にも加藤は貴族院本会議に登壇し長時間の答弁を行ったが直後に院内で倒れ、一時持ち直したものの二八日死去した。風邪気味の上に議会で無理をおかしたため、持病の心臓疾患が発作を起こしたのであった（櫻井良樹『加藤高明』）。

伊沢は数日前に加藤邸を訪問し、また貴族院の議場でも加藤の演説を聞いていた。加藤の死について伊沢は次のように書いている。

「長年月国家憲政の戦を戦ひつゞけ、一度総理大臣の印綬を帯ぶるや、病篤しと雖も寸毫己れを省るなく国政燮理（しょうり）のため全霊全力を捧げ尽し其施政方針を獅子吼して遂に議政壇上に殪（たお）れた我が加藤高明伯の死こそ実に政治家として悲絶壮絶の最後であったといはねばならない」（「加藤高明の追憶」）。

大隈内閣以後、伊沢は加藤が率いる憲政会を貴族院の側から支え続けた。こうした政治的関係だけでなく二人は気が合ったようで、互いの自宅や軽井沢の別荘をしばしば行き来した。伊沢のもとには加藤が軽井沢での地所購入について、もし伊沢に「買取の希望」あるなら取り継ぐ用意があると伝える書簡がある（加藤高明一九一七年八月二七日）。伊沢が軽井沢一〇三二（現在の旧軽井沢テニスコート近く諏訪ノ森公園内）に取得した宏大な別荘地は、加藤の斡旋によるものと思われる。

加藤は好きな相撲観戦に伊沢をよく連れて行き、「正面桟敷の真ん中に煙草を燻らしながら同伴の伊沢元警視総監と盛んに下馬評をやって居る」様子が新聞に報じられている（『東朝』一九一八年五月一七日）。加藤の「苦節十年」の間、公私にわたって親密な交流を続けた伊沢は、加藤の死を「実に政治家として悲絶壮絶の最後」と讃えた。加藤は政界における伊沢の最初の贔屓役者であった。

第一次若槻内閣

後継首班に指名された若槻の組閣に当たり、伊沢は内務大臣への就任が取り沙汰された。しかし伊沢はこれを「一片の下馬評」と否定した。伊沢は若槻のことを次のように評している。

「若槻男は八面玲瓏（れいろう）、何でも知っているし、何でも出来るので、人を頼りにしない。だから乾児がない。若槻氏は殊に潔癖で、いはゞ清水に魚棲まずで、部下に決してごま化されない。聡明にして自己を知り野心を起さない。世人は『才人』と思ひ、或いは軽薄才子の如く誤解するけれど、氏の如く正直一面、道念堅固の人は少ない。たゞあまりに物事を知り過ぎ、智者であるから、勇気には乏しい感じがあった。」（「丸山筆記」）

才知はあるが勇気に乏しいとみた若槻の内閣に伊沢は入る意思はなく、結局内相は若槻が兼任し他の閣僚も留任して一月三〇日、加藤内閣の延長内閣として発足した。

伊沢は、「乾児がない」若槻内閣を貴族院から支えようとした。二月九日、伊沢は赤坂の料亭福住に鈴木梅四郎内務参与官、俵孫一内務政務次官、太田政弘警視総監らを集め、貴族院研究会の青木信光、水野錬太郎、牧野伸顕らと懇談した。内務省首脳と貴族院との連絡調整であった。

しかし台湾総督の身であった伊沢の中央政界での活動は限られた。三月上京した伊沢は帝国ホテルで台湾物産会、赤坂東宮仮御所で摂政への御進講などを行い、また高松宮の台湾来訪のための打合せを行った。こうして二八日に帰台するとすぐ台南へ出張して高松宮奉迎準備に入り、四月九日高松宮乗艦の扶桑以下第一艦隊二七隻の高雄への寄港を、埠頭で数千名とともに出迎えた。伊沢は翌日から高松宮一行を萱野台湾軍司令官とともに屏東、台南、基隆、松山、台北へと供奉し、各市で数万の提灯行列が行われた。この高松宮の奉迎は台湾総督最後の仕事となった。

伊沢は五月再び上京した。高松宮の渡台御礼のほか大阪、名古屋での台湾宣伝会のためであったが、伊沢の政界復帰の噂はしきりになった。この頃政情は泥沼化していた。二月の松島遊郭移転に関わる疑獄事件に続き、三月には陸軍機密費事件で議場は大混乱となった。さらに政友会と政友本党は無政府主義者朴烈と金子文子のいわゆる怪写真事件で政府を追及し、政府と各政党との抗争が激化した。五月二六日、若槻首相は難局打開のため政友本党と連立を求め、床次総裁と交渉を行った。伊沢はその日若槻と床次に面会をしたが、内相ポストを要求する床次との交渉は難航し決裂した（「丸山筆記」）。緊迫する政情下、伊沢は台湾に帰還することなく東京に居続け政党間の調停に奔走した。

東京市長

政友本党との提携に失敗した若槻は六月三日、内閣改造で乗り切ろうとした。浜口を内相に換え農林相に町田忠治、鉄相に貴族院研究会の井上匡四郎をあてた。伊沢はこの時、浜口に「内務省は人民に接触し人を対手とする、政治家として内務大臣とならねばならぬ」と、政治家浜口の大成を期して、内相になることを勧めた。（「丸山筆記」）。

六月八日、中村是公東京市長が辞職した。この年の市議選で三木武吉が率いる市政刷新連盟（後市会に革新会を結成）が大勝し、市政運営に困難を来したことが主な理由であった（櫻井良樹『帝都東京の近代政治史』）。後任候補に川崎卓吉内務次官、清野長太郎復興局長官、上山満之進貴族院議員、有吉忠一横浜市長などが挙がったが、三木の意中は伊沢であった。これに対し三木の秘書松永東が、「東京市長なんか、伊沢がひきうけるものか」と評すると、三木は「よし、わしが説き伏せて見せる」と述べたという（御手洗辰雄『三木武吉伝』）。

三木は憲政会代議士で党本部にも顔が利いた。三木は浜口内相と相談して伊沢と交渉に入った。伊沢は「僕は推薦者、市長にはならぬ」と固辞したが、市会は第一候補に伊沢を挙げ第二に川崎、第三に清野を選んだ。いずれも三木率いる革新会の推薦であった。

三木は浜口、川崎らと協議したうえで革新会幹部と熱海の伊沢を訪問した。浜口も伊沢の東京市長就任には前向きだった。憲政会単独内閣が成立し内相となった浜口は伊沢を側に置きたかったのだろう。しかし伊沢は先には辞意をしきりにもらした総督の後任を得がたいこと、病気勝ちであることを理由に市長受諾を確答しなかった。

一方、市会では早くも「党人市政を私す」との声明書を発表し、反対の声を上げた。新聞は伊沢をこう評している。

「市民は先刻御承知の如く大隈内閣の時、警視総監で例の丸山鶴吉さんに浅草千束町の追払ひをさせたことのあるお役人だけに顔つきもこはいをぢさんである。眼の凹んだ、苦虫をかみ殺した様な仏頂面、それが因をなしたか新市長には和製トロツキーとのニックネームがある」（『東朝』一九二六年六月二六日夕刊）。

たしかに伊沢はロシア一〇月革命を指導し、赤軍を率いたレフ・トロツキーの風貌と似たところがあり、スターリン指導部への反対派を貫いた闘将トロツキーの政治姿勢と重ね合せたネーミングであった。

伊沢が東京市長候補に推薦された情報が台湾に伝わると、総督府は各州知事に島内での反響について調査を命じた。「伊沢文書」には「伊沢総督東京市長就任説ニ対スル民情」「市長就職賛否調」などがある。台北州では「文官総督以来更迭頻々」「本島統治上遺憾此の上なし」と反対意見が出され、「台湾総督は政党政派に超越」して「中央政変と関係なく永年本島統治に専念」することが要望された。伊沢が逡巡したのは、こうした台湾での反対があったのだろう。

伊沢は市会の推薦があった二六日夜、雑司ヶ谷の浜口邸を訪い、翌日も後藤総務長官、川崎内務次官らに会った。後藤は再度台湾の世論をもとに留任を求めたが、伊沢は受諾する意思を伝えた。かつて自らが久保田政周の擁立に失敗した東京市長というポストに魅力があったことに加え、加藤高明を失い指導力に欠ける若槻内閣で、伊沢の古巣の内務省の大臣に就任した盟友浜口を支援するため東京にいることを選んだのだろう。

東京市長就任の意志を固めたものの、このころ伊沢はチフスや風邪などを理由に熱海の旅館で療養を続け、市会からの度重なる要請を受け七月十一日ようやく上京した。その日、伊沢は川崎内務次官、後藤総務長官、助役の一人となる松本忠雄と会見し、夜には河井弥八に会って意見を聴取した（『河井日記』年七月十一日）。伊沢が出した結論は、総督辞職後一、二ヶ月静養した後に東京市長になるというもので、翌十二日浜口内相、若槻首相に伝えた。台湾総督からそのまま東京市長へ横滑りする形を避けたのである。

しかし浜口、若槻は直ちに就任することを迫った。前年と変わって浜口は伊沢引き出しを急いだ。憲政会内閣の困難な状況に伊沢の早期復帰は必要で、伊沢はこの説得に応じ総督の辞表を提出した。同時に後藤総務長官も辞表を出したが、若槻首相や塚本清治書記官長に慰留されて留任となった。後任の台湾総督に伊沢は上山満之進を推薦し、早々に軽井沢に引っ込み、上京して初市会に臨んだのは一七日であった。助役には浪人中であった丸山鶴吉のほか山口安憲、松本忠雄を指名した。

山口は徳島県出身で東大をへて内務省に入り、朝鮮総督府、関東庁事務官などを歴任した。松本は長野県小川村出身で長野中学、東亜同文書院を卒業後、修二が主宰する楽石社

図8　東京駅で娘みやと（一九二六年）

社員、新聞記者をへて加藤高明憲政会総裁の秘書を務め、一九二四年の総選挙で長野県三区から当選した（『小川村誌』）。伊沢が面倒をみた小林次郎は長野中学の後輩で、小林家は選挙区での有力な支援者であった。伊沢は麹町の加藤高明邸に住み込んだ松本と以前から往来があり、松本は小林が大学卒業時の就職についても「伊沢氏へは此上とも尽力し呉候様依頼」したとか、「本日相撲にて伊沢氏と同席」などと交流を知らせている（小林次郎宛松本忠雄書簡一九一七年二月二日、一九二三年一月十二日）。

伊沢は側近を手堅い布陣で固めたが、筆頭助役に指名された丸山は伊沢の市長就任には反対であった。総督は天皇補弼の重臣で軽々しく転出すべきでないこと、そして病を抱える伊沢の猛暑下の執務を心配した（丸山鶴吉『七十年ところどころ』）。丸山は伊沢を補佐するためやむなく助役を引き受けた。

軽井沢で

伊沢は翌日早くも軽井沢に戻った。とりあえず市長に就任し「二三ヶ月ゆっくり療養」という予定の行動であった。その直前伊沢は後藤に手紙を出して「阿片事件」「林糖問題」「論功行賞の件」「文教局台南高商問題」など、上山への後事を託した（後藤文夫一九二六年七月二二日）。台湾施政の実際を知り抜く後藤は総務長官として留まり、一九二八年まで上山総督を支えた。

幣原は「前途には随分面倒なる問題不尠」としながらも、「難局の衝に当らるゝも一快事」と市長就任に期待を寄せた（幣原喜重郎一九二六年八月十二日）。しかし伊沢は軽井沢に引きこもり東京市の政務は丸山らに任せきりであった。この間膝元の長野県で大事件が起きた。同年六月内務省が発した指示に基づき梅谷光貞長野県知事が多数の警察署の廃止を強行すると、七月これは住民の生活を脅かすものと多数の群衆が県庁や議事堂を襲撃し占拠する大騒動となった。いわゆる警廃事件である（大日方純夫『警察の社会史』）。梅谷知事も暴行を受け、各地で混乱が拡大するなか政府は警官隊を派遣し、斎藤隆夫ら代議士も現地調査に入った。暴動の発生に野党はいっせいに政府と内務省、知事の責任を追及した（『長野県政党史』下巻）。

梅谷は長年台湾総督府に勤務し伊沢と接点があったようで、混乱が一応の終息をみた二九日、伊沢に事件発生までの経緯、今後の進退について「適当なる御措置」を要望する長文の手紙を送っている（梅谷光貞一九二六年七月二九日）。梅谷は八月免官となり、結局助けることはできなかったが、梅谷がまず伊沢に救いを求めたことは、伊沢が長野県政はもとより内務省と警察に強い影響力を持つと期待していたからだろう。

夏の軽井沢は多数の政界有力者が滞在し、伊沢は八月二一日若槻首相、近衛文麿、青木信光、水野錬太郎らと会談した。近衛は京都大学在学中の一九一六年に公爵貴族院議員となり、翌年卒業して西園寺の斡旋で内務省地方局の雇となった。そして加藤内閣の時代に首相と貴族院の連絡係となったことから伊沢と接触し、伊沢は近衛を早くから嘱望していた（「伊沢多喜男氏訪問手記」）。

この頃近衛は研究会に批判的な有爵議員の少壮派の中心にいた。八月二四日上京した伊沢は同成会の河井弥八に面会し、同成会と近衛との連携を模索した（河井弥八一九二六年八月二四日）。伊沢はこの時市会に出ず翌日には軽井沢に帰り、市会議員も「あいた口がふさがらない」始末であったが（『東朝』八月二六日夕刊）、月末伊沢は再び上京し、九月一日の関東大震災三周年の追悼会に出席した。本所被服廠跡に摂政、内相も出席した記念式典で、「力の限り復興途上にある市民各位と共に努力したい」と語った。震災復興事業は伊沢が東京市で取り組んだ数少ない施政の一つで、復興事務局の拡充、土地区画整理事業の推進、財源確保のための公債発行なども行った。翌日は来日したスウェーデン皇太子夫妻を東京駅に出迎え、その後連日局長や課長を呼び出し、七日には初の市会に臨んだ。早速、復興建設会社の重役に対する賞与は不当として「市会に詰問的質問」を出し、地下鉄市営問題の起債認可では政府に「直談判」を表明するなど、相変わらず強気の市政運営であった（『東朝』九月一〇、十二日夕刊）。

しかし伊沢の活動は東京市政より貴族院が中心で、すぐに戻った軽井沢から一八日上京すると若槻首相と研究会幹部の会合に出席した。政友本党との連携に失敗し、朴烈問題で窮地に立っていた若槻内閣は貴族院の研究会対策が喫緊の課題で、伊沢は河井と奔走した。

一〇月下旬、伊沢は早くも市長辞職をもらした。浜口は反対したが結局二〇日に辞表を提出した。辞職にあたり「最近に至り再び身神（ママ）に違和を覚え、遂に欠勤加養のやむなきに至った」と声明した。わずか三ヶ月の東京市長在任であった。病気を理由に市会に出ることは少なく国事に奔走する一方、長年多額の費用を投じて進めてきた市の塵芥処分場建設の工事に突如中止命令を出して大騒ぎになるなど、独断専行振りが批判される退任であった（『読売』一九二五年九月二二日）。

後任市長となったのは伊沢の帝大同期西久保弘道で、今度も政府の推薦と憲政会の三木武吉率いる市会革新会主導で選ばれた。西久保はこの後田中義一内閣下に辞職に追い込まれるが、伊沢、西久保の東京市長就任が二大政党の対立抗争のなかで行われたことを物語っている。

憲本連盟と立憲民政党

一九二六年十一月、伊沢の台湾総督としての功績を記念することを目的に、台北で伊沢財団が創立された。後藤文夫総務長官など総督府首脳以下、台湾の民間有力者を網羅し、伊沢が退職に当たり寄付した五、〇〇〇円をはじめ、官吏側七、五〇〇円、銀行側一九、五〇〇円、その他三、〇〇〇円など三〇、〇〇〇円を基金とした。同会は一九三四年まで台湾青年を選抜して、国語による談話や講演をラジオ放送する出演者募集、全島国語演習会への講師派遣、国語普及功労者の日本内地派遣、台湾教育会への補助金交付など、さまざまな「内台融和事業」を行った（「自創立当時至昭和五年伊沢財団事業概要」）。

この事業で内地視察に派遣された台湾人は、伊勢神宮や皇居などと並んで伊沢のもとを訪問するのが常であった。台北名東街から派遣された陳振宋は、西巣鴨の伊沢邸を訪問し「感激の至り」と記している（「昭和八年伊沢財団内地視察員感想記」）。総督退官以後も伊沢を敬愛する台湾人が多数いたのは、こうした事業にもよるものであった。

十二月、大正天皇が崩御し昭和と改元された。諒闇のため休会中だった第五二議会は、一月一八日に再開されたが政局は緊迫していた。与党憲政会内では議会での政友会、政友本党との鼎立状態を打破するため安達遜相を中心に解散を主張する声が高く、前年来病気療養中であった浜口内相も若槻首相に同様進言した。伊沢も年明け若槻、浜口らを訪問し、貴族院方面の情勢を伝え解散に備えて党の結束を訴えた。

野党の政友会と政友本党は朴烈問題などで政府を激しく攻撃し、二〇日両党は連携して内閣不信任案を提出した。これに対し若槻は詔勅を仰いで議会を停会し、田中、床次との三党首会談を開き妥協を図った。会談の結果、疑獄や汚職事件を相互に不問に付す代りに、早晩の内閣総辞職と政権授受を暗黙の了解として不信任案は撤回された。

しかし若槻が党に相談なく野党と妥協したことに伊沢や浜口、安達は憤慨した。政権が野党にこのまま委譲される形勢に危機感を覚えた伊沢は、政友会と政友本党を分断することに動いた。

この間、伊沢は面会した近衛から「現状の侭に維持して内閣瓦解せば兎角田中内閣の出現必然なり。本憲の連盟成立するとせば略ぼ五分五分、新党樹立出来れば床次内閣は心理的に出現すべし」「後継内閣が本憲両派の勢力を基礎として組織せらるゝものとすれは勿論浜口に非ずして床次なるべし」という情勢を聞いた（年月日不詳書簡15『伊沢多喜男関係文書』）。政友本党内部では薩摩の床次総裁を担ぐグループが長州出身の田中義一政友会総裁（一九二五年四月就任）への対抗意識を燃やしており、かつて地方官時代に床次と取っ組み合いまでした伊沢であったが、この頃は床次と「握手し得る便宜」を持っていた（伊藤正徳『加藤高明』）。

田中内閣の出現を阻止し、仮に阻止できなかった場合でも憲政会と政友本党を基礎として新党樹立し床次首班を期すという構想で、憲本連盟は現政権の維持と同時に内閣倒壊した場合、次期政権奪取の受け皿を作る布石であった（村井良太『政党内閣の成立』）。そして床次に「握手し得る便宜」を持つ伊沢は、その先の総裁と首班候補に浜口を擁立することが可能とみたのだろう。

二四日田文相邸で黒田長和、藤村義朗、阪本釤之助、岩倉道倶ら最大会派研究会に批判的な茶話会、無所属の議員たちと錦水会を開いた。錦水会とは一九二一年春に赤阪錦水で開かれた会合を発端とした貴族院議員の横断的な集まりで、伊沢が長年幹事を勤めていた（「錦水会記録」）。伊沢はさらに、研究会の金杉英五郎や志村源太郎らとも極秘の会合を持った。政友会の背後には研究会がありこれを分断するねらいであった（今井清一『濱口雄幸伝』）。金杉は床次政友本党総裁と縁戚関係にあり、伊沢は同党の榊田清兵衛顧問、川原茂輔総務と安達逓相との会見も斡旋した。伊沢は水面下で研究会、政友本党の実力者に憲政会支持を働きかけた。

こうして三月一日、憲政会と政友本党との提携（憲本連盟）が、両党の代議士会で承認された。政友本党を政友会から分断したこの工作は、伊沢の「筋書」による「大芝居」、「敵味方をして呆然」たらしめるものといわれた（清水重夫一九二六年三月二〇日）。

三月一五日、片岡直温蔵相の失言をきっかけに台湾銀行ほか全国の銀行で取り付け騒ぎが起こり、金融恐慌が始まった。若槻首相は事態収拾のため台湾銀行救済緊急勅令案を枢密院に諮ったが否決され、一七日内閣総辞職となった。枢密院と手を結んだ政友会の内閣打倒で、元老西園寺は「憲政の常道」により政友会総裁田中義一を次期首班に奏薦し二〇日田中内閣が成立した。

野に下った憲政会は憲本連盟を基礎として政友本党との合同を進め、六月一日立憲民政党が結成され浜口は総裁に推挙されたが固辞した。伊沢も「浜口には金がない、貧乏であるから政党総裁は務まらない」と就任に反対した。しかしこれは「政略上表面」の反対で、伊沢は推薦者たちに「総裁にするなら、君達は全部で党費をつくるか」と迫った。浜口は同郷の代議士実業家の仙石貢から政治資金を得ていたが、伊沢はその内情をよく知っていたので浜口を資金面でも挙党態勢で支えるよう要求したのである（「丸山筆記」）。結局浜口が総裁となり若槻とともに床次は党顧問に桜内幸雄が幹事長、安達謙蔵・町田忠治・小泉又次郎・斎藤隆夫ら一〇名が総務となった。浜口の総裁について、前田房之助、沼田嘉一郎ら政友本党代議士たちは床次への「情義」を気にかけつつも「浜口サンには敢て反対ではない」と、準備委員会の案を受け入れた（『時事新報』一九二七年六月七日）。憲本連盟工作以来の筋書通りであったが、伊沢はやはり入党しなかった。

伊沢はその後六月末から七月下旬まで満州、朝鮮へ出かけた。田中政友会内閣の成立によって、満州でも憲政会系の満鉄社長安広伴一郎や副社長大平駒槌の去就が取り沙汰されていた頃であった。大平から相談された伊沢は最後まで「当城を死守」するよう要請したが、社長の安広が進んで政府に従う様子で、大平の進退は「社長之肚裏次第」という状況であった（大平駒槌一九二七年五月一〇日）。結局安広、大平は解任され政友系の山本条太郎、松岡洋右が任命された。伊沢は満鉄人脈途絶への危機感から満州に乗り込んだが、なすべはなかった。

一方台湾でも木下信内務局長、片山三郎殖産局長ほか各州知事、翌年五月の内閣改造時には本山文平警務局長、上山満之進総督、後藤文夫総務長官が更迭された。この間の十二月二五日に首相官邸で抗議した上山総督に対し、田中は「長官は憲政系にて伊沢の指揮を受け偏波（ママ）なりとの批判多し。木下も憲政系なりとの批判盛んなり」と、憲政会・民政党に近い伊沢系の官僚を一掃することを述べている（児玉識『上山満之進の思想と行動』）。植民地人事も本格的な二大政党対立によって党利党略的に行われるようになった。

田中内閣と選挙干渉批判

田中内閣の登場と立憲民政党の成立、選挙権拡大という昭和期の新しい政治状況は、選挙戦をいっそう激しくした。九月全国二府二七県で予定された府県会議員選挙に備え、田中は内相に検事総長司法大臣を歴任した鈴木喜三郎、やはり司法官僚出身の山岡万之助を警保局長に起用して大規模な人事異動を行った。これにより内閣発足から半年の間、一道二府三六県で一七人の知事を転任、二二人を免官や休職、三八県の内務部長を更迭（馘首一〇人）、二府四一県の警察部長を異動させた。この異動は司法閥による内務省征伐ともいわれた（粟屋憲太郎『昭和の政党』）。

山岡警保局長がこの時残した地方官異動の一覧表には、「大いに栄転せしむべきもの」と「退かしむるを適当と見做さる者」が◎と×で付されている。◎が付けられた吉村哲三（大阪府内務部長→青森県知事）、大森佳一（茨城県内務部長→群馬県知事）らが直後に昇進しているのに対し、×の中川健蔵北海道長官、川淵洽馬福島県知事ら民政党系知事はいずれも免官ないし休職となった（「山岡万之助関係文書」）。

こうした政府の攻勢に対し翌一九二八年総選挙の実施が日程に迫ってくると、伊沢は貴族院研究会の青木信光、松平頼寿に呼びかけ、三〇数名の貴族院議員を集めて戊辰倶楽部を結成し、一月二七日これを母体に選挙革正会を結成した。同会は東京に本部、各府県に支部、各地方に選挙監視団を組織し伊沢は本部長となった。

鹿児島県知事を休職になり浪人となった松本学は、伊沢に呼ばれて「監視員になって鹿児島とか静岡の前任地に行って監視してきてくれ」と頼まれた（『松本学氏談話速記録』）。福島県知事を免官になった川淵洽馬も福島、高知を、愛知県知事を免官となった柴田善三郎は愛知、三重、福岡を担当した。柴田は演説だけで七六回行い、以後「伊沢系民政系の有色知事」といわれるようになった（栗林貞一『地方官界の変遷』）。この選挙を通じて官僚の党派色は鮮明になった。

選挙戦では無産政党の登場や派手な言論戦の一方、莫大な選挙費用が使われて選挙違反が横行した。監視団はその状況を新聞に知らせて政府批判のキャンペーンを行った。二月二〇日、初めて普通選挙法が適用された第一六回衆議院議員総選挙には、大規模な選挙干渉にもかかわらず与党政友会二一七議席に対し民政党は二一六議席と伯仲し、無産政党は八議席に止まった。伊沢を中心とする貴族院内務官僚の別働隊革正会と選挙監視団は、野党民政党の善戦に貢献し、選挙後の三月三日、選挙革正会は丸の内ホテルで総会を開いて、政府内務省による選挙干渉、怪文書配付事件を糾弾した。衆議院で与野党が拮抗するなか、伊沢は貴族院の反政府勢力の中心となった。

三月二八日伊沢は次田大三郎と浜口を訪れ革正会の調査報告をし、四月四日にも政界情報を伝えた（『浜口日記』）。一八日には勅選議員と多額納税議員ら五〇人を集めて戊辰倶楽部を開き、二四日には塚本清治、岩倉道倶、岡田良平、石塚英蔵ら一〇数名による錦水会を開催し、第五五特別議会での政府批判取りまとめに動いた。

二七日に始まった議会では伊沢率いる同成会の塚本、同和会の永田秀次郎らが連日鈴木内相と政府を追及した。二九日、衆議院で野党連合が「内相ノ処決其ノ他」を求める弾劾決議案を上程すると田中首相は停会命令で対抗したが、五月三日鈴木内相は選挙干渉の責任をとって辞職した。

この総選挙で配下の候補が落選するなどした床次は八月、民政党の対中国不干渉政策に反対との理由で二五名の同志とともに脱党し、新党倶楽部を結成した（前田蓮山編『床次竹二郎伝』）。総選挙の結果政友会と民政党が拮抗する状況下、キャスティングボートを握ろうとする狙いであった。伊沢はこうした「民政党内之紛擾」を阻止するため、川崎卓吉に党内からの脱退者の「喰止」を指示した。床次配下の一人田中隆三の引き止め工作で、伊沢は成立間もない浜口民政党の動揺を防ぐべく動いた（川崎卓吉一九二八年九月一三日、浜口雄幸宛一九二九年七月一日)。

水野文相優諚問題

五月二三日田中首相は内閣改造を試みた。望月圭介逓信大臣を内相にし、後任に先の選挙で初当選した久原房之介を抜擢した。久原は日立鉱山を経営する実業家で田中の政界進出に莫大な資金を提供していた。

水野文相は首相のこうした「腐れ縁」の任命を不満として辞表を提出した。しかし天皇から留任の優諚が下され、水野は辞表を撤回した。田中と水野はこの間の経緯を釈明する声明を発したが、伊沢は直ちに河井侍従次長に「文相の宣言の真偽」を問合せ(『河井日記』五月二三日)、翌日「憲政史上の一大怪事」と新聞に談話を発表した(『東朝』一九二八年五月二四日)。これを機に、天皇からの優諚によって水野が辞任を撤回したことは、政府が累を皇室に及ぼしたとの非難が起こった。伊沢は政府追及の急先鋒となった。

二五日批判を前に水野は辞職したが、田中首相が後任にまたも個人的な親交があった研究会の勝田主計を起用したことに貴族院は反発し、六月二日研究会・火曜会・同成会・同和会・公正会の五会派は共同で内閣総理大臣への不信任決議を提出した。貴族院による不信任決議は異例で、伊沢と河井は憲政会と連携して追及を強めた。

不信任決議を貴族院本会議で成立させるため、伊沢は翌一九二九年二月、研究会の太田政弘、渡辺千冬と連絡を取り、近衛、黒田清、石塚英蔵、湯浅倉平、赤池濃らとの極秘会談を開催した（太田政弘一九二九年二月九日）。近衛は一九二七年に研究会を脱し徳川家達、細川護立、木戸幸一らとともに火曜会を結成して政府批判を行っていた。二二日、貴族院本会議で近衛ら二三名の連名で発議された「内閣総理大臣ノ措置ニ関スル決議」は、伊沢との会談にもとづくものであった。

この時の伊沢の活動振りは「丸山筆記」では次のように記されている。

「伊沢氏は近衛公を使って、貴族院に反政府の空気をつくった。西園寺公は皇室関係の問題で議会で争うのはいけないといって近衛公を叱ったが、伊沢氏は衰竜の袖に隠れる政治的非違を問題にするのだといった。」

図9　岡本一平の風刺画　『朝日新聞』 1929年2月15日

伊沢は同じ同成会の添田寿一（経済学者）を通じて、無所属の新渡戸稲造に政府批判の演説を行うよう働きかけた。新渡戸の評伝では、親友の小野塚喜平次が病床にあって自分は出来ないから代わりにやってくれと言ってきたと記されている（杉森久英『新渡戸稲造』）。添田、小野塚も二八会組で、小野塚は添田を通じて学者仲間の新渡戸に依頼したのだろう。

二月二二日新渡戸は貴族院本会議で質問に立ち、天皇を補弼する閣僚が恣意的に任命された今回の問題は、「国民思想の悪化」を招来する「思想問題」であると批判した（「56貴族院議事速記録」一九二九年二月二二日）。学者には珍しく雄弁な新渡戸の演説は「満堂の人々を魅了し感動させたというが（石井満『新渡戸稲造伝』）、この議会では前年の共産党事件（三・一五事件）や治安維持法改正が大きな議論となっており、「思想問題」という扱いは世論を刺激した。翌日の新聞は、新渡戸の演説を「国体論をかざして貴族院の老人連の頭に杭を打ち込むような雄弁」と讃え、伊沢も「新渡戸稲造氏の演説は大成功だった」と記した（「丸山筆記」）。

この日、西久保弘道は病気のため担架で貴族院本会議に登院した。そのため首相弾劾の投票が決まると伊沢は西久保の代理投票を動議し、徳川家達議長は「伊沢君に便宜委託したい」と諮り認められた。しかし貴族院規則では本人の記名投票で代理投票は認められていない（『貴族院要覧』）。法律家出身の花井卓蔵がそれに気づき、「議長〱と連呼したが、徳川議長は聞かぬふりをして、伊沢氏は投票した」。この時の書記官長は河井弥八で、伊沢と徳川議長は「明らかに違法の措置をやった」のである。

ただし最終的に議事録の賛成者として伊沢に便宜委託した西久保の名前なく、記録としては取り消されたようだ。いずれにせよ田中首相問責の決議は賛成多数で可決した。幣原は大平に「伊沢氏の活躍感服の外無之近来最有効に同氏の本領を発揮」と書き送っている（大平駒槌宛幣原喜重郎一九二九年二月二三日）。伊沢は田中内閣をあらゆる手段を使って追い詰めようとした。

第六章　浜口雄幸を擁して

浜口内閣の成立

一九二九年一月から議会では張作霖爆殺事件の真相追及が始まった。この事件は前年六月奉天軍閥の張が乗る列車が爆破され暗殺されたもので、早くから関東軍の関与が疑われたが田中首相の説明と責任者処分の不手際が天皇に叱責され、信任を失った田中内閣は七月二日総辞職した。

組閣の大命はその日の午後、立憲民政党総裁浜口雄幸に降下した。浜口は夕方には閣員名簿を提出し、夜には全閣僚の親任式と初閣議を行った。空前のスピード組閣の背景には、元老西園寺の意向と二大政党が政権交代する「憲政の常道」の慣行があり、国内外の閉塞状況に国民も浜口内閣へ期待した。

組閣の日、伊沢は帝国ホテルに陣取って諸方面と連絡をとった。その時伊沢が幣原に持たせた浜口への書状がある（浜口雄幸宛一九二九年七月一日）。この手紙は組閣の方針と閣僚候補を浜口に献策するもので、手紙の最後に「御用之節は電話次第直に参上可致候」と書いている。伊沢は側面から浜口の組閣を指導した。

手紙の内容は第一に「小生入閣云々の下馬評新聞紙等に掲げられ迷惑千万に候。小生の心事は予て御熟知之通に有之今更改めて開陳の要なし」と、新聞で取り沙汰されている

図10　浜口雄幸宛伊沢多喜男の手紙　1929年7月1日

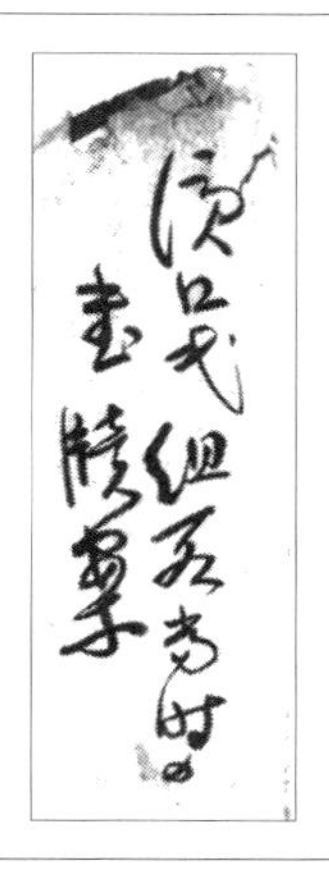

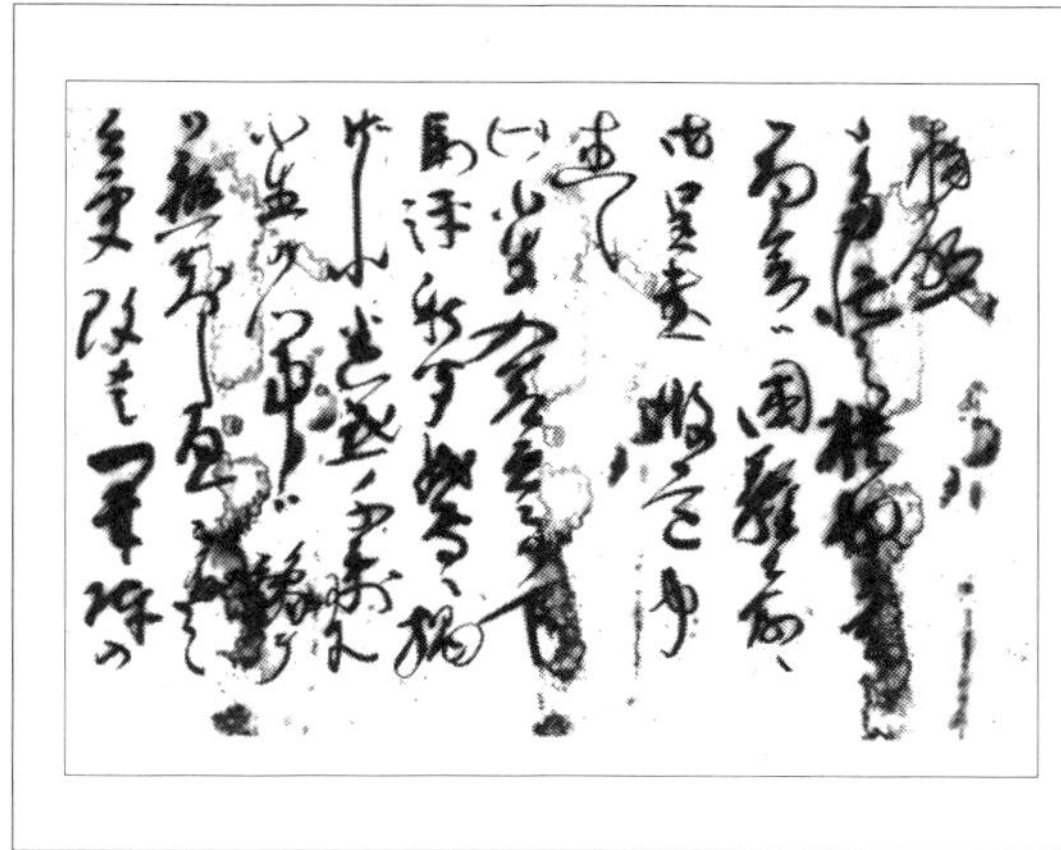

伊沢の入閣は、その意思が無いことを知らせている。浜口は伊沢に内務大臣を要請していた。対立する党人派の安達と官僚派の江木との均衡から、両者に関係を持つ伊沢を適任と考えたからであった。しかし伊沢は多数を握る安達派の反発を予想し、また総選挙が迫るなか、「選挙の神様」の異名がある安達がこの際適当と考えた（兼近輝雄「安達謙蔵党人派の実力者」）。

次に伊沢は閣僚候補を示した。すなわち渡辺千冬に「大臣若は是に準ずる地位」、川崎卓吉を内閣書記官長に、丸山鶴吉を警視総監とし、風評にある井上準之助の蔵相案は「感服せず」とした。結局、外相幣原、内相安達、蔵相井上のほか、陸相宇垣一成、海相財部彪、司法相渡辺千冬、文相小橋一太、農林相町田忠治、商工相俵孫一、逓信相小泉又次郎、鉄相江木翼、拓務相松田源治が就任し、旧憲政会（浜口、安達、町田、俵、小泉）と旧政友本党（小橋、松田）出身者が多数を占める政党内閣となった。

伊沢が推薦した渡辺は同郷で、貴族院研究会でともに田中内閣打倒を推進した一人で、その入閣は貴族院最大会派の研究会へのチャネルとして意図したものであった。川崎は法制局長官に回ったが、丸山の警視総監は伊沢の推薦通りであった。丸山は任命された日に伊沢に安達内相と会見したこと、今後の援助を伊沢に依頼した（丸山鶴吉一九二九年七月三日）。井上の蔵相起用は金本位制復帰を目指す浜口の意向で、伊沢は入閣に難色を示したが、井上は翌年一月民政党に入党し同時に伊沢が主宰する貴族院同成会に入会した。

安達内相は早速、大規模な地方官異動を行った。七月五日任命された知事は三五人、田中内閣で免官となった中川健蔵が東京府知事に返り咲き、香坂昌康（岡山県）、山県治郎（神奈川県）、三松武夫（新潟県）、高橋守雄（兵庫県）、小柳牧衛（福島県）、松本学（福岡県）、柴田善三郎（大阪府）、川淵洽馬（広島県）など一三人が知事に復帰した。彼らは伊沢が指揮した選挙監視団で活躍した官僚たちである。

こうした与党知事は地方政界で大きな影響力を持った。日本銀行勤務を経て芸備銀行頭取、広島商工会議所議員を勤める塩川三四郎は伊沢に、「県金庫を担当いたし候等の関係にて特に長官とは隔意なき交遊を必要」とし、広島県知事となった川淵洽馬への紹介を伊沢に依頼している（塩川三四郎一九二九年七月六日）。塩川もまた伊沢と同郷で、伊沢が入閣を推薦した渡辺千冬の義弟でもある。塩川のような地方財界の有力者にとって知事に気脈を通じること、そしてその知事に睨みがきく伊沢の庇護を得ることは大きな意味を持ったろう。一方の伊沢にとっても彼ら地方有力者は選挙で重要な存在であった。伊沢は様々な縁故を活用し、地方と政府官界を党派的に結びつけた。

朝鮮総督問題

浜口内閣は朝鮮総督、台湾総督、関東長官、満鉄総裁など植民地高官人事も一新した。浜口はとくに朝鮮総督を重視し、伊沢に就任を要請した。大臣就任を固辞し続けてきた伊沢であったがこれをあっさり受諾し、政務総監に近衛を起用することにした。伊沢は次のように回顧している。

「浜口内閣が出来た時、私に朝鮮総督になれといって来た。そこで引受けたが、その理由は、当時近衛公は芸者買やゴルフばかりやっていたので、これはいかんから私が総督になって近衛公を朝鮮につれて行き、後藤文夫を総務局長にして公を指導しようとした。近衛公に大きな政治と行政を体験させせやうとしたのである。」（「伊沢多喜男氏訪問手記」）

伊沢が近衛の政治家としての大成を期待していたことは事実であるが、総督受諾の理由はそれだけではない。台湾同様、朝鮮総督に文官をあてることは原内閣以来の政党内閣の悲願であり、前総督の山梨半造が予備役であったことからその環境は整っており、浜口はその切り札として伊沢に白羽の矢を立てたのである。

伊沢が植民地総督就任の噂が流れると、早速伊沢のもとには猟官の依頼が舞い込んだ。民政党代議士広瀬徳蔵は、組閣が完了した三日、早速「尊台御任官の節は御取立賜り度」（広瀬徳蔵七月三日）と申し込み、貴族院議員伊江朝助は「友人辻本正一君沖縄県内務部長在職中政友会の愚党連の為に倒れ目下非常に窮困」しているので、「此際何とか適当の地方官に就任相叶様御尽力賜り度」との希望を伝えた（伊江朝助七月七日）。

さらにこの内閣で逓信政務次官となっていた中野正剛は、「小生の為に方向を誤り小生の為に御指導に背きし友人野溝伝一郎君をして尊台之麾下に在りて同君特有の資質を発揮」するよう求めた（中野正剛八月一三日）。野溝は長野県上伊那の出身で県会議員をへて一九二〇年の第一四回総選挙では憲政会から当選したが、その後中野に従って革新倶楽部へ転じたため落選中であった。伊沢はかって「野溝君のためなら喜んで提灯を持つ」と選挙応援で述べたほど懇意な関係があったから、中野は伊沢に期待したのであろう（『野溝伝一郎』）。

ところが朝鮮で山梨総督が辞職を渋っている間に、宇垣陸相や財部海相、斎藤実枢密顧問ら軍出身有力者から文官総督反対の意見が出た。これは当然予想されたが、さらに思わぬ方向から反対論が伝えられた。

浜口首相は八月一〇日葉山で天皇に拝謁したあと、鈴木貫太郎侍従長から「某重大問題」について内話され憂慮した。その後一三日、一五日にも浜口は幣原外相と「伊沢氏の件」を会談した（『浜口日記』）。

この間の経緯を伊沢は詳しく記している（「朝鮮総督問題に就て」）。八月一二日午前、幣原から軽井沢の伊沢に「至急御目に懸りたし。一両日御帰郷を御繰り合せつかぬか。返待つ」との電報が来た。伊沢は急遽午後の汽車で東上し、その夜駒込の幣原邸を訪問した。幣原が浜口から聞き伊沢に伝えた内容は次のようであった。

浜口が葉山御用邸に伺候した際、天皇より「朝鮮総督の後任は政党政派に偏倚せざる者を可とすとの御沙汰」があった。そして御前を退出した時、鈴木侍従長からも「朝鮮総督は恒久的にして、内閣の更迭と共に更迭せざる者を可とす」との御沙汰が伝えられた。これに対し浜口は「恒久的」とは何か、「文官にては不可なり武官にせよ」という意味かと問うと、鈴木は「決して然らず、文官にても可なり」と答えた。そこで浜口は朝鮮総督後任を得ることの困難を述べ「伊沢多喜男君の如きは如何」と問うと、鈴木は「一箇人として同君の如きは適任にあらず」と難色を示した。

この話を伊沢に伝えた幣原はこの際進んで総督推薦を辞退するか、就任交渉を受けても承諾しないよう要請した。幣原は伊沢の名誉のために辞退を求めたのである。

しかし伊沢は激怒した。天皇から「伊沢多喜男は政党政派に偏倚する者なり」「朝鮮総督不適任者なり」との断言を下されることは断じて認めることはできず、伊沢は幣原にこの誤解を解くよう浜口に伝えることを求めた。しかし幣原は逆に「君は兼て世人は自分を誤解し真黒なる党人以上の党人と認め」ていたではないか、それなら「此際自ら進んで辞退を申出づるは何等差支なかるべし」と力説した。伊沢の「真黒なる党人」としての風評は高かったようである。しかし伊沢はあくまで幣原に真偽を確かめるよう求め、「さような折紙を付けられては死ぬにも死ねぬ」とまで訴えた。前年天皇に叱責され直ちに辞職した田中義一のように、天皇の不信任は官僚政治家として政治生命に関わる死活問題であった。

伊沢は急遽京都の大平駒槌を呼び、上京した大平は幣原から再度経緯を確かめた。すると「恒久的等」の文言は「侍従長の伝達にて陛下直接の御仰にあらず」、また「伊沢なる名前は鈴木侍従長と対話の際にも全然話頭に上り居らず」と、前回の話しに相違があることを聞き「孰れが事実なるや五里霧中」となった。問題は天皇が示した意向の中に伊沢の名前が出たのかどうかだった。

一三日伊沢は事実を確かめるため河井侍従次長を訪れ、「首相の真意」「総督選任の原則に付、陛下の御思召」「侍従長、首相会見内談の要旨」などを聴取した。伊沢の執念に押され河井はその日のうちに一木宮内大臣を訪い、一木は鈴木侍従長に照会することを約束した（『河井日記』）。伊沢は宮中に乗り込んで自ら確かめて回った結果、天皇の発言に伊沢の名前が無かったと確信し、一五日河井に総督就任辞退の決意を電話で告げた。同日幣原と会見した浜口は、伊沢が了承したのを見届け斎藤実への交渉を開始し、一七日斎藤が二度目の朝鮮総督に任命された。

伊沢は汚名を返上することができたが、天皇が浜口内閣の党派的な地方官異動に批判的で、植民地高官人事に波及することを憂慮していたことは事実である。天皇の意向を知る宮中側近が、浜口が出した伊沢案を好ましくないと忖度したのだろう。後に浜口は瀕死の病床で夫人に対し、内務大臣よりも朝鮮総督就任が実現しなかったことを「伊沢君にはすまなかった」と語ったという（「丸山筆記」）。朝鮮での文官総督実現の期待を伊沢に託した浜口であったが、伊沢の名誉と政治生命に傷をつける問題となったことに浜口は死ぬまで深い自責の念を持ち続けたのである。

内閣の相談役

浜口内閣は緊急の施政方針として十大政綱を発表した。その中心は財政の整理緊縮と金解禁、軍備縮小の完成であった。伊沢は浜口の相談役となって様々な進言を行った。

一〇月一五日、井上蔵相は官吏の年俸を一割程度減額する官吏減俸案を発表した。これに対し政府各省、府県庁、植民地さらに民間企業の俸給生活者からも強い反対運動が起こった。政府内では、一般官吏より俸給が低い判検事を抱える司法省が反対の急先鋒になった。さらに政府が次年度からの司法官吏の待遇改善策を検討すると、今度は地方官、警察官を抱える内務省から火の手が上がった。

内務省官吏の待遇悪化を危惧した伊沢は一八日、貴族院公正会の松岡均平、財界の木村久寿弥とともに浜口を訪問し減俸案の撤回を勧告した。この頃行政裁判所判定官の松本安正は、官吏の減俸案だけを「卒然と発表したるは聊か軽忽」であり、官吏、民間各事業者、労働者の賃金を「同時に発表実現」すべきであると伊沢に進言している（松本安正一九二九年一〇月一七日）。浜口に対する伊沢の意見はこれに沿う内容と思われる。結局、浜口は官吏減俸案の撤回に応じた。

一〇月七日、ロンドン海軍軍縮会議への参加招請が届いた。浜口は財部彪海相、山梨勝之進次官らと人選を開始し、全権代表は海軍は財部に決まったが、交渉を受けた若槻は外交経験が無いと辞退した。

これを聞いた伊沢は浜口に意見を開陳した。伊沢は若槻が先般の三党首会合で「枢府之理不尽なる反抗に屈従して内閣を投げ出し再び起つべからざる大失敗を重ねたる政治家」であり、「列強と折衝するが如きは其任にあらざるなり」と断じた。伊沢は浜口に若槻の起用を断念するよう要望し、山本権兵衛など他の候補を挙げた（浜口雄幸宛一〇月十二日）。しかし浜口はその日のうちに若槻を訪問して説得し受諾の回答を得た。伊沢はあえて強く若槻案を否定して浜口に決断させたふしがある。伊沢の交渉術の一つだったかもしれない。

蔡培火と白話字運動

一九二九年十一月二六日、伊沢の還暦を祝う懇親会が日本橋の福井楼で開かれた。ここには林献堂、蔡培火、羅万俥ら台湾の自治運動を進める関係者も出席した。伊沢の郷里高遠町歴史館には、この時出席した政界官界一〇〇人が揮毫した掛け軸が残っている。羅は一八九八年台中に生まれ、一九一六年に明治大学政治科を卒業してアメリカに留学して帰台後、台湾新民報社を創立した（『台湾新民報』一九三七年九月二五日）。伊沢は台湾総督退任後前述の伊沢財団を通じた内台交流事業のほか、彼らが要求する台湾での阿片販売の禁止、地方自治会の創立、保甲制度の改善、台湾人による新聞の発行などに理解を示し、民族の自治運動の協力者であった（『蔡培火全集1』）。

蔡培火は長年進めてきた言語改革運動への意見を求めるため、伊沢をしばしば訪問している。蔡は一三歳の時、兄から台湾でキリスト教伝道に用いられていたローマ字を教わり、以後ローマ字を介して日本語や漢文を独習し、のちに板垣退助が提唱し設立された台湾同化会（一九一四年）において、台湾島民の知識水準を高めるためにはローマ字を普及させることを主張していた（嶋田聡論文）。一方兄修二が国民音楽教育のほか吃音や地方訛音、さらには中国語発音方など多岐にわたる言語学の権威であることから、多喜男自身もこの分野について相当の見識を持っていた。

原住民社会と移民社会が入り混じり、その後日本統治下に置かれた台湾では一九二〇年代より言語改革が模索され、台湾人による新文学運動が高まりその中で陳端明、黄呈聡らの中国白話文、連温卿による台湾語、蔡によるローマ字運動が提唱された。こうした言語改革運動は台湾人の主体性を求める自治運動と併行するもので、連による民族主義を根底にした台湾語に対し蔡の主張は少数派であった（陳芳明『台湾文学史』上）。そのため蔡は伊沢に協力を求めたのであった。

一九三〇年二月、伊沢は来訪した蔡に浜口首相への紹介状を与え、その場で直接電話した。総選挙と重なり面会は延びたが、蔡は四月一五日首相官邸で浜口と面談した。その日、蔡は日記に「前総督伊沢氏の紹介」「彼は本当に豪胆な人」と記している（『蔡培火日記』四月一五日）。

このころ蔡は伊沢に台湾に帰ったら何をすると聞かれ、「ローマ字を普及させる」と答えている（同前三月三〇日）。蔡のいうローマ字とは閩南語や客家語の正書法である白話字（教会ローマ字）のことで、帰台後蔡は伊沢に「台湾白話字創設意見」を提出した。従来のローマ字二四を二八字にし、また伊沢修二創案の『日台大辞典』（台湾総督府民政部、一九〇七年）を参照した綴字法の私案、そして「新式台湾白話字々母与其用法」や「台湾白話字普及運動」という小冊子を同封した（蔡培火一九三一年六月一六日）。

この年一〇月、台湾では能高郡霧社の原住民が巡査駐在所ほかを襲撃し、日本人など一三四人を殺害した霧社事件が起きた。事件は軍隊警察が出動し十二月までに鎮圧されたが、言語改革運動も総督府によって禁止された。こうしたなかで蔡はなお普及への努力を続け、一九三三年四月蔡は伊沢、岩波茂雄と会い白話字普及に関し意見を交換した。伊沢が蔡に対し「補助語として白話字を普及することに賛成」を示すと、蔡は「本当に嬉しくて彼に感謝する。岩波さんと帰ってきて、すぐ林献堂にこの事を伝えた。林もとても喜んだ」と記している。蔡を岩波に紹介したのは、殖民政策で有名な矢内原忠雄であった（中島岳志『岩波茂雄』）。結局、蔡の提唱を含め台湾人による言語改革運動が戦前実を結ぶことはなかったが、伊沢と岩波はこの運動への数少ない理解者であった。

総選挙での勝利

一九二九年十二月二一日、安達内相は政府関係者を集めて休会明けの解散と総選挙への準備を示唆した。この日伊沢は浜口首相を訪問し、あいつぐ疑獄事件の発生（八月売勲事件、十一月朝鮮疑獄、私鉄疑獄）で国民不安が高まっており、解散して人心を一新するよう求めた。一九三〇年元日にも伊沢は宮中に参内した浜口首相と会見し、四日も安達内相、井上蔵相、松田拓相らと首相を訪れ解散を進言した。この間安達は貴衆両院議員、学識経験者を網羅して選挙革正審議会を設立し、伊沢はその委員となった。伊沢と安達は早期解散を主張し選挙準備の中心となった。

一月二一日、浜口首相は満を持して衆議院を解散し選挙戦に突入した。少数党では政策の遂行を期しがたく、総選挙により国民の信任を問うという理由であった。

三〇日官邸で開かれた選挙対策で、伊沢は鉄道疑獄に連座し文相を辞任した小橋一太の立候補を「党本位の見地」から断固止めさせるよう首相と内相に要求した。小橋は伊沢の内務省の後輩で党の幹部でもあったが、伊沢は綱紀粛正を掲げる選挙に悪影響があるとみて立候補を断念させた。二月二〇日執行された選挙結果は、民政党二七三人で単独で過半数を獲得し、政友会は一七四議席と大敗北を喫した。浜口首相の国民的人気のうえに、地方行政機構と警察組織が「与党の政治的マシーン」として機能したことが勝利の要因といわれる（粟屋憲太郎『昭和の政党』）。党人と官僚を代表する安達と伊沢はその原動力となった。

ロンドン海軍軍縮条約問題

前年十一月、政府はロンドン海軍軍縮会議の代表団に、前内閣以来の基本目標である補助艦対英米比七割とする訓令を発した。一月から会議が始まり対米六割と潜水艦全廃を求めるアメリカとの間で交渉は難航し、国内でも日本側条件死守の声は高く特に海軍軍令部は妥協に強硬に反対した。浜口内閣は交渉破裂の危機を迎えたが、元老西園寺は英米協調と交渉の成功を督励し内閣を支持した。

ロンドン会議が開催中、伊沢は近衛を使者として絶えず西園寺に「十分形勢を知らした」（「丸山筆記」）。情報の中心は貴族院の形勢であった。公正会の岩倉道倶は一月六日、伊沢に翌日の貴族院で「軍縮会議の七割主義について」質問を行うこと伝えたが（岩倉道倶一九三〇年一月六日)、伊沢は直ちに浜口に連絡を取り、近衛を通じて西園寺に伝えた(浜口雄幸一九三〇年一月二八日)。西園寺は秘書の原田を通じて近衛に「止めさすべきだ」と指示し、元老の意向も加わり岩倉は議会で質問に立つことを取りやめた(『西園寺公と政局』I三月六日口述)。伊沢は浜口、近衛を通じて西園寺を動かし貴族院での反政府の動きを封じた。

三月一四日、若槻全権からアメリカが提示した最終案(対英米六・九七五割)に対する請訓が来た。浜口首相は幣原外相、山梨海軍次官とともに海軍部内の意見聴取を図り、加藤寛治軍令部長は強硬に反対したが、浜口首相は条約締結に向けて断固たる意志を固め、四月一日請訓を閣議決定し上奏裁可ののち全権に回訓した。アメリカの提案を受諾する決定であった。

これに対し二日加藤軍令部長は帷幄上奏を行い、末次信正軍令部次長も回訓案に不同意を表明し政府と海軍の対立は決定的となった。貴族院の研究会、公正会は海軍に同調し、交渉で日本が列国に保留した条件を改めて条約に明示すべきとの意見を出した。しかし浜口内閣は海軍と貴族院の二正面に対し、衆議院の絶対多数を背景に「一戦を辞さない覚悟」で突破する方針をとった。この事態に政府にとって貴族院対策はいっそう重要な課題となった。

七日、浜口は鈴木富士弥書記官長を伊沢のもとに送り、第五八議会に備え貴族院各会派の情報収集を依頼した。ロンドンで条約が正式に調印されると二三日、衆議院本会議で政友会は統帥権干犯と激しく非難し、貴族院でも反対意見が上った。そのため翌二四日、浜口首相、安達、松田、渡辺ら閣僚は伊沢を官邸に招いて貴族院対策を協議し、条約案は「実質的要求が大体貫徹している」「軍政と軍令に関する点は従来と大体変わりない答弁を試みる」ことが確認された（『東朝』一九三〇年四月二五日夕刊）。あくまで政府の正統性を主張する方針であった。

貴衆両院で政友会は、政府が軍令部の完全な承認なしに条約を調印したのは統帥権の侵害であり、浜口首相の海軍大臣事務管理も憲法違反と追及し、軍部を巻き込んだ倒閣運動を起こした。政府は調印案は軍令部を「最も尊重して意見を斟酌した」ものと反論し、短期間の特別議会が閉会すると舞台は枢密院に移った。枢密院では長老の金子堅太郎が国防や憲法上の見地から反対し、条約批准を阻止しようとした。

六月ロンドンから財部や若槻が帰国すると、国民は熱狂的歓迎で迎えた。国民の政府支持の声は高くこれを背景に浜口は山梨海軍次官の任を解くとともに、加藤軍令部長、末次同次長などの海軍強硬派の更迭を求め枢密院の突破を目指した。

七月十一日、伊沢は同成会の塚本清治とともに浜口を訪い、鈴木書記官長、川崎法制局長官らと会談して枢密院対策を協議した。浜口の日記でも枢密院審査が始まった八月一三日、「伊沢、江木、原田諸氏、相次で来邸。何れも条約問題に干して也。伊沢氏に湘南行を依頼す」、一四日も「夕方伊沢氏来訪、鎌倉行に付依頼せし件に干し報告を聞く。形勢大体に於て悪しからず」とある（『浜口日記』八月一三日）。

浜口が伊沢に依頼した「鎌倉行」「湘南行」とはなにか。鎌倉には浜口と牧野、隣接する片瀬や逗子には宇垣、幣原、財部の別荘があった。また湘南には伊沢が情報を提供して来た西園寺が興津に坐漁荘、国府津にも別荘を構えていた。「形勢大体に於て悪しからず」と浜口が記しているのは、彼ら有力者たちが内閣支持の意向を示したことを指すのものとみられる。伊沢はその周旋に奔走したのである。

以後十二回にわたって開かれた枢密院精査委員会では、加藤前軍令部長を擁護する伊東巳代治委員長が統帥権干犯を批判し、河合操が海軍兵力の不足を、金子堅太郎が国防方針破壊の危惧を表明するなど、委員となった有力枢密顧問官が次々と政府批判の主張を行った（今井清一『濱口雄幸伝』）。これに対し伊沢はロンドン海軍会議の首席随員であった川崎卓吉法制局長官や配下の後藤文夫と連絡を取り、枢密顧問官への切り崩し工作を図った。九月二日、後藤は軽井沢の伊沢に次のように書いている。

「政府も最後には枢府との衝突となる場合あるべきを覚悟致し居らねばならず、其際委員外顧問官の態度も有利に導き置くは世上の注意委員会に集中し居る此の際が最も努力を試し置く好時期にあらずやと存ぜられ候。」（後藤文夫一九三〇年九月二日）

強硬派の委員との衝突は必至とみて、態度不明の委員外の顧問官を懐柔し多数派工作を試みる策であった。後藤の要請で伊沢は上京した。直ちに面会した伊沢に浜口首相は、枢密院は「全部条約案に反対の形勢」であるがこれに対し「勅裁を仰ぐつもりだ。諒解運動はやらない」との意志を伝えた（「丸山筆記」）。政府と枢密院の全面対決であった。しかしこれを得策ではないとみた伊沢は「内閣が諒解運動をやらないなら、伊沢が国家のためにやるのは如何」と答え、後藤と協議した顧問官への個別工作を独自に行うことにした。その様子は次のようであった。

「伊沢氏はそこで、先づ顧問官の岡田良平氏に会った。岡田氏曰く、自分は一人でも原案賛成だと。伊沢氏曰く、僕の常識で判断して、若槻、財部全権が定めた条約は日本に不利な筈はないと。岡田氏もその通りだという。次に顧問官の久保田譲男に会った。男は原案に反対だといふ。そして書記官長にきくと顧問官全部が反対だといふから自分として原案に賛成するだけの確信がないといふ。伊沢氏、それは違っている。現に賛成者がある。殊に若槻財部両氏の如き人々がきめたことに間違ひがある筈がないといふとそれでは考へ直すと久保田男は答へた。」（同前）

この後伊沢は水町袈裟六、富井政章などの顧問官を次々に訪問して説得にあたり、最終的に「顧問官全部、原案賛成になった。これで形勢は定まった」。

九月一七日枢密院の最終審査委員会で伊東巳代治委員長は、無条件で批准するという劇的な方針転換を示した。この背景には政府が意外な強硬態度を示したこと、委員会での満場一致が得らない形勢が予想されたこと、本会議で否決される恐れが生じていたことなどであった。いずれにせよ枢密顧問官の態度が軟化して批准反対の線が崩れる状況が出ていたのであった。伊沢の枢密顧問官切り崩し工作は成功し、一〇月一日本会議でも海軍軍縮条約の批准は可決成立した（伊藤隆『昭和初期政治史研究』）。浜口内閣を支援する伊沢の活躍の白眉となるもので、伊沢の尽力は実を結んだかにみえた。

浜口遭難

しかし十一月一四日、浜口首相狙撃事件が起きた。この日、浜口は岡山県で挙行中の陸軍特別大演習のため午前九時発の特急に乗るべく東京駅のプラットフォームを歩いていたところ、突然右翼暴漢によって腹部に銃撃を受けた。たまたま外相の幣原もソ連大使として赴任する広田弘毅を見送るため東京駅にい合わせた。

その日の朝、伊沢は浜口に用事があり長文の手紙を首相官邸に長男の龍作に持参させていた。龍作が到着したのが浜口が東京駅に出た後だったので、夫人は気を利かせて直ちに浜口家の自動車で手紙を東京駅に届けさせた。運転手がそこで首相遭難を知り、すぐに引返して夫人と令嬢を駅に駆けつけさせた。伊沢が翌日浜口家を訪問すると、書斎の机の上にその手紙があったという（「丸山筆記」）。

浜口家から知らせを聞いて伊沢は駅に駆けつけた。そこで周りの大臣連中を「そうしちゃダメだ。なにをしているんだ、早くせよ」とまるで小僧扱いして叱っている伊沢を、民政党幹事長富田健次郎の秘書が目撃している（須藤信喜「大臣をアゴで使った男」）。伊沢は駅長室の奥にある病室に行き、「枕頭でどうだ、シッカリしろというと、ウムウムという返事だった。塩田〔広重〕博士が付き添っているので一分間でそこを出た」が、伊沢は浜口の様子をみて、直ちに首相代理を置いて当面の事態を切り抜ける行動を開始した。

「幣原外相を引き張って外務省に赴き、伊沢氏は臨時首相の問題だが宇垣陸相は病気だし、君が大臣の首席だから君の名前で大臣を招集しろというと、大きにそうだという。駅に電話をかけると首相は今出発して大学病院に入院したというので、幣原氏の自動車で共に駆けつけた。江木、町田に臨時首相代理を幣原にやらせろというと二氏も同意した。大学病院で非公式の大臣会議を開き、大体、幣原首相代理という空気になった。」（「丸山筆記」）

伊沢が直ちに幣原を臨時首相代理につけようと動いたのは、安達内相の一派が政権の座をうかがっているとみたからであった。伊沢はこの日のうちに、岡山の陸軍大演習に出張している安達に随行している大塚惟精警保局長に上京に及ばずと電話したが、安達が急遽上京の途に上るや次田地方局長を国府津駅に遣って出迎えさせ、伊沢の意見を伝えて再度自重を求めた。

翌一五日午前に始まった臨時閣議では、江木鉄相が総理大臣臨時代理は宮中席次では宇垣陸相であるが、陸相は病気中であるため代りに幣原外相を推した。これに対し安達は「政党内閣である以上、党員の閣僚が首相代理となるのが当然」と主張した（『幣原喜重郎』）。幣原は党員ではなく、安達は暗に自分を推したのである。結局衆議で幣原に決ったが安達が納得した様子はなく、党内党人派と江木伊沢ら官僚派との対立はくすぶり続けた。

牧野内大臣は民政党内の実力者について、「政務」の江木、「党の纏め方」の安達、「貴族院」の伊沢と評している（『牧野日記』一九三〇年十一月二三日）。また牧野は伊沢を「安達の支持者」とも呼んでいる。二人はこれまで協力関係を結んで民政党を支え、立場は違うが派閥をまとめ他との交渉に長けた政治手腕は共通するものであった。その二人が幣原擁立問題では対立した。

幣原が代理に決まった翌日、伊沢は「浜口首相手術後、経過良好、二回幣原を訪ふ、幣原氏臨時首相となる、予の力なり」と記した（「日記」十一月一六日）。伊沢はその後も河井侍従次長と面会して「宇垣、安達、江木等の心境」「若槻、山本、仙石、諸氏呼寄と将来の計画等」について相談した（『河井日記』十一月一八日）。非常事態を収拾し幣原を臨時首相代理に就けることに成功した伊沢は、党内有力者と早くも次の政局に計画をめぐらすのであった。

幣原失言問題

浜口首相の病状は年末の第五九議会の招集が近づいても回復せず、幣原首相代理のまま乗り切ろうとする若槻、山本、仙石ら三長老と、安達内相を担ぐ中野正剛ら少壮代議士との対立が激しくなった。

こうした党内の状況を病床からみた浜口は、年明けに安達や幣原、宇垣を呼んで幣原の代理継続を求めた。しかし一九三一年一月二二日、衆議院本会議が始まると政友会は臨時首相代理での議会対応は「憲政を蔑視するもの」との決議案を提出し政府攻撃を開始した。

二月三日衆議院予算総会で幣原が政友会の中島知久平の質問に、軍縮条約はすでに天皇の批准があり国防を危うくするものでないと発言すると、これは条約締結の責任を天皇に転嫁するものとの批判が巻き起こった。いわゆる幣原失言問題で政友会は審議を拒否し、病床にあった浜口の登院を要求した。議会は乱闘が繰り返される醜状を呈し、一〇日間にわたり停会する事態となった。

安達は政友会の望月圭介総務、犬養毅総裁と妥協を図り、また伊沢は河井侍従次長や近衛、原田など宮中方面と接触し政府と政友会の妥協を図ったが（『河井日記』二月八日）、むしろ民政党内で安達を支持する中野正剛、山道襄一、頼母木圭吉らが失言を認め妥協することに反対した。中野ら党内少壮派は政友会と結んで党首脳部に揺さぶりをかけ、安達に優位な情勢を作ろうとしたのである。

伊沢は安達に中野らの動きを押さえるよう要求した。「丸山筆記」には次のようにある。

「幣原首相代理の失言問題当時、伊沢氏は麻布の眼科医、内田孝蔵博士邸に安達内相を招いた。内田邸は三十室もある広い邸宅で、伊沢氏は同邸をいつも組閣本部とした。安達内相が来たので午後七時頃から午前一時に至る迄、伊沢氏は安達氏に説いた。先づ中野の幣原虐めは間違っているといふと、安達氏は中野が勝手にやっているので、中野は自分（安達氏）のいふことを聴くやうな男ではないという。がいろ〳〵伊沢氏の言ふ事は尤もであるから、中野を抑へるといって安達氏は帰った。翌日から中野の幣原虐めはピッタリ止った。が、間もなく又やり出したので、伊沢氏は安達内相を又内田邸に招いて懇談し、遂に中野に鉾を蔵（おさ）めしめた。」

伊沢は安達を通して配下の中野らの策動を止めさせ、政友会と妥協することで議会を乗り切ろうとした。浜口も来訪した伊沢に「自分と同説」と記している（『浜口日記』二月八日）。しかし今度は貴族院研究会が浜口の登院を要求する動きをみせた。これにも伊沢は激しく反対した。

「浜口首相は責任感が人一倍強いのである。命を賭しても出席するのだ。然るに病人に向かっていつ何日に出席しろというのは何であるかと、声涙共に下って述べた。浜口氏出席を強く主張したのは研究会の常務溝口〔直亮〕伯であったが、伊沢氏の言に対して一堂騒然、公正会の大井成元男曰く、伊沢氏に賛成であると、そこで研究会の原案は引込められた」（「丸山筆記」）

貴族院の動きは止んだが、予算案はじめ労働組合法案、産業組合法案など重要法案の審議停滞を苦慮した政府は、浜口の体調が一時快方に向かったこともあって三月上旬の首相の登院を約束した。川崎長官、鈴木書記官長は伊沢と打合のうえ、九日貴族院、一〇日に衆議院に登院の予定を取り決めた。この間伊沢は、貴族院で近衛副議長、交友倶楽部水野錬太郎、研究会松平頼寿、公正会黒田長和、同和会関直彦らに、登院した首相への質問時間その他に関して「武士道的精神」をもって配慮するよう申し入れた。

しかし一〇日に議会に登院したあと、浜口はみるみる体力を消耗した。その後連日の無理な登院がたたり浜口は議会終了後には容態が悪化し、四月四日には再入院して手術したが成功せず九日には三度目の手術を行った。

第二次若槻内閣

浜口が再入院したことにより後継内閣問題は本格的に浮上し、安達、幣原、若槻、山本ら政府与党の有力者のほか、前年六月陸相を辞任していた宇垣一成が候補に挙がった。宇垣は過去憲政会、民政党内閣で三度陸相を勤めた有力者で、浜口遭難の直後から西原亀三らによって宇垣を民政党総裁にして後継首相に擁立する運動が行われていた（中島康比古論文）。また浜口本人も以前から「自分の跡には宇垣最も可然」ともらし、山本、若槻、江木、冨田ら党首脳も推した（『牧野日記』一九三一年三月七日）。宇垣は民政党内の官僚党人両派の最有力候補であった。そして宇垣内閣出現の場合、「伊沢氏の内相山本男の蔵相の説」が現れていた。伊沢は内相候補に挙げられるほど宇垣と近い存在とみられていた。

しかし西園寺は首相候補として「宇垣は軍人でいけない」との意向を持ち、木戸も宇垣の後任説の台頭を「頗る面倒なる情勢」と警戒感を抱いていた。西園寺は軍人の組閣による急激な政策変更を望まず、木戸に井上蔵相の財政方針を「にはかに変更するは不可なり」と述べている（『木戸日記』三月五日、一〇日）。この方針を受け四月十一日、木戸は原田と近衛を訪い、若槻を起用する「延長内閣」を協議した。元老や宮中グループは政党政治と重要政策の継続のため、若槻を再び起用する方針を取った。こうして宇垣首班・伊沢内相の構想は消滅した。

浜口は病気見舞いに来た若槻に「総裁の後釜になって貰いたい」と懇願した。若槻は山本を推して固辞したが、元老の意向と浜口の希望を踏まえ江木と安達も説得した（若槻礼次郎『古風庵回顧録』）。こうして四月十二日浜口は民政党総裁を若槻に譲って内閣総辞職し、一四日第二次若槻内閣が成立した。陸相南次郎、商工相桜内幸雄、拓務相原脩次郎を除いて他の閣僚は留任し、前内閣の行財政、税制整理などの政策を踏襲することを基本方針とした。

植民地人事

五月斎藤朝鮮総督が首相に辞意を伝えた。後任候補の第一に宇垣、第二に伊沢が挙がったが本命は宇垣であった。若槻が宇垣を推薦したことに、宇垣は「自分の内地に居るは安達抔の好まざるところ、朝鮮に向けられたるは敬遠の意味もあるべし」と語っている（『牧野日記』九月一五日）。

そのため総督就任を渋る宇垣を西原亀三が説いた。六月六日、西原は宇垣を中心とした挙国一致内閣の実現が目下その形勢になく朝鮮総督となって時機を待つよう勧め、宇垣もこれを受諾した（『西原日記』六月六日）。与党の民政党内でも内訌が激しく、また政友会との提携の可能性が低い中央政界で政権獲得は難しいとの判断であった。

宇垣の総督就任が決まると、一七日政友会の岡田忠彦は宇垣に総督の側近となる政務総監候補の進言を行った。岡田は後藤文夫、丸山鶴吉、柴田善三郎らの名を挙げ、とくに柴田は「伊沢、川崎より自己の連絡係」として推薦があることを予測し採用することを勧めた。結局逓信次官今井田清徳が就任したが、伊沢と宇垣の間に連携があったことがうかがわれる。

十一日、かねて療養中の仙石貢満鉄総裁が辞表を提出し、同時に大平駒槌副総裁も辞表を提出した。この満鉄総裁人事でも伊沢の名前が挙がったが、結局一三日元外相の内田康哉に決定した。関東庁長官の塚本清治によれば若槻首相が賛成しなかったためで、若槻首相の対応を「遺憾千万」と批判した（塚本清治六月二一日）。関東庁では伊沢待望論が強く、警務局長の中谷政一も伊沢が就任しなかったことは「意外」であったと記している（中谷政一六月二五日）。

伊沢が候補から外されたのは若槻が反対したからばかりではなく、これまでの満鉄総裁が政党人事に左右されていたことに強い不満を持つ軍部が「比較的政党色の薄い」内田を推薦したからであった（『内田康哉』）。また幣原外相も「外務省と満鉄間の意見不一致」を解消し、満州問題を「国是的大陸政策」として遂行することを目指し、伊沢を軸に満鉄と連携しようとした関東庁と外務省は対立する立場にあった（『若槻内閣』）。張作霖事件など軍事的外交的な危機が高まる満州で、従来の政党系総督による植民地行政は転換を迫られていた。

浜口の死去

小石川の自邸で療養を続けていた浜口の病状は小康を保っていたが、八月二日発熱しその後しばしば発作が起こった。浜口を見舞った町田忠治は一四日、軽井沢の伊沢に「浜口氏は月初より時々高度之熱有之、相当疲労致居候」、二二日にも「浜口氏病気は此両三日小康を得候得共、一周(ママ)間以上毎日四十度位の体温有之、余程衰弱致候様なり」と病状が思わしくないことを伝えた（町田忠治八月一四日）。

見舞い状を出した伊沢に、浜口の長男雄彦は病状を詳しく伝えた。

「実は本月初迄は経過極めて良好にして毎日数十分間庭を散歩するほどに相成り、為めに食欲大いに進み体力の恢復著しく、此の分ならば九月にでもならば転地も可能なるべしと一同ひそかに喜び居候矢先、少し身体を急激に動かし過ぎたる為めか突如発熱し、剰(あまつさ)

へ多少傷口の痛みを訴うるに至り食欲頓に衰へ体力並びに気力めっきり衰へ申候。病因につきては医師も未だに確たる原因を掴み得ず、或は去る三月議会出席後当時に於けるが如く、何処かに新たに化膿箇所を生じ為めに腹の疏通を妨げ居るに非ずやと申し居り候へ共、さればともその場所が不明なる為め手術の施し様も無之、纔（わずか）に下熱剤注射浣腸等をなすのみにて、今日まで不安の日を過したる次第に有之候。されど幸にして病勢衰え、一時は四十度に昇りたる体温も此所一週間は最高三十七度六七分止りにて時には六度台に下ることあり、最早病気其物は峠を越したりと医師も申し家族一同稍（やや）愁眉を開き、只管（ひたすら）営（ママ）養の回復に全力を注ぎ居候。」（浜口雄彦八月二五日）

雄彦は父の病勢がやや持ち直したと伝えているが、それでも心配になった伊沢は軽井沢から大急ぎで帰ってきた。浜口邸を訪問し夫人と面会すると、病状はだいぶ良くなっているというので帰宅したが、伊沢はなお「何んとなく会ってみたい気がしてならなかった」とその夜も気が気でなかった（「四十年の友を失ふて」）。

翌二六日朝十一時頃から突然発作が起こり、午後になって浜口はついに息を引き取った（北田悌子『父浜口雄幸』）。容態急変の知らせを聞いて病室にかけつけた伊沢は、「浜口分かるか」と顔をまじかにして問うとかすかにうなずいたという。浜口は瀕死の病床で夏子夫人に『伊沢君にはすまなかった』と語った（「丸山筆記」）。伊沢を朝鮮総督に任命し蹉跌したことは最期まで浜口の脳裏にあったのである。四〇年来の盟友浜口が死去し、伊沢は「遂ひにこの人を失いました。いうにいわれぬさびしい感じです」と談話した（『東朝』一九三一年八月二七日）。伊沢は加藤高明に次いで政界の贔屓役者を失った。

協力内閣運動

浜口の死去からまもない九月一八日、奉天（現瀋陽）郊外の柳条湖で満州事変が起きた。外相の幣原が事件を翌朝の新聞で知ったというほどで、関東軍の謀略によるものであった（『外交五十年』）。二一日関東軍は吉林に出動し、朝鮮軍も満州に越境出兵し戦火は拡大した。

若槻内閣は元老、宮中の後押しにより二四日不拡大方針を声明した。その日の夕方伊沢は河井侍従次長のもとを訪れ、首相、外相に「非常時に処するの決意」を促し、「軍部の態度」を批判し、宮中内での「離間運動」や「元老に対する軍部の批評」についても意見した（『河井日記』九月二四日）。伊沢は軍の独走への懸念とともに、事件が持つ本質も感じとっていた。すなわち事件は軍部や右翼の国家改造運動の一環であり、宮中、元老、重臣らによって支えられてきた立憲政治への挑戦であった。

「満蒙の危機」「非常時」が喧伝され国民の戦争熱が高まるなか、倒閣を目指す政友会は若槻内閣の不拡大声明を「軟弱外交」と批判し、軍の強硬方針に同調した。中心人物の一人森恪政友会幹事長は、事変直前まで満州で関東軍の板垣征四郎や石原莞爾と接触し、事変勃発後は関東軍の行動を先頭に立って支援した（安部博純「森恪」）。西園寺の秘書原田は「森の云ふ例の非常に大きなクーデタが来るといふやうな話をあちこちで聞いた」と書き留めている（『西園寺公と政局』Ⅱ一〇月二四日口述）若槻首相や牧野内大臣を襲撃して軍事政権樹立を目指す一〇月事件が発覚したのは、この一週間後であった。

職掌からこの未遂事件の全貌を察知し、中野正剛からも陸軍内部の動向を知った安達内相は、若槻内閣では政局を乗り切ることは困難と考えた。九月二一日、イギリスの金本位制離脱で株式が大暴落して経済情勢が悪化し、満州事変による対中国政策の破綻もあり政局に自信を失った若槻首相は、一〇月二七、二八日に安達と会見した。発案者がどちらかは両者の自伝により喰い違うが、いずれにせよ犬養政友会総裁を首班とする政友会と民政党の連立内閣で一致した。いわゆる協力内閣運動で、政友会側では久原幹事長が熱心に進め元老西園寺にも再三要望した（山崎一芳『久原房之助』）。安達の意図は二大政党と軍部が協調し強力な革新政治を実現することにあり、安達は十一月に入ると西園寺に説き、若槻も民政党内に犬養への交渉開始を指示するまでになった。

しかしその後幣原や井上の反対にあって翻意した若槻は、安達に政友会との提携中止を求めた。腹心富田幸次郎、中野正剛、永井柳太郎ら少壮派の支持を得た安達はこれを聞き入れず、二一日には「政党の協力を基礎とする国民内閣」の必要を声明した。

これを聞いた伊沢は翌日河井侍従次長を訪問し、政友会や軍部と野合する運動を阻止するよう意見した（『河井日記』十月二二日）。しかし富田らは十二月党内の意見を無視して政友会の久原幹事長と覚え書きを交わし、若槻首相に持参して決行を求めた。政府は安達を切るか内閣総辞職するか重大な決断を迫られた。

この時も伊沢は安達説得の使者となった。伊沢は鎌倉稲瀬川の安達邸を訪れ協力内閣運動中止を求め、さもなくば閣僚辞職をするか求めた。

「伊沢氏は安達氏邸に乗り込んだ。初めて同邸を訪問したのである。二階に通されて、苦言を呈したが、安達氏は剣もホロロだった。今にも天下が取れるつもりだったから、どうにもならない。五分か十分ばかり話したが、駄目だと思って帰った。ただ最後の忠告を試み、君のためにならぬといった。」（「丸山筆記」）

伊沢を以てしても「今にも天下が取れるつもり」であった安達を説得することはできなかった。一〇日閣議は安達に再度辞表提出を求め、川崎書記官長が訪問して要請したが安達は応じず、翌日若槻内閣は閣内不統一から総辞職に追い込まれた。

犬養内閣と第一八回衆議院議員総選挙

十二日上京した西園寺は、憲政常道の立場から政友会への大命降下を上奏し、翌日犬養毅に大命が降下した。一時は協力内閣に関心を示した犬養であったが、政権を取ると単独内閣で進めることに決めた。そのため安達、中野ら七名は民政党を脱党し、翌年ファッショ的綱領を掲げる国民同盟を結成した。

犬養内閣発足後も政民両党提携の策動は続いた。その中心となったのは内閣書記官長であった森恪で、森は伊沢に「挙国一致的政権」樹立を持ちかけ、斡旋を依頼した渋谷の横尾惣三郎邸で会見がなされた。横尾は伊沢の警視総監時代の下僚で、当時埼玉県内務部長であった（山浦貫一編『森恪』）。

会見の模様は次のようであった。

「昭和六年十二月二十六日、御用納めに会見した。森曰く天下の形勢容易ならざるものがある、今の政治のやり方ではいけない（この形勢をつくったのは森である）。伊沢氏いふ、君の意思は賛成できない、もうあとを聞くまでもないから止めてくれと、森は国家の前途についていふのだからきいてくれといって結局、クーデターによる構想を示唆した。そして「犬養なんて奴は話にならぬ、凡庸な政治家に過ぎない、僕はあれに乗っているが、途中で乗り捨てるのだ」と、かういふ言葉を使った。伊沢氏曰く、それは間違だ、クーデターなんかやれるものでない。」（「丸山筆記」）

内閣書記官長でありながら首相の犬養を「乗り捨てる」ことを明言しクーデターも辞さない森に、憲政会、民政党を支援し続けた立憲主義者伊沢が反対したのは当然であった。むしろ何故伊沢にこのような話をしたのか。「謀略政治家」と呼ばれた森は、伊沢を通じて政局を動かそうとし、安達脱党後の民政党に政界の策略を持ちかける相手は伊沢だけだったのだろう（岩淵辰雄「謀略政治家森恪」）。

犬養内閣は初閣議で前内閣の看板だった金本位制からの離脱金輸出再禁止を決め、株式市場は再び混乱した。翌三二年一月八日には桜田門で天皇の御用車が襲われる事件が発生し、上海では一八日日本人僧侶が襲撃されたことを機に中国軍との戦闘が始まった（第一次上海事変）。

犬養内閣は年末に知事の免官七名、休職二七名を含む大異動を行った。前回失った議席を回復するため予想される総選挙への布石で、民政系知事が一掃された。その一人半井清佐賀県知事は宮崎県への転任を命じられ辞表を提出した。「政党が真面目な地方官を勝手気ままに取り扱うあり方に、どうしても我慢ができ」なかったと述べている（半井清『浮き草の思い出』）。総選挙を前にして内務官界を党派で動かす「二部交替制」は、ここにきわまったといわれる（栗屋憲太郎『昭和の政党』）。

一月二一日、衆議院は解散され総選挙に突入した。政友会は候補者三三〇人を公認し、犬養首相が全国遊説に飛び回った。民政党も三〇〇人を公認し言論戦で戦うこととし、今回も伊沢や川崎を中心に前知事を動員して選挙監視団が組織された。大蔵省をやめて民政党の応援を行った青木得三は、「三菱の第何号館でしたかに事務所をおきまして、そして次田大三郎君と松村義一君と私が幹事〔中略〕そしてその元締めは伊沢多喜男さん」で、伊沢から「選挙の旅費」をもらったりしたと述べている（『青木得三氏談話速記録』）。しかし今回の活動は応援を強化するだけの方針で、二六日伊沢、丸山、高橋ら元警視総監、牛塚虎太郎元東京府知事ら六〇人が集まった初会合は、「この際政治運動せぬ」ことを申し合わせた。浜口以後内紛激しい若槻民政党を、伊沢はこれまでのように支援する様子はみられない。

選挙戦のさなかの二月九日井上準之助が暗殺され民政党への同情論もあったが、二十日の総選挙の結果は政友会が一七一人から三〇一人と地滑り的な勝利となり、民政党は予想された二〇〇人を大きく割り込む一四六人と凋落した。政友会総裁犬養の国民的人気もさることながら、「選挙の神様」安達が去り、伊沢ら旧官僚団も強力な支援をしなかったことは民政党敗北の一因となった。

新渡戸稲造舌禍事件

この選挙で社会民主党党首安部磯雄を応援した新渡戸稲造は、二月四日愛媛の松山を訪れ上海事変の所感を述べた。そのなかで「上海事件に関する当局の説明はすべて三百代言的というほかない」「日本を滅ぼすものは共産党では無い、軍閥である」と発言したと伝えられ、地元新聞はこれが満州で奮戦している「皇軍」を批判するものと連日痛烈に新渡戸を攻撃する社説を掲げた。新渡戸は国民が戦争に熱狂するなか冷静に国際的協調する必要性を説いたものだが、新聞のキャンペーンに呼応した在郷軍人会を中心に、新渡戸糾弾の世論は日増しに高まった。新渡戸稲造舌禍事件と呼ばれるものである。

事態を憂慮した海軍次官左近司政三や陸軍省軍事課長永田鉄山が調停に乗り出し三月、九段の帝国在郷軍人会本部で新渡戸が陳謝して事件は一応の決着をみた（内川永一朗『晩年の稲造』）。この事件では大阪毎日新聞松山支局の記者曽我鍛が新渡戸擁護の論陣を張って注目されたが、そうした数少ない新渡戸擁護の側に伊沢がいたことは知られていない。事件後の三月末、新渡戸は伊沢に次のように書き送っている。

「両三日前小野塚氏来訪、例により世間話に時を移し候際、先般小生四国に於て舌禍之基を興したる義に関し雑談致候処、右事件に就き貴兄より松山なる某新聞社長とやらに一書送られ、小生の為め御芳志を示されたる由伝承致候。平素特別の御交際を辱ふせざるに、如斯御厚意を賜はりたる義知己を得たるの感深く、今心よりの御礼申上候」（新渡戸稲造一九三二年三月二八日）。

「松山なる某新聞社長とやら」は、新渡戸糾弾の急先鋒にたった県下最有力紙海南新聞のことで、伊沢は新渡戸の苦境を救うべく新聞社に圧力をかけたようである。伊沢は愛媛県知事時代より同県の政財界に強い影響力を持っていたから、伊沢の働きかけは効果があったにちがいない。

来日したリットン調査団の応接を済ませた新渡戸は、満州問題へアメリカの理解を求めるため四月一四日横浜港を出発する。その前日、伊沢は新渡戸に返書を送った。

「御懇書拝誦候。仰越之舌禍は国民一部の無理解真に慨嘆に堪えず候得共、畢竟吾人先覚者之努力の足らざる結果に外ならず候。今回御渡米之趣御苦労千万に存候。フルナの弁を以てするも畢竟黒は黒、白は白にて到底鼠にもならざるべく其要もなしと存候」（新渡戸稲造宛一九三二年四月一三日）。

雄弁で知られる釈迦の弟子「フルナ（富楼那）の弁」を以てしても「畢竟黒は黒、白は白」と述べているのは、新渡戸が松山で「上海事件は正当防衛とは言いかねる」と軍の主張を「三百代言」と批判したことを受けている。戦争へ理性を欠いて突き進む軍部と国民へ、新渡戸同様伊沢もまた強い批判と危惧を持っていたのである。伊沢の手紙は、新渡戸帰朝の際には「拝晤万可申述度」と結ばれているが、翌年一〇月バンクーバーで客死した新渡戸と伊沢が再会することはなかった。

五・一五事件

一九三二年五月一五日夕、海軍将校、陸軍士官候補生、右翼民間グループらが首相官邸で犬養首相を射殺し、警視庁、日銀などを襲撃した。この五・一五事件は一月の桜田門事件、三月の団琢磨暗殺事件と相次いだテロ事件以上に社会に大きな衝撃を与えた。

すでに事件前より政界には「ファッショ旋風」が吹き荒れていた。政友会の森恪書記官長は、現状打破のために国本社を率いる平沼騏一郎枢密院副議長を首班とすることを西園寺や貴族院副議長近衛、そして伊沢に打診した。宿敵平沼を伊沢が支持するはずもなかったが、安達謙蔵や中野正剛らが親軍的な新党運動を行うなど（十二月国民同盟結成）、政界の革新運動は盛んに試みられた。五・一五事件はこうしたなかで発生した。

伊沢はその日、大阪、芦屋方面への出張から帰京の途についていた。臨時首相となった高橋是清が一六日内閣総辞職すると、近衛や木戸、鈴木貫太郎ら宮中グループは内閣を引き続き政友会から出すことを西園寺に具申した。政友会でも後継総裁に鈴木喜三郎を擁立して受け皿を用意したが、森は陸軍の荒木貞夫と組んであくまで平沼擁立に動いた。森はこの時またも伊沢に協力を持ちかけたが、伊沢は逆に湯浅倉平にこの計画を暴露して反対した（『桜内幸雄自伝』）。伊沢は「井上や団の暗殺を防止できず治安維持の力がなくそれだから犬養も仆れたのだから、そのあと再び政友会内閣はいけない」という意見であった（矢部貞治『近衛文麿』）。

伊沢は一八日朝、河井侍従次長に「組閣の意見」を電話し、河井はその趣旨を牧野内大臣、一木宮相、鈴木侍従長、内大臣秘書官長木戸幸一にも電話した（『河井日記』）。伊沢は西園寺の上京をなるべく遅らせ、後継内閣に元首相若槻を擁立しようとした（『木戸日記』）。しかし木戸や西園寺はもはや政党の単独内閣では無理と判断し、「中間内閣」の方針であった。

伊沢が若槻を推したのは森が陸軍と結んで進めた平沼案を阻止するためであったが、本気で担ごうとしたわけではなかったようで、形勢不利とみた伊沢は次に海軍へ接近した（山本四郎「斎藤内閣の成立をめぐって」）。海軍薩派の重鎮山本権兵衛によって陸軍と政友会の結合と、鈴木平沼の間も絶つという「一球にして併殺」する案であった（『東朝』五月二四日）。しかし元海相の財部彪が山本と同じ薩派の朝鮮総督斎藤実を進言し、斎藤の朝鮮総督時代の下僚丸山鶴吉が運動を始めると、伊沢は山本を諦め斎藤擁立に転じた（『木戸日記』四月四日）。斎藤は宮中や天皇の信任が厚く、やはり元朝鮮総督府政務総監で斎藤に重用された湯浅倉平会計検査院長、一木宮内大臣も擁立賛成へ合流した。こうして二〇日上京した西園寺は近衛、若槻、山本、清浦ら首相経験者、上原勇作、東郷平八郎の両元帥、荒木貞夫、大角岑生陸海両相らから意見を聴取し二二日、斎藤を首班に奏請した。

第七章　挙国一致と非常時

斎藤内閣と国維会

斎藤内閣成立時の伊沢の関与は有名である。ある政治評論は「伊沢多喜男は斎藤内閣に就いて黒幕の人として随分暗躍した。驚くべき鮮やかな手捌きであった。伊沢一人で内閣を製造したやうに見るものもある位だ」と記している。伊沢が「大臣製造者」と呼ばれたのもこの時であった（佐々弘雄「伊沢多喜男の政治的立場」）。

河井弥八侍従次長の日記には五月一八日「朝、伊沢多喜男氏より時局収拾の為にする組閣の意見を電話し来る。積弊を匡正するの意強く中正剛健なり。依て其趣旨を内府、宮相、侍従長の参考に供す」、二二日「朝、伊沢氏より政局に付意見を電話し来る」と、河井が伊沢の情報や意見を宮中に伝えていることが記されている。

五月二五日、組閣の大命が斎藤に降りることを知った伊沢は丸山鶴吉に電話し、葉山の別邸にいた斎藤のもとに遣わした。丸山は斎藤朝鮮総督時代の側近で警務局長であった。夜半訪問した丸山は斎藤に「断固超然内閣を組織して貰いたい」と申し入れた（『七十年ところどころ』）。翌日参内し大命を拝受した斎藤は、四谷の私邸で待ち受けていた丸山に「政民両党を抱擁した連立内閣を作る決心」を語り、そのための協力を要請した。政治経験の乏しい斎藤は、政党方面への交渉を丸山に託したのである。

こうして組閣参謀となった丸山は、山本達雄邸（麹町区上二番町）に陣取った伊沢と連絡をとりながら、やはり斎藤の朝鮮総督時代の幹部官僚だった柴田、湯浅、有吉、児玉秀雄ら「朝鮮組」とともに組閣にあたった。斎藤は組閣の根幹として高橋蔵相、荒木陸相を留任させ、民政党の重鎮山本達雄に内相就任を要請し、山本は条件として伊沢の入閣を要求した。

「山本男は伊沢氏に入閣して一緒にやろうといふ。湯浅倉平氏が斎藤子の使者になって伊沢氏に入閣を勧めた。山本男も伊沢氏が入閣しなければ、自分も入閣しないといふ。午前三時頃迄、山本邸に伊沢氏頑張ったが、結局、伊沢氏は山本男と同郷である後藤文夫氏を推薦した。瓢箪から駒が飛び出したような後藤氏の入閣となったのである。斎藤子は伊沢氏を内務大臣たらしめる考へだった。しかし、山本男は内務大臣なら引受けるといい内務行政に明るい後藤文夫氏が助ける事になった」（「丸山筆記」）。

斎藤は当初内相に伊沢を擬した。これを提案したのも丸山であった。しかし山本が内相しか受けない意思だったので、斎藤は伊沢に農林相を提示し、伊沢はこれを受けず後藤を推薦した。このほか伊沢は内閣書記官長柴田、法制局長官堀切善次郎、警視総監藤沼庄平らを推薦した。西園寺の秘書原田熊雄は「この組閣の準備には、直接間接に伊沢多喜男氏が、随分いろいろな方面で援助を与えた、といふよりも尽力して、あまりにそれが露骨なので、或は次には伊沢内閣が出来るのではないか、などというふうやうな皮肉な批評さへあった」と記している（『西園寺公と政局』Ⅱ六月二二日口述）。

斎藤内閣で後藤が農林大臣に抜擢されると、国維会の存在は俄然注目された。五月三一日国維会で農林相就任祝賀会が開催され、柴田書記官長、松本警保局長、唐沢俊樹土木局長、香坂東京府知事、橋本農林大臣秘書官らが集まった。

陽明学者安岡正篤が新官僚の母体といわれた国維会を結成したのは、一九三二年一月であった。綱領には「広く人材を結成して国維の更張を期す」「日本精神の世界的光被を期す」と掲げ、近衛文麿、荒木貞夫、後藤文夫、広田弘毅、酒井忠正、岡部長景、吉田茂（内務官僚）、香坂昌康、松本学、湯沢三千男、橋本清之助、富田亥之七、町田辰次郎らが名を連ね、国家を担う官僚の研究と修養を目的とした。伊沢の名前は機関誌『国維』の会員名簿にはないが、後藤や柴田ら伊沢の腹心の官僚が参加していることから、後述のハーバート・ノーマンが戦後のレポートで表現したように巷間では国維会を「支配」していたように流布された。

しかし伊沢が国維会の会合にしばしば出席していたことは事実である。伊沢に師事する台湾人蔡培火は、一九三三年四月六日国維会が主催する懇談会に朝鮮人林錫胤とともに出席し、植民地統治における「王道」について安岡と意見を交わし、また東京滞在中に安岡から白話字普及への応援を得たと記している（『蔡培火日記』）。蔡は伊沢の紹介で国維会に出席し、安岡の面識を得たのだろう。

またこのころ伊沢は安岡や香坂、町田、荒木、柴田らとともに、大阪府南河内郡天野村の金剛寺住職曽我部俊雄が主宰する会に招待されている。曽我部は徳島県出身で和讃、御詠歌の指導原理を確立した僧侶として知られる。天野村は南朝楠木正成が立てこもった場所で、金剛寺は「勤王護国之寺」であった。楠正成没後六〇〇年を前にして各地で盛大に記念式が開かれ、この会にはほかに秋田清、小泉策太郎、黒板勝美、滝精一、徳富蘇峰、松永安左衛門らが招待されている。ちなみに伊沢は蘇峰とも往来があり、この年一月長男龍作の結婚式に蘇峰を招待し、また三月に帝国ホテルで開かれた蘇峰の古稀祝賀会に伊沢は出席の意向を伝えている（徳富蘇峰宛葉書一九三二年二月二六日）。伊沢は国維会の指導者安岡だけでなく各界の文化人とも様々な交流を持っていた。

内務省人事と官吏身分の保障

挙国一致を目指した斎藤内閣であったが、政友会と民政党は内務省首脳や地方官人事をめぐって早くも対立した。

まず問題となったのは政務官であった。政務官制度は一九一四年の第二次大隈内閣で各省に設置された参政官に発し、大臣を補佐し帝国議会との交渉にあたり、当初は必置ではなかったが一九二四年の護憲三派内閣の時に各省官制通則によって新たに政務次官・参与官が置かれた。政党内閣とともに拡大した政務官は政党の猟官運動の温床となり、前内閣からその存廃が議論され、政党政治の腐敗是正が叫ばれたこの内閣でも当初から問題となった。

五月二五日、親任式後の初閣議で斎藤首相は党と連絡の必要から政務官の存続を決定し、政務官の割り当てを政友会十二、民政党八、貴族院四とした。斎藤首相は各党に人事関与を厳禁するよう指示したが、内閣を支える政友会、民政党、貴族院のバランスに応じた配分であった。

しかし内閣の要となる大蔵省と内務省の政務次官人事は紛糾した。政友会は斎藤首相に前者を民政党、後者を民政党から出すよう要求した。内務大臣ポストを民政党（山本達雄）に握られた代わりに、政務次官を自派としようとしたのである。鈴木総裁からの申し入れに憂慮した首相は二九日、巣鴨の伊沢邸を訪問し次いで山本を訪問した。首相が内相の山本より先に伊沢を訪問したのは、伊沢が内務省人事の鍵を握っていたことをうかがわせる。山本は政務次官は「自分と一心同体」であり所管大臣からの推薦であてるべきと主張し、三〇日閣議で民政党代議士斎藤隆夫に決定した。

斎藤隆夫を推薦したのは伊沢であった。斎藤内閣成立後まもなく伊沢に面談して、「政務官の如き有害もしくは無益な官は廃止すべきである」と要求した岡田文秀に対し、伊沢は「君は生意気だ」と叱りつけ、「政務次官は斎藤隆夫ならよかろう」と言ったという（『岡田文秀自叙伝』）。伊沢も政務官の廃止を理想としていたが、内閣と政友会が廃止に反対であったので、政友会に近い潮恵之輔を次官にし、民政党の斎藤を政務次官にすることを考えていた。

岡田文秀は伊沢の腹心岡田宇之助の養子で、内務書記官をへて当時千葉県知事であった。前年には「行政改革の根本義」（『自治研究』一九三一年一〇月）という論文を伊沢に送り、行政改革の必要を提言していた。この論文は「政治的機構と行政的機構の分立」「政党政治の弊害を矯正」する必要を、ドイツ国法学などを博引しながら学術的に論じたもので、岡田は以後も求めに応じて意見書を作成するなど伊沢のブレーンとなった。

この直後伊沢と会談した斎藤隆夫は、伊沢を「意外に確かりした頭の持主なし。氏が隠然たる勢力を有するは故なきにあらず」と評している（『斎藤日記』一九三二年九月一八日）。斎藤は伊沢が自らを政務次官に推薦していたことを知っていたのだろうか、民政党の闘将斎藤が伊沢に一目置いていたことがわかる。

山本内相は次いで内務省三役人事に着手し、「伊沢の注文」どおり潮恵之輔内務次官、松本警保局長、藤沼警視総監が就任した。この時伊沢は藤沼や松本に「軍人を向こうにまわして敢然と戦うだけの勇気」があるか質した（『松本学民談話速記』）。伊沢は圧力を増す軍部へ内務官僚が抗することを期待した。

しかし政友会の鳩山一郎文相、三土忠造鉄相は、山本や伊沢がまとめた内務省地方官人事案から民政党系の復活知事を五名に減らすことを要求した。この結果「所謂伊沢系と称せらるゝ循吏は一名も留任せられず、悉く排斥せらる」ことになり、伊沢に近い赤木朝治が福島県に左遷され、政友会系知事一九名が留任した（『河井日記』一九三二年六月二五日）。内務省高官・地方官人事をめぐって政民両派は鋭く対立した。

伊沢はこうしたなか斎藤首相、山本内相、後藤農林相に官吏身分の保障を求める長文の意見書を提出した。斎藤首相は六月選挙法改正委員会の諮問をへてこの制度化を速やかに進める方針を固め、内務省地方局が原案を作成したが、伊沢の意見書はこの過程で内務省に提出されたと思われる。以後法制局に回されて九月の枢密院本会議をへて一九三四年四月文官分限令の改正、高等普通文官委員会官制が公布された。これらは官吏に休職や免官などを命じる際、文官分限委員会の諮問を要するなど手続きを厳格化し、政党による恣意的な任免を阻止しようとするものであった。

この改革は内務省警保局長、警視総監、貴族院、衆議院各書記官長を自由任用から削除するなど官吏身分に一定の保障を行なったが、前述の政務官はそれから除外され、少ない自由任用のポストをめぐって政友民政両党の争奪戦はかえって熾烈になった。当の伊沢自身、この時台湾総督府総務長官を長年務めていた平塚広義を「政友会だから首を切れ」と政務次官堤康次郎に談じ込み、これを拒否した堤と大げんかになった（堤康次郎『太平洋のかけ橋』）。伊沢が官吏身分の保障を推進したのは、対立する勢力からの介入を阻止するためで自らがそうした行動を抑制することはなかった。

近衛首班論

このころ河井弥八侍従次長は、陸軍青年将校と血盟団の名で出された怪文書に「伊沢氏、側近大官を狙ふの記事あり」と記している（『河井日記』一九三二年六月二日）。伊沢をテロの標的とする噂であった。

その河井は九月突然、侍従次長の任を解かれ帝室会計審査局長官への転任を命じられた。河井更迭の理由は、伊沢とともに斎藤内閣成立に党派的活動をしたことで、後任には元逓信官僚で公家出身の広幡忠隆が就任した（小田部雄次「五・一五事件前後の天皇・宮中」）。さらに翌三三年二月には河井を庇護してきた一木宮相、関屋貞三郎宮内次官らが辞任した。伊沢と通じた河井や一木が宮中から排除されたのである。

後藤文夫農林相は第六三議会の審議の途中、斎藤首相の指導力に失望し「もう老人ではとても駄目だ」と不満をもらし（『西園寺公と政局』Ⅱ一九三二年九月一七日口述）、伊沢も八月河井と会見し斎藤内閣の後継について意見を述べた。政民両党の対立が激化し台頭する陸軍の圧力が増すなかで、政府の過剰な統制政策に反対であった伊沢は斎藤後継を早くも模索し始めた。

満州事変後、満州国を承認し中国大陸への進出を強める日本に対し、国際連盟はリットン調査団を派遣し強い批判と勧告を行い、これを不満として一九三三年三月日本は連盟を脱退した。かつて「英米本位の平和主義を排す」とアジア主義を掲げ東アジアの新秩序形成を唱えた近衛文麿も国際連盟協会の役員を辞任し、六月徳川家達にかわって貴族院議長に就任した。国際的危機が深まる情勢下、次第に政治の表舞台に立つようになった近衛に伊沢は期待をかけるようになった。

伊沢は前述のように浜口内閣で朝鮮総督就任を要請されたとき、近衛を政務総監に起用しようとし、一九三一年一月には浜口、幣原とともに近衛を蜂須賀正韶の後任の貴族院副議長に擁立した。この時、研究会幹部と政府の間で松平頼寿を推すことにすでに話がついていたが、伊沢は「浜口首相に副議長を近衛公にしては如何かといった。伊沢氏が近衛公の内意をきくと、公もなりたいという。公はその頃ゴルフと耽溺生活をやっているので西園寺公に心配をかけていた。浜口氏は断然、近衛公を副議長たらしめた」と、浜口とともに近衛の副議長就任に尽力した（「丸山筆記」）。貴族院副議長は次に議長、そして首相就任への布石であった。

伊沢は貴族院議長に就任した近衛の存在を首相候補として期待していた。伊沢は当初農林相であった後藤文夫を本命としたが、後藤が受けない場合は近衛を「引っ張り出す」と述べている（『読売』一九三三年七月二九日）。以後政界でたびたび浮上する近衛の首班説の最初のものは、伊沢によるものであった（古川隆久『近衛文麿』）。木戸内大臣秘書官長も原田熊雄からの話として次のように記している（『木戸日記』一九三三年八月二三日）。

「西園寺公は、最近に至り、不得止ば近衛公の出馬も仕方なしと考ふるに至れる模様にて、最近伊沢氏が近衛公をかつぎ居る旨の宣伝あるところ、事実とせば、如斯は、出し得るものも、時に或は其の為に出し得ざることとなる故、注意する様にとの話なりし由なり。」

西園寺も近衛を嘱望していた一人であるが、伊沢がいち早く担ぎ出したことにむしろ懸念を示したのである。

非常時の議会

満州事変や国内で相次ぐテロ事件は、政府や国民に非常時意識を強めさせた。特に五・

一五事件発生の背景となった農村の救済は、斎藤内閣の内政上最大の課題となった。一九三二年八月二二日に召集された第六三臨時帝国議会で、後藤農林相は農村負債整理組合法案、米価対策のための米穀需給調節特別会計改正案を提出し、農村対策に乗り出した。

しかし議会で多数を擁する政友会は、政府案に対抗する法案（負債整理中央組合法案、米穀法改正案）を出した。政府内では三土鉄相、鳩山文相らが出身の政友会と妥協を行い、また岡田啓介海相と森恪が内閣の早期退陣を引き替えに政府案の通過交渉を行うなど、法案審議と併行して政治工作も活発に行われた。

しかし両案はまとまらず会期を延長して二日、貴族院に政友会の修正案が提出された。その日河井は電話で伊沢と小林嘉平治（憲政会代議士をへて貴族院議員同和会、三重県農会長）より議会の大勢を聴取した。政府原案を貫徹すれば政友会と「多大の紛糾」となる形勢で、伊沢はこの際研究会から出された妥協案を採用して「農相の面目」を傷つけないようにすることを意見した。研究会案は負債整理資金の裏付けとなる中央金庫規定を追加し、物価を参酌した最低価格である率勢米価を撤廃することなどを盛り込んだもので、伊沢は政友会と妥協して後藤農相を支援することを模索した。

しかしこれらも貴族院で再修正され、衆議院で政友会が再び反対したため両院協議会が開かれた。結局九月四日、米穀法中改正法律案が政府妥協の修正案で成立、農村負債整理組合法案は廃案になった。「救農議会」と呼ばれたこの議会でも政府と政民両党、貴衆両院の間で激しい対立が演じられた（田崎宣義「救農議会と非常時」）。

翌一九三三年三月、伊沢は第六四議会で政府が提出した日本製鉄株式会社法に上山満之進とともに徹頭徹尾反対した。この法案は民間製鉄五社と官営八幡製鉄所を合同し、政府が株式の過半を所有する半官半民の国策会社を創設することを意図したもので、衆議院では政友会、民政党、国民同盟などの賛成で成立し貴族院に回付された。特別委員会で伊沢と上山は、連日中島久万吉商工大臣に対し合同計画の見込みや各社の資産の査定が適正であるかどうか、三井や三菱など財閥系の会社も入る大会社への政府の監督権について追及した。とくに業績好調な官営製鉄所と不振の民業の合同を多大の費用を支出して政府が行うことは、民業救済であると批判した。結局この法案も二五日の本会議で可決されたが、伊沢は選挙と同様に民業へ政府が過剰な介入を行い、政治家が大企業と結びつくことに反対した。

十一月以降開かれた首相、内務、大蔵、陸軍、拓務による内政会議では、後藤と荒木が農村に対し予算措置をとる積極的救済実施を唱え、健全財政の立場から農村の自力更生を説く高橋蔵相、三土鉄相と対立した。農村に建軍の基礎を置く陸軍、とりわけ伝統的国体観を持つ皇道派にとって農村救済は重要で、荒木は農村予算の増額のために陸軍予算の減額にも応じた。

後藤農政は陸軍皇道派の協力を得て革新的政策を実現したが、それに譲歩したとみなされた荒木陸相は陸軍内から批判を浴び、翌年一月辞任した(佐々木隆「荒木陸相と五相会議」)。陸軍の派閥抗争が激化し、後藤や伊沢もまたその渦中に巻き込まれていくことになった。

斎藤内閣は政党政治刷新を目指し三四年三月、これまで何度も審議未了になった連座規定や選挙公営化を内容とする衆議院議員選挙法の改正案を議会に上程した。伊沢は特別委員に指名され、一七日より始まった貴族院特別委員会で連日発言した。

貴族院では研究会が政府提案の厳罰化を主張し大勢を占めたが、伊沢はこれに真っ向から反対した、自由競争であるべき選挙への国家の介入や規制は「憲政の逆転」「法律上の無理」であり、「日本国民の道徳観念の高揚」こそ必要であると主張した(「65貴族院議事速記録」一九三四年三月二〇日)。これに塚本清治や川崎卓吉らも同調し、政府委員としてこの法案の審議にあたった斎藤隆夫は、伊沢の質問に「政府窮地に落る」と書いている(『斎藤日記』一九三四年九月一九日)。

結局伊沢らの反対論も研究会の再修正案に押切られ、衆議院に回付された。しかし衆議院本会議でも承認されず両院協議会が開かれることになり、貴族院から再び伊沢のほか、黒田長和・馬場鍈一、衆議院から浜田国松・岡田忠彦・松田源治らによる小委員会で審議されることになった。委員会での論点は候補者以外の第三者による運動に対する統制で、衆議院政友会からは統制を強化する公営案が出された。これに対し伊沢は、第三者運動は「奨励コソスレ之ヲ制限スル」ことに反対した（「65両院協議会議事速記録」一九三四年三月二四日）。しかし結局法案は二五日、貴衆両院協議会で政府原案が成立した。

伊沢が反対し続けたこの法案は、選挙運動での言論表現の自由を大幅に制限し、「取締主義的選挙管理」の嚆矢といわれた（杣正夫論文）。選挙への官僚統制はこの後岡田内閣の後藤内務大臣のもと、選挙粛正委員会令（一九三五年五月）によってさらに強化される。伊沢は加藤高明内閣期以来総選挙のたびごとに選挙監視団を結成し、また選挙革正審議会などで活動してきたが、選挙に国家による制限や統制を行うべきではなく政党や有権者の政治道徳と自由競争を基本とすることを唱えてきた。選挙における倫理と自由を重視する伊沢の「理想選挙」の考えは、この後翼賛選挙で弾圧された尾崎行雄を擁護することでも貫かれる。斎藤内閣を成立させた伊沢であったが、非常時を背景に国家統制を強めようとする政府提出の主要法案にことごとく反対の論陣を張ったのである。

父と子どもたち

伊沢は妻とく（徳子）との間に龍作、紀の男子、高、常、いよ、みやの女子を得た。龍作は一九〇二年福井県官の時代に生まれ、早稲田大学政治経済科を卒業して住友本社に勤め、貴族院議員鹿子木小五郎の三女清子と結婚した。海軍軍人から哲学者となった鹿子木員信は小五郎の弟である。次男紀(ただす)は和歌山県知事時代の一九〇九年に生まれ、文化学院を卒業して東京朝日新聞に勤め、戦後はペンネーム飯沢匡として劇作家、演出家、小説家として活躍した(飯沢匡『権力と笑のはざ間で』)。

長女高については前述したが、岐阜県官時代の一八九八年に生まれ女子高等師範をへて住友本店の河井昇三郎と結婚した。次女常は一九〇四年に生まれたが五歳にして夭逝し、三女いよは一九一一年愛媛県知事時代に生まれ、羽仁吉一もと子夫妻によって創設された自由学園高等科を卒業後、長野県上伊那郡美和村出身の農林官僚黒河内透と結婚した。黒河内の父太門(旧姓北原)は高遠町山室村の出身で、長野師範学校を卒業後、北安曇郡視学などを歴任し地元の名望家であった。

伊沢は羽仁家とは家族ぐるみの付き合いがあった。同家の娘で著名な教育評論家となる羽仁説子は、軽井沢の伊沢の別荘のテニスコートによく遊びに行ったという。四女みやは一九一三年伊沢が浪人中の頃、西巣鴨宮下で生まれやはり自由学園を卒業後婦人之友社の記者となり京大医学部の藤浪得二と結婚した。

息子たちには雪の日も剣道の朝稽古をさせる厳格な父であったが、二人の娘に対しては

「新教育」の校風で知られた自由学園へ進学することに理解があった。また「わが子は、軍人と華族と金持ちの子とは結婚させまい」と言い、実際五人の子どもはみな堅実な結婚相手を選んだ（「父伊沢多喜男の想いで」）。とはいえ、みやは隠れて女性記者をしていたことがばれて、父の拳骨をもらったことを記している（「父の拳骨」）。

一九三四年七月下旬、伊沢は宮城県知事に栄転した半井清に祝詞を書き送った（半井清一九三四年七月二五日）。昭和恐慌と冷害によって疲弊していた東北農村の惨状は大きな社会問題となっており、東北六県の筆頭知事となった半井を激励したのだが用件は手紙の後段にあった。

「貴地には拙生の次男伊沢紀（ただす）なる者東京朝日新聞仙台支局員として勤務（昨年より）致居候。自然彼是御世話に相成り可申、又弱輩に付終始注視御監督被下度偏に願入候。御祝辞旁右申述度如此に候。早々頓首　七月二十五日　多喜男　半井賢台侍史」

紀は美術に興味を持った自分を軽蔑し圧迫した父を「嫌いであった」と書いている（「おやじ」(33)　伊沢多喜男」）。父への抵抗が反権力の劇作家飯沢匡の原点となったが、父が仙台支局に配属されたばかりの自分のことを、同地の知事に「終始注視御監督」と懇請していたことを知らなかっただろう。

紀が新聞社に入ったのは政治家になることを期待した父の希望で、入社をためらう紀を橋本清之助が勧めた。橋本は時事新報など記者をへて後藤農林大臣の秘書官となり国維会のメンバーでもあった。橋本は紀の入社後も、伊沢に紀の東京転任が中止になった事情、新しい配属先の写真誌「アサヒグラフ」での待遇や評価などについて上司と会見し善処を求めたことを逐一伝えている（橋本清之助一九三六年九月十一日）。この手紙で橋本は伊沢に「以上之事情御諒察被下暫らく御辛抱願度候」と結んでいるから、伊沢がたびたび橋本に息子の様子を問い合わせていたことがうかがわれる。紀は父のことを「一生一度も子どもや家族たちと食事をしたことがない」と酷評しているが、陰では子どものことを気にかけていたのである。

宇垣擁立運動と陸軍皇道派

伊沢は斎藤内閣の成立に尽力したが、救農問題、選挙法改正、製鉄会社合同問題などで政府批判を続けこの内閣に見切りをつけ始めた。代わって期待したのは、朝鮮総督に追われていた宇垣一成であった。一九三二年末の伊沢の「日記」の余白部分には「宇垣問題」と出てくる。

このころ高橋蔵相が政友会総裁鈴木喜三郎に辞任の意向を伝えて政権移譲を示唆し（「鈴木高橋の黙契」）、一九三三年一月には岡田海相が健康問題と現役定年満期によって辞職した。内閣は弱体化を露呈し政友会の政権工作が動いた。

これに対し民政党は次期政権での「準与党」を維持するため、政友会の単独内閣や中野正剛ら国民同盟が推す平沼内閣を阻止し宇垣朝鮮総督を首班に政党各派を結集する協力内閣、あるいは政民連立内閣という二段階の政権構想が浮上した。朝鮮にいた宇垣も次期政権への意欲を示していた（『宇垣日記』一九三三年一月二四日）。

伊沢は宇垣側近の松本学に接触した。松本の一月一七日の日記には「四、五日前伊沢氏より電話あり、会談したしとのこと故同氏を訪ふ。政局について意見あり。次の内閣は宇垣をして立たしむべしとの意見なり」とある。松本は伊沢の依頼を受けて、宇垣側近の今井田清徳政務総監を熱海の山下亀三郎の別荘に滞在中の伊沢のもとに差し向けた（『松本日記』）。今井田と伊沢の会見の内容は明らかでないが、二〇日今井田と話した松本は宇垣擁立工作の前途有望を感じ、二五日やはり岡山県出身の朝日新聞の美土路昌一や貴族院議員馬場鍈一と、さらに翌日には原田熊雄と会談して「大に宇垣説を主張」するなど積極的に活動を行った（同前）。伊沢は松本、今井田ら宇垣側の官僚連と宇垣擁立に動いた。

しかし結局宇垣は立たなかった。宇垣に近い南次郎陸軍大将は宇垣内閣実現のためには、政友会と民政党の「結合を第一とする強力内閣」であること、また「元老重臣方面の了解を得る有ゆる手段を取る」ことを主張した（宇垣一成宛南次郎二月一八日）。南は挙国一致した宇垣の擁立を望み、民政党を主体とする伊沢の構想とは相容れなかったのである。

西原亀三はその後も宇垣擁立を牧野伸顕や西園寺に説いて回ったが、西原は「伊沢氏との関係は何等当方よりの働掛けに基くものには無之」と書いている（宇垣一成宛西原亀三三月二八日）。宇垣支持グループは多様な人々からなり、伊沢は岡山系官僚人脈を介して擁立を持ちかけたが、南や西原らが冷淡であったことは失敗の一因となった。

宇垣が自重し五月斎藤首相による高橋と山本の留任工作が成功すると、斎藤内閣は当面の危機をまぬがれた。しかし翌月一〇日、伊沢は上京した前総督府政務総監の児玉秀雄と会見し宇垣引き出しを続けた（「日記」六月一六日）。

こうした伊沢の動きは、宇垣と対立する陸軍皇道派からは危険視されるものであった。このころ皇道派に位置していた陸軍省新聞班長の鈴木貞一は、伊沢が後藤農相を用いて「倒閣に進ましむべく策動しあり」、あるいは伊沢を中心とする「分子が荒木攻撃の一点に集中し来るべし」と記している（「鈴木日記」一九三三年十一月二三日、一九三四年一月一〇日）。皇道派は救農政策で陸軍が後藤農相に協力したにもかかわらず、後藤の背後で伊沢が荒木を攻撃し斎藤内閣倒閣を策動しているとみた。

さらにこの年末から翌一九三四年にかけて朝日新聞に連載された「一九三五、六年の対策を語る」と題する座談会で、伊沢が行った軍部批判は軍部をいっそう刺激した。座談会は朝日の下村宏副社長、緒方竹虎編集局長が司会を行い、三土忠造、町田忠治、井坂孝、芳沢謙吉、瀬下清ら各界の有力者と林桂陸軍中将、日比野正治海軍少将が出席して行われたが、とくに注目されたのは「赤化恐るべきか」との見出しがついた伊沢と林の論戦であった。

その中で伊沢は軍部が「忠君愛国の専売特許」とするのは、「甚だ迷惑」と批判し、またソ連と共産主義の脅威に対し、「思想を力でということは到底出来るものでない」と論駁した（『東朝』一九三四年一月九日）。伊沢は「今後軍部の人と忌憚なき意見の交換」をしたいと述べているが、結果的に林を「袋叩きにしたと陸軍の一角では解した」この座談会は、世上の物議をかもし朝日新聞や伊沢が陸軍からにらまれる原因の一つとなった。

斎藤後継問題

伊沢と上山は一九三四年一月二四日、斎藤首相を訪問して中島商工相の鉄鋼会社合同への関与を批判し、新聞に綱紀粛正の必要を声明した。さらに二人は堀切内閣書記官長に日本製鉄の営業開始延期を求め、上山は三〇日の貴族院本会議でこの問題を取り上げた。伊沢と上山の行動は、原田熊雄が「大人げない」と評するほど露骨な倒閣運動とみなされた

(『西園寺公と政局』Ⅲ一月三〇日口述)。政界の情報誌も「伊沢氏が黒幕で担いでいるのは宇垣だとは専らの定評」で、「宇垣の下に床次、若槻、久原」を配置する構想であると観測している(「静観の底に渦巻く政局展望」『正論パンフレット』)。

伊沢と上山が中島商工相を執拗に攻撃したのは、中島が政友会久原派と民政党の一部による政党大同団結の動きの中心人物であったからであった。この頃政党は軍が喧伝する国防危機説に反発し、軍部も前年十二月「軍民離間」声明を出して応酬するなど対立が激化していた。日本商工会議所会頭の郷誠之助や中島商工相らは経済界の意向を背景に政民連携運動を斡旋し、斎藤首相も新たな与党勢力の形成を期待してこの動きを支持していた。伊沢と上山は中島を追及することによって、政民提携による斎藤内閣の延命を阻止しようとしたのである。

その後、郷が主宰する番町会の汚職事件やこれに関連した帝人事件が告発された。さらに中島商工相の足利尊氏礼賛の記事が問題となり、二月中島は辞任に追い込まれ斎藤内閣は末期的な状況となった。

この頃伊沢は京都に隠棲する清浦奎吾や民政党の重鎮山本達雄の擁立も考えた。清浦案は床次と宇垣を両翼として組閣しその後時機を見て床次に譲るというもので、清浦も「承知」するまでになっていたという(「丸山筆記」)。伊沢は重臣方面に山本の奮起を「進言献策」して回ったが結局不首尾に終わった（山本達雄宛一九三四年七月十三日）。

政界の動揺をみて朝鮮の宇垣も政権へ意欲を示し、三月上旬上京した。当時宇垣の後継首班に動いた勢力として、民政党、政友会床次派と久原派、国民同盟とともに「伊沢一派の官僚系」が挙げられている（「中央政局ノ情勢ニ関スル件」）。伊沢は依然として宇垣擁立派と目されていた。伊沢は以上のように、清浦、山本、宇垣ら民政党に近い有力者の擁立運動に次々と関わった。なりふり構わない伊沢の運動は、当時鈴木政友会総裁や枢密院の保守派や海軍強硬派も支持した平沼枢密院副議長が有力候補に挙げられていたためであった。伊沢は司法閥による内閣出現を全力で阻止しようとしたのである。

第八章　新官僚と伊沢閥

岡田内閣と新官僚の進出

元老西園寺や牧野内大臣、湯浅宮内大臣ら宮中側近の間では岡田啓介海軍大将が後継首相の最有力候補となっていた。海軍軍縮条約の改訂に備え浜口内閣で批准に手腕を発揮した岡田を天皇も支持した。帝人事件の追及が本格化し一九三四年七月三日斎藤内閣が総辞職すると、翌日牧野は西園寺とともに一木枢密院議長や清浦、高橋、若槻ら首相礼遇者に加え辞表提出後の斎藤も召集して重臣会議を開催した。重臣会議による後継首班奏薦は、老齢の西園寺が今後のために残した新たな方式で、平沼の策動を警戒したものでもあった。重臣会議では西園寺や斎藤が岡田を推し即日裁可された。

平沼内閣を阻止し民政党系内閣を期待した伊沢は、岡田の組閣にも関与した。宛先は不明だが、この時伊沢が発した書簡の控えには次のようにある。

「岡田内閣成立前御多端中度々参堂、又電話等にて彼是差出がましき進言等致し恐縮に存候得共、只管君国を思ふの至誠と御寛恕被下度候。三五、六年の国際的危機と軍部、特に海軍部内之空気等を考察すれば岡田君に大命の降下せるは適当のことに有之、今更彼是私議すべきにあらざるは勿論に候。組閣に当り内政方面に関しては後藤君を中心として是を進めたるは最も適当と存候。」(『伊沢多喜男関係文書』発翰不明2)

岡田の組閣について伊沢が「電話等にて彼是差出がましき進言」をした相手は、伊沢と気脈を通じてきた一木か若槻と思われる。伊沢は腹心の後藤を組閣の中心に据えることを進言し成功した。

岡田は政民両党に協力を要請し、民政党からは町田忠治が商工相、松田源治が文相になったが鈴木政友会総裁は非協力を宣言し、反主流派の床次竹二郎、内田信也、山崎達之輔が脱党して入閣した。前内閣の農林相後藤は伊沢の説得で内相に回り、拓務事務次官の河田烈が内閣書記官長となり、二人が組閣の中心になった。後藤と河田に加え、蔵相に抜擢された藤井真信ら新官僚がこの内閣で進出した。早速伊沢は河田に、近日中の岡田首相との面会について後藤と協議のうえ日程を通知するよう依頼した〔河田烈宛一九三四年七月十一日〕。伊沢は彼らを通じて岡田内閣への影響力を保持しようとした。

宇垣内閣の当てが外れた南は、岡田内閣の「産婆は斎藤、取り上は伊沢之差金に由る後藤之活動、之の支持は国維会員たる広田、荒木、吉田〔茂・内務官僚〕、田沢〔義鋪〕などなり」と記した（宇垣一成宛南次郎書簡七月八日）。後藤、河田や藤井といった新官僚が連なったこの内閣の成立は、伊沢の存在を大きく印象づけた。

陸軍皇道派の鈴木貞一は、後藤の内相入閣を「微温的の態度あるなり。今や新人たるを得ず」と批判し、またこの内閣を「民政官僚と民政党の内閣なり」とみた。前内閣で期待した後藤への失望を隠さず、後藤、伊沢による民政党の内閣の出現に、皇道派は「新なる同志を作らざるべからず」との考えを示した（「鈴木日記」七月六日、七月八日）。伊沢らを敵対勢力とみなしたのである。

一方陸軍統制派の総帥永田鉄山軍務局長は、七月二三日新旧の警保局長松本学と唐沢俊樹を招いて懇談した（『松本日記』七月二三日）。こうした接近をみて荒木のあと皇道派を率いる真崎甚三郎は、この内閣で永田や東条英機らが「確かに新官僚に関係あり、従て現内閣成立に関係せり」、彼らは自派に有利な「少壮内閣を画策」しているとみなした（『真崎日記』七月二五日、八月一四日）。皇道派と統制派の対立が激化するなか、皇道派は新官僚を統制派に与する存在として敵視するようになった（佐々木隆「陸軍『革新派』の展開」）。新官僚が陸軍派閥対立の一方と結びついたことは、国維会の指導者安岡正篤にとって不本意であった。同年末、安岡が国維会を解散したのはそうした誤解をさけるためであった。

陸軍士官学校事件

一九三四年十一月二〇日早朝、歩兵第二六連隊大隊副官の村中孝次、野砲兵第一連隊の磯部浅一、陸軍士官学校区隊長片岡太郎らが憲兵隊によって検挙された。士官学校生徒隊中隊長辻政信が情報を探知し、事前に摘発されたいわゆる陸軍士官学校事件（十一月二〇日事件）である。関与した青年将校たちは後に二・二六事件に加わり、軍による国家改造運動の原点と呼ばれた事件であった（筒井清忠『陸軍士官学校事件』）。

　翌一九三五年に開かれた軍法会議で、軍隊や戦車を出動させ目標人物を殺害し戒厳令を布いて軍政府を樹立する計画が明らかになった。第一次攻撃対象は、臨時議会中の岡田首相、西園寺、斎藤、鈴木、湯浅らで、第二次行動に幣原、若槻、財部、高橋、清浦、そして伊沢も対象であった（『現代史資料23　国家主義運動３』）。「伊沢文書」にある「昭和九年十一月廿七日　青年将校ノ非常手段暴」（タイプ印刷、三枚）では、決行日が十一月二五日、第一目標が斎藤、岡田、牧野内大臣、鈴木政友会総裁、西園寺、後藤内相、第二目標が一木枢密院議長、湯浅、清浦、伊沢、幣原となっていて若干違うが、伊沢が第二目標であったことは共通している。

　九月一七日の軍法会議で被告の磯部浅一は、後藤内相、唐沢警保局長、伊沢らは「永田との関係は非常な密接」とし、彼らが「軍部及民間に於ける維新運動の阻止に狂奔」しているると述べている。村中も伊沢が永田、木戸、原田、後藤、唐沢らとともに築地、赤坂などの待合に集合し「種々なる政治策動」を行って「軍内の事情を重臣方面に漏らし」、さらには「自己の地位を固め」ようとしたと述べている。他の証人尋問でも、永田は軍部外の伊沢や唐沢など「新官僚と結託して官僚政治の出現を企図」したと告発されている（『検察秘録二・二六事件Ⅳ　匂坂資料八』)。伊沢は統制派永田と結託して「維新運動の阻止に狂奔」した新官僚一味とされたのである。

しかし永田は長野県上諏訪の出身であるが伊沢と世代も畑も違い、伊沢も「永田氏とは面識があるが、一度も会って話したことはない」と述べている。また永田は木戸が主催する朝飯会には「ただ一回出られただけ」と言い、彼らが密接に連絡を取り合っていたかどうかは不明である(『秘録永田鉄山』)。この事件は証拠不十分で全員が不起訴処分になった。事件は統制派が皇道派を陥れるために作り上げた「砂上楼閣」説もある(高橋正衛『二・二六事件』)。そうであればこれらの証言の信憑性も定かでないが、陸軍の両派のなかで伊沢が統制派に結びつく存在と目され、内閣に影響を与える重要人物と目されていたことは確かである。

不起訴になった村中、磯部らは同七月「粛軍に関する意見書」を頒布して統制派を批判し、皇道派の真崎教育総監の更迭が行われ、八月憤激した相沢三郎中佐によって永田軍務局長刺殺事件が起こる。この事件の直後、伊沢は軍人会館であった会合で前に座った某大将から、「伊沢君、注意しないと君も危険だぜ」と言われたという(「政局を語る」)。伊沢はここでも永田とは面識が無いと否定したが、両者の関係は軍部内では広く疑われていたのである。刺殺事件にまで発展する皇道派の永田に対する憎悪は、永田が統制派のリーダーであっただけでなく、伊沢や新官僚勢力という陸軍外部の勢力と結託しているとみられたからであった。伊沢や新官僚の動きは、陸軍派閥争いをいっそう激化させたのである。

伊沢の頌徳碑

一九三三年五月、伊沢は故郷高遠に帰り、地元の青年会長植田留男ほか役員と座談会を行った。これを機に青年役員と広瀬常雄高遠町長とが主催して寄附金を集め、伊沢の頌徳碑を建立しようという運動が始まった。趣意書は次のようであった。

> 山高く水清き我郷人の理想は、其徳操の嵩高清冽なるにあり。伊沢多喜男先生は我郷土の生みたる偉人なり。先生が権勢を恐れず、金力に屈せず、正義に即して我国政の実際を指導し、陰然として根本政界に偉力を有せらるゝは、真に我郷の誇りならずや。しかも郷土を愛する深く、郷人の為に計る先生の如きはなし。
> 此の嵩清なる人格を久遠に紀念する為め、茲に諸賢の赤誠により先生頌徳之碑を建て、以て後進を激励せんとす。幸いに御賛同あらん事を。
>
> （「龍水伊沢先生頌徳碑建設趣意書」）

九月県に届けがなされ、高遠外六ヶ村を募集区域として一、九〇〇円の予算で仙台石の高さ一三尺（約四メートル）の巨大な碑を、「伊沢多喜男氏出生の地」の上伊那郡高遠町大字東高遠字大屋敷に建てようというものであった。出生の地は本書冒頭に記したように移住した西高遠相生村であることは伊沢自らが後に語っているところだが、翌三四年九月までに一、一〇〇円が集まり、さらに残部も集金中で一〇月下旬には除幕式を行う予定となった。

伊沢は当初からこの動きを同郷の後輩木下信などを通じて止めさせようとしたが、いよいよ除幕式を行う運びになったことを地元紙の報道で聞いてついに怒りを爆発させた。

「此事に付ては小生には固より何等の交渉無之、従って直接に反対意見を述ぶる機会は無之候得共、発起人の中心人物たる高遠町長の如きは小生が迷惑と感じ居ること、又主義として反対なることは承知し居る筈なるに不拘、之に対し殆んど顧みる処なく着々進行し来る心事は如何にも不可解に候。しかし同人等に悪意なきは勿論に候間、「伊沢先生は口では迷惑相に云ふが、頌徳碑を建てられて悪い気持のする筈はない」位に考へ居るものと存候。果して然らば其好意は難有く思ふも、余りに田舎者風の考へ方にて迷惑無此上次第に候。」（小坂武雄宛一九三四年九月一三日別紙2）

伊沢の考えは、「人生棺を蓋うて定まる。生前に頌徳碑を建つるが如き原則特に不可なり。況んや予の如き何等頌せらるべき徳なきは勿論、今後如何なる失錯を仕出来して、世上の批難攻撃を受くるやも計るべからざる者なるに於てをやに候」というものであった。伊沢はつねづね「頌徳碑とか銅像とか云ふものを見て、往々苦々敷感」を持っていたから、今回の地元の計画は迷惑このうえないものであった（同前）。

しかし地元では碑石は竣工し、寄付金も八割五分入金ずみなので「誕生碑」と名を改め十一月一日に除幕式を行うことを予定したが、これも伊沢の強硬な反対に遭って見送られた（『信濃毎日新聞』一九三四年一〇月二日）。それでも地元の有志はあきらめず伊沢の承諾を得ないままその後の一九三九年六月、場所を変えて高遠城址二ノ丸跡に碑文が

図 11　無字の碑　高遠城址公園

無い碑を建てた。これが現在に残る「無字の碑」と呼ばれるものである（森戸吾良「伊沢翁の無字の碑」）。伊沢も頑固だが、地元の伊沢信奉者たちもそれに負けないエピソードである。

関東庁軍警統一問題

満州事変後、陸軍は満州国への介入を強め、武藤信義大将が関東軍司令官、満州国特命全権大使、関東庁長官を兼任する「三位一体」改革を行い、一九三四年には全権大使を関東軍司令官に統合し、関東庁や拓務省所管の業務を縮小して対満行政を内閣直属機関に集中させることを要求した（清水秀子「対満機構の変遷」）。

こうした陸軍の動きに対し、伊沢は大場鑑次郎初代関東州庁長官や長岡隆一郎関東局初代総長、長岡の後任大野緑一郎など、伊沢に近い内務官僚を通じて情報を入手し対策を講じた。

九月、林銑十郎陸相は岡田首相に外務、陸軍、拓務の三省大臣で満鉄への監督権限の調整を協議することを要求した。満鉄や関東州を所管する拓務省に政党の影響が入っていることを警戒し、大臣レベルで政治決着しようとしたのである。しかしこれに対し政府と拓務省は河田内閣書記官長を通じて橋本虎之助陸軍次官に、まず三省事務レベルでの折衝を申し入れた（生駒高常一九三四年九月四日）。争点となったのは関東庁を廃止し、満州警察を関東軍憲兵司令官のもとに統合しようとする軍警統一問題であった。

関東州庁長官の大場は、急遽上京して伊沢と面会した。大場は生駒拓務省管理局長に連絡をとり、太田政弘元関東長官当時民政党総務、次田大三郎元内務次官、橋本清之助内務大臣秘書官ら伊沢系の「諸先輩」に助力を得ようと奔走した（同前九月八日）。「伊沢文書」には、関東庁巡査大会の声明書、関東庁警務課が拓務省に宛て関東軍との交渉や運動情勢を知らせる電報、在満機構改革案に関する「関東庁職員ノ動揺調査」などがある。「極秘」と題されたこれら拓務省資料は大場や生駒によって伊沢にもたらされたもので、伊沢の意見は満州の警察官を挙げて陸軍への権限移譲に反対せよとするものであった。

伊沢の行動に批判的であった原田熊雄は、「満洲機構の問題について拓務省の案を伊沢氏等がしきりに支持し、生駒局長等が政務次官をしきりに煽ている」と記している。原田は伊沢を訪問して、「陸軍や外務省の方からももう少しよくきかれて、偏した見方をされないやうに」と釘を刺し、さらに柳井恒夫外務省東亜三課長を遣わして陸軍との折衝を聴取することを勧めた（『西園寺公と政局』Ⅳ一〇月一九日口述）。

しかし伊沢は陸軍との妥協を拒否した。関東庁でも陸軍の強硬案に対し、警務局長など三局長が辞表を提出し、関東庁職員一万五〇〇〇人が総辞職を決議し、さらに拓務政務次官、参与官、満州警察官五〇〇〇人も辞職を決議して反対する全面対決の事態となった。関東庁における軍警統一問題は、一〇月以降も拓務省・関東庁と陸軍省・関東軍との間で激しく対立したが、十二月対満事務局官制が公布されて決着した。初代対満事務局総裁には陸軍大臣の林が就任し、関東庁は廃止、関東局は対満事務局の管理下に置かれることとなった。満州統治をめぐる三省の対立は、陸軍の全面的勝利、拓務省・関東庁そして伊沢側の敗北に終わり軍部の大陸進出は顕著となった。

天皇機関説問題

岡田内閣は重要国策の基本方針策定のため審議会を重用した。その一つが文政審議会である。文政審議会は一九二四年に朝野の有力者を集めて設置された教育国策に関する最高諮問機関で、小学校令改正に始まり中等師範教育制度、大学令改正などについて答申を行ってきた（阿部彰『文政審議会の研究』）。伊沢は一九三一年五月に委員に就任していたが、これまで目立った活動はなかった。

一九三五年一月、文部省と陸軍省より審議会に諮問された「青年学校制度制定ニ関スル件」は、義務教育後の青年の社会教育として従来の実業補習学校と青年訓練所を統合し青年学校を設置するものであった。伊沢は一四日の総会でこれが軍部主導であることを批判し、青年学校が「軍隊教練のみやる」ことになると懸念を示した（『資料　文政審議会』）。伊沢は地方官時代から倫理や道徳を重視した教育に力を注いで来たので、青年への軍事教練には反対であった。しかし伊沢の意見は少数で結局四月青年学校令（勅令第四一号）が公布施行された。

二月一八日第六七貴族院本会議で、菊池武夫議員は美濃部達吉の憲法論を天皇を機関として国体に反するものとする演説を行った。いわゆる天皇機関説問題である。美濃部は激しい右翼の非難にもさらされたが、二五日弁明に立った議場で、自説を詳細に説明するとともに、「片言隻句を捉えて反逆者とは何事」と反論した。美濃部の演説が終わった議場の「深閑とした空気を突然破るように」、伊沢と小野塚喜平次が拍手を送った（『伝記』）。この時の議事録最後に「拍手」と記録されているのがそれである（「67貴族院議事速記録」一九三五年二月二六日）拍手したのはほかに織田万、田中館愛橘ら学者たちであった。作家の野上弥生子は「その時手を叩いたのは七人であった」、それらの人々のところへ「なぐり込みが行くとかのデマがあって、それぞれ警戒の巡査が発せられた」と、北軽井沢の別荘に来訪した美濃部から直接聞いたことを記している（『野上日記』一九三五年三月九日）。

しかし岡田首相は天皇機関説反対を言明し、議会も国体明徴を満場一致で決議した。国民の中からも在郷軍人会や右翼が天皇機関説排撃の運動を展開し、美濃部は議員辞職に追い込まれた（美濃部亮吉『苦悶するデモクラシー』）。伊沢は一九二二年の過激社会主義法案でも議会で少数意見を支持したが、天皇機関説問題でも同じ姿勢を示した。大勢に反発し少数派を擁護する姿勢は、この後の国家総動員法審議の際にも示される。伊沢は戦時色と国粋主義を強める国民世論と帝国議会のなかで少数派を貫こうとした。

内閣審議会

同年五月、岡田内閣は内閣審議会と内閣調査局を設置した。内閣審議会は大物を配して内閣を補強し、大臣を補充するためプールとしての役割が期待され、会長には岡田首相、副会長は高橋蔵相がなった。

委員就任を求められた若槻は、枢密院を新設するようなもので立憲政治に反すると拒み、伊沢は「総理の相談相手といふことなら三人か四人位で十分」で「どうせ次の内閣では廃止される」と述べていた（『東朝』一九三五年四月三〇日）。結局、政財界の有力者十一人とともに委員となったが、伊沢はこの会議に期待をしなかった。内閣審議会の当初の課題は国民経済振興で、地方交付金制度や税制整理が諮問され伊沢がこれらに発言した形跡はない。

十一月五日内閣審議会総会は斎藤実を委員長として水野、伊沢などを文教特別委員に指名した。伊沢は初会合で松田文相に対し「今日の教育は頭脳教育に偏し精神訓練、人格陶冶を閑却している嫌ひがある」と述べ、これを審議するよう方針の変更を要求した。以後、文教刷新委員会は「学校教育の偏重」是正を中心に、年末まで社会教化、学術振興などを審議した（御厨貴「国策総合機関設置問題の史的展開」）。

伊沢は平常研究していた『ガンヂー翁の教育論』というパンフレットをこの委員会で配付して回った。アマハト・ガンジーはこの頃「新しい基礎教育」を提唱し、知識教育の偏重と労働蔑視を問題として「肉体労働を通した教育」の必要を説いた（『ガンジーの教育論』）。かつて和歌山県知事時代、伊沢は同地の耐久舎校長宝山良雄の「自学教育」を「汗の中から体得した知行合一」と評価し支援した（『栽松宝山良雄先生』）。伊沢の教育論はこうした理念と現実の融合を重視するもので、最新のガンジー教育論に共鳴し文教刷新委員会で学校教育の偏重是正を主張したのである。

内閣審議会は事務局として同時に発足した内閣調査局と比べ、斎藤が内大臣に就任したこともあってみるべき成果もなく翌年明けには休会状態となり、二・二六事件後の混乱のなかで廃止された。四月藤沼内閣書記官長が了解のため各委員を回ったとき、伊沢はすでに辞表を出していた。伊沢が見越した「どうせ次の内閣では廃止される」という予想通りの結果であった。

ガンジー自叙伝

ところで伊沢のガンジーへの傾倒は、このころ「頑爺」の雅号を愛用するほどであった。ガンジーは昭和初年以来その思想が日本に紹介されつつあったが、その先駆的業績は高田雄種による『ガンジー全集』（春秋社、一九二七～一九三〇年）の翻訳刊行であった。ガンジーほかインド神話のラーマーヤナ、詩人タゴールなどインド哲学の碩学として数多くの翻訳書がある高田の経歴は不明な点が多いが、高田は「伊沢さんをお訪ねして」という回想で、「私は大学時代君と机を並べたことはあるが、しかし、学校でも社会でも所謂落伍者、多年御心配をかけて居る」と記している。その後高田はモンゴルへの文化工作を目的とした善隣協会（後に日蒙協会）の理事となり、「伊沢文書」にはその頃高田が書いた「南支視察報告」（一九一九年四月）がある。伊沢は苦学の友人高田を何かと世話をし、高田も伊沢に情報提供する関係にあったようである。

伊沢のガンジー理解は、権威高田に「既に『行の哲学』を体得して居た」といわせるほどで、伊沢は高田によるガンジー自叙伝の本邦初訳『真理探求者の手記』（春秋社、一九三〇年）出版の支援も行った。伊沢は次のように回顧している。

「高田君がその翻訳を岩波書店から出し度いとて余にその斡旋方を求めて来たので、岩

図12　頑爺帳：伊沢邸訪問者のサイン帳

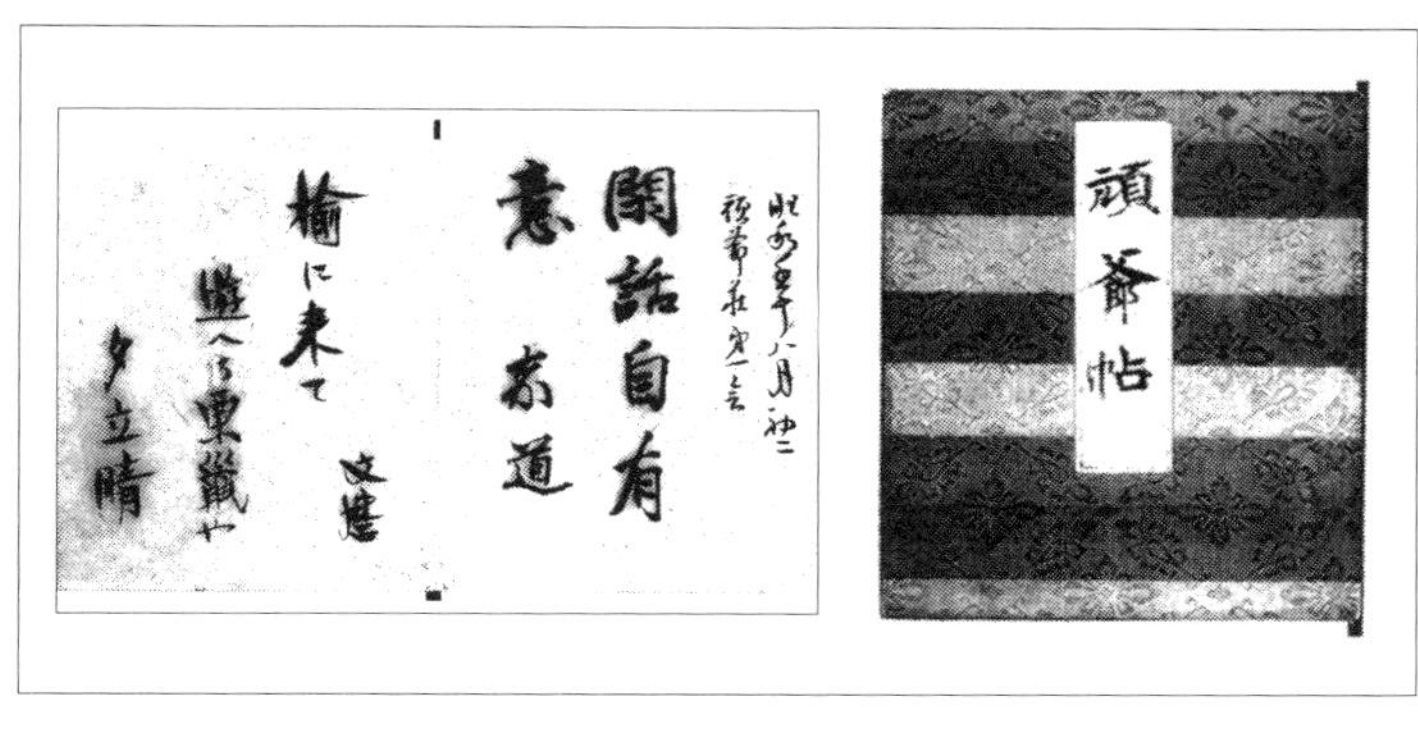

波君に取次いだ。暫くして岩波君が来ていふには、その方の専門家に色々検討してみたが「あの翻訳は岩波から出すには適さぬ」といふことであったからお拒りするといふことであったが、岩波君は高田君の篤学にして赤貧洗ふが如き境遇に痛く同情して、当時の金で一千円を贈られた。高田君も感泣していたが、余も出版者としての良心には飽まで厳格で人情には篤い岩波君の態度には全く敬服した次第であった。」（「岩波君を憶ふ」）

こうして刊行された『真理探求者の手記』の口絵には、翻訳を許諾したガンジー自筆の書簡の写真がお墨付きとして掲載されている。

ところが後に木暮義雄訳『ガンヂー自叙伝』（羽田書店、一九四二年）が羽田武嗣郎（長野県出身代議士）から伊沢のもとに贈られ、これを一読した伊沢は激怒した。同書にもガンジーの写真と筆跡が掲げられ、木暮の序文にはこれが岩波茂雄より提供を受けたことが書いてあるが、伊沢が骨を折って出された高田の前著の存在に全く触れられていなかったからである。伊沢は次のように岩波に書き送った。

「然るに木暮輩は其序文に於て一言半句も是に触れず、知りて此くせるならば余りに不徳義なり、知らずとせば余りに無学無智にして自叙伝翻訳の如き其資格なきものにあらずや。老生は新聞広告を見たる時より一種不快を感じ居りたるも、本書に賢台の名を援用したるを見て益々不快を感じ一書を呈する次第に候」（岩波茂雄宛一九四二年八月二〇日）。

伊沢は親しい岩波にも辛辣な「不快」を伝えるほどガンジーへのこだわりは強烈であった。非暴力不服従運動で知られたガンジーは、伊沢が最も尊敬するアジアの指導者であり伊沢が理想とする政治家であった。

二・二六事件

一九三六年一月、政府は政友会の不信任案提出をうけて衆議院を解散し、二月二〇日第一九回衆議院議員総選挙が行われることになった。民政党は選挙戦で「ファッショ排撃と憲法政治の確立」を掲げ、政友会は政府の国体明徴の不徹底さと官僚政治の弊を突いて攻撃した。

この選挙にあたり、伊沢は後藤内相に尾崎行雄を「粛正之陣頭」に立てることを推薦した（後藤文夫宛十二月二八日）。この案を伊沢に進言したのは、尾崎の長年の盟友田川大吉郎であった。この総選挙は前年の府県会議員選挙に続いて政界浄化と国民の投票を呼びかける「粛正選挙」の第二段であり、伊沢は国民の声望高い尾崎によって理想選挙推進を期待した。

伊沢は内務省地方局長の岡田周造に選挙の動静を調査させていた。選挙後岡田は「目下各種統計等取纏め中に有之候得共、一応之もの別紙之通り出来候に就ては、一参考迄に御送申上候」と資料を送付している（岡田周造一九三六年三月一〇日）。伊沢は毎選挙に内務省幹部にこうした情報提供を求めていたと思われる。選挙の結果は民政党が二〇五名で第一党となり、政友会は総裁の鈴木が落選するなど大きく議席を減らし、無産政党も社会大衆党が一八名を獲得し躍進した。民政党と岡田内閣を支持した伊沢も満足であった。

しかし一ヶ月後、二・二六事件が起きた。その日の伊沢の手帳には「二月二十六日　午前五時叛徒首相、内府、蔵相、侍従長、牧野前内府等を襲ふ。朝六時半署長来り告ぐ。後藤内相、一木枢相、川崎文相と通話」とある。伊沢は直ちに川崎卓吉文相に電話して参内を促し、いち早く駆けつけた川崎は首相不在の内閣で事態収拾の中心になった。

伊沢邸には後藤内相の命令で巡査二〇数名が護衛に来た。娘のみやはこの時の様子を次のように記している。

「署長と話した父は、身仕舞いをして、母と私に署長がここへも軍隊が来るかもしれないからすぐ立ち退いてくれという。私は軍人ではないから戦うことはしない。ここにいれば、防戦する警官が傷つくだけだから、私は出てゆく。警固するというが断り一人で出てゆく。もし軍隊が来たら主人は居ないといってお隣へ避難しなさい」といい縁側の高さまで積もっている庭の雪の中を長靴をはいて、庭木戸から姿を消した〔中略〕父は伊勢家の貸家の門から単身家を出て行きましたが、その晩は中野の色川三男家に泊まり、その晩に又、こっそり伊勢家の貸家から庭づたいに家へ帰ってきました。「帰ったことは誰にもいうな。殊に警備の巡査には絶対いうな」といいます。この乱が成功したら、警官も味方ではないということでした。それからの父は電話のかけどうしでした」(「父伊沢多喜男の想い出」)。

伊沢が姿を隠しに行った中野の色川三男は妻とくの兄で、隣の伊勢家とは同郷の実業家伊勢堅八郎宅である。伊勢は明治初年に高遠から一緒に上京し修二宅で同居した幼なじみであった。

この日早暁、安藤輝三、野中四郎、磯部浅一、村中孝次ら皇道派の青年将校が指揮した近衛歩兵第一、第三連隊、野戦重砲兵第七連隊など約一四〇〇名の兵士は、首相官邸、警視庁、内務大臣官邸、陸軍省、参謀本部、陸軍大臣官邸、東京朝日新聞社、湯河原の牧野伸顕別邸などを襲撃し、岡田首相は危うく難を逃れたが、斎藤内大臣、高橋大蔵大臣、渡辺錠太郎陸軍教育総監は即死、鈴木貫太郎侍従長は重傷を負った。東京憲兵隊の「二二六事件ニ関スル件報告（第四報）」では「岡田首相は歩一の林少尉に銃殺」という情報（のち誤報と判明）とともに、「三井高公、木戸幸一、原田熊雄、伊沢多喜男、近衛文麿、吉田茂等の私邸は目下異常なし」と報告されている。伊沢も警備の対象であった（『検察秘録二・二六事件Ⅰ　匂坂資料五』）。

事件の背後にあった北一輝や西田税ら民間右翼の指導者は、翌年軍法会議にかけられ銃殺刑となった。北は法廷で事件の数日前に西田、村中に対し青年将校らが決定した首相以下の攻撃目標のうち「未だ決定せざる一木喜徳郎、後藤文夫、伊沢多喜男、池田成彬、三井、三菱の当主等の襲撃は中止」し、「殺害は最小限に止める方針にて進むべし」と供述している（『検察秘録二・二六事件Ⅲ　匂坂資料七』）。陸軍士官学校事件と同様、伊沢は第二の襲撃目標になったが、北の指示により直前になって外されたのである。

仙台の朝日新聞支局にいた息子の飯沢匡は、その朝支局長に「君のおやじさん殺されたぜ」と言われたというから、伊沢が「君側の奸」として軍部右翼に睨まれていたことは世に流布していたようである（「官僚政治の幕間話」）。

翌日朝、自宅に帰った伊沢は午後若槻礼次郎（本郷区富士前町）、次いで川崎卓吉（小石川区駕籠町）を訪い、自動車で郊外北多摩郡砧村の内田孝蔵別宅に向かった。伊沢はこの間一木枢密院議長、湯浅宮相とも連絡を取った。湯浅は殺害された斎藤に代わり一木を内大臣職務代行にし、後藤内相を通じて閣僚の参内を指示するなど宮中と内閣の立て直しを図り、伊沢は川崎、後藤を通じて湯浅を援助した（茶谷誠一『昭和戦前期の宮中勢力と政治』）。

臨時首相代理となった後藤や川崎文相は、後継内閣の早期樹立を考えた。しかし天皇の強い意志で叛乱軍の鎮圧が優先され、翌二七日帝都に戒厳令が布かれた。二八日午後、伊沢は赤坂の内田孝蔵本邸に入り、その「夜八時半近衛公の避難所を訪ひ十時半内田邸に帰り、同夜一泊」した。近衛の避難所とは目白の別邸のことで、近衛は荻外荘に移るまでここを本宅として使用していた（『近衛日記』）。

まだ叛乱軍兵士が市内各所を占拠するなか、伊沢は夜半危険を冒して赤坂と目白の間を往復した。その目的は首相候補に挙げられていた近衛に、受諾を辞退するよう説くためであった。伊沢はその夜、近衛に「後継内閣を引受けてはならぬ。徒らに軍部の傀儡となるに過ぎない」と切言した（「丸山筆記」）。近衛の性格では、軍部を抑え切ることはできないと考えたのである。

天皇の断固たる意思に遭い、二九日から叛乱軍は投降し始めた。三月一日、伊沢は朝から河井弥八、永井柳太郎、午後には川崎卓吉を訪問して「閣議の実況」を聞き、内閣再建、後継首班へ活動を開始した（「手帳」）。しかし陸軍はすぐに圧力をかけた。二日、木戸のもとに陸軍省軍務局の鈴木貞一が来訪し、内閣の統一のため閣僚を減らし努めて兼任とすることを要求し、翌日も岡部長織宮内省式部次長が木戸に、陸軍の意向は近衛、平沼あるいは山本権兵衛の甥で軍事参議官の山本英輔にあると伝えた（『木戸日記』）。山本はロンドン軍縮条約批准問題では海軍艦隊派に与し、陸軍皇道派とも近い存在であった。

混迷する政局のなかで元老西園寺が奏請したのは長年嘱望していた近衛であった。四日近衛に大命が降下したが、近衛は健康を理由に受諾を拒否した。西園寺は近衛を「勘当」するとまで持ち出して組閣を引き受けるよう説得したが、近衛はかたくなに辞退した。「元老との思想の不一致」「軍の派閥の処置に自信がなかった」からというが（矢部貞治『近衛文麿』）、二八日夜の二時間にわたる伊沢の切言も近衛の脳裏にあっただろう。

広田内閣の成立

振り出しに戻った候補者選考は一木枢密院議長が広田外相を挙げ、木戸、西園寺の承認を得た。近衛は広田のもとに牧野の女婿吉田茂を遣わして説得させ、五日広田に大命が下った。

伊沢は「広田が首相になったのは拾い物だった」と述べている。近衛が辞退した時、西園寺や牧野の念頭に広田はなく、一木が「時局柄、外交第一でなければならぬ」と発言したのが決め手となった（「丸山筆記」）。日本が国際的に無条約となる一九三五、六年の危機が迫るなか、広田に外交面での手腕が期待された（服部龍二『広田弘毅』）。

組閣は吉田と川崎を参謀にして進められたが、寺内寿一陸相、永野修身海相はすぐに干渉した。広田が政友会と民政党から閣僚各二名を約束したのに対し、寺内は各一名とすることを要求し、吉田の外相、川崎の内相起用、小原直法相の留任、東京朝日新聞副社長の下村宏の入閣などに次々と反対し、さらに国策樹立に関する要望を出して陸海軍の軍備増強を求めた。

伊沢は川崎や後藤に連日電話して「政党無視に抗議」させ、政局に対する意見を進言した。しかしその一方で寺内が留任を拒絶した場合「組閣困難となるべし」と、陸軍の抵抗で組閣不能になることを恐れた（「日記」五日、六日）。九日に成立した内閣は、外相は広田が兼摂（四月に有田八郎が就任）、内相には潮恵之輔が文相と兼摂（後、平生釟三郎）、川崎は商工相となった。ほかに馬場鍈一蔵相、頼母木桂吉逓相、永田秀次郎拓相、林頼三郎法相となり、ほぼ軍部の要求を容れて発足した。伊沢は組閣に関与したが、川崎の内相就任を阻止され軍部の圧力にはね返された形となった。

広田内閣は、国防の充実、教育の刷新改善などの七大国策一四項目を発表した。近衛貴族院議長はこうした革新機運に乗ってかねて持論であった貴族院改革に着手することを主張し、自らの火曜会を中心に調査会設置を院内各派に呼びかけた。その内容は公侯爵議員の世襲廃止、互選議員の定数改正、貴族院機構改革など時代に対応させるとともに政党色の排除を目指す大改革であった（『東朝』一九三五年三月三〇日）。伊沢はこれに呼応し、同成会を率いて公友倶楽部の南弘とともに政府を督励した。軍部が政界中枢に進出するなか、伊沢は近衛とともに貴族院を拠点にこれに対抗しようとした。

内務省の粛正と川崎卓吉

事件後、陸軍では真崎甚三郎、林銑十郎、本庄繁ら七人の大将が予備役編入になったほか一八〇〇人の異動が行われた。この一連の粛軍で軍部の国家革新運動は下火になったが、下克上の機運は内務省に波及した。

三月一日、叛乱軍が撤退したあとの内務省に警保局、社会局の事務官の一団が登庁し、後藤内相に「次期政権の担当者は強力清新にして非常時打開の改革断行力ある人」を求める建白書を提出した。この内務省少壮官吏の「革新運動」は、次官、戒厳司令官、元老西園寺のもとにも伝わり、内務大臣官房は四日談話を発表して沈静化を図った（大島京一「二・二六事件と新々官僚」）。彼らの要求は「政党大幹部K氏」すなわち川崎卓吉の内相起用に反対するもので、後藤内相から相談を受けた社会局の狭間茂は、動きの中心にいた職業課長近藤壌太郎を呼んで運動を止めるよう勧告した（『内務省外史 続』）。

警保局では前年七月、大臣官房文書課や内閣調査局との連絡を強化する目的で調査室が設置され、ここに菅太郎主任事務官（のち企画院調査官）、緋田工（警保局保安課嘱託）ら局内で最も急進的なグループが集まっていた。緋田は安岡正篤の門下で、新官僚の理論家として知られていた。川崎の内相就任を阻止したのは軍部だけでなく、こうした内務省内の社会局、警保局に属する少壮官僚たちでもあった（伊藤隆「旧左翼人の「新体制運動」」）。

代わって内相に就任したのは伊沢が斎藤内閣で次官に推した潮恵之輔で、一三日省内の混乱を押さえるため次官に湯沢三千男、警保局長萱場軍蔵、衛生局長狭間茂、地方局長大村清一、社会局長官広瀬久忠を任命し、地方官では部長級・事務官級百数十名の異動を行なった。

潮内相は四月一日湯沢次官以下局部長を集めて、内務行政刷新の根本策樹立策として吏道の振粛、人事の刷新、行政機構の改革、治安維持、社会政策の徹底などを指示した。主眼は内務省の本省・地方の人事異動を「出来るだけ公平に客観性を持たしめる」ことであったが（『広田内閣』）、この改革によって内務省首脳部は、政友会や陸軍と近い安井英二大阪府知事のグループが進出した。警保局長の萱場は「多士斉々な所謂八年組の出世頭」、衛生局長の挟間は「八年組から異数の抜擢」、地方局長の大村は「挟間と共に安井系」といわれた（「内務畑人物布陣図」）。「八年組」とは第一次大戦後の一九一九（大正八）年に文官高等試験を合格したグループで（一二八人）、このほか相川勝六（のち厚生次官）、薄田美朝（警視総監）と前述の近藤壌太郎（神奈川県知事）ら、そして商工省の岸信介もこの世代である。第一次大戦後の現代的な行政課題に取り組み、革新運動に積極的な新しい官僚たちが内務省中枢を占めたのである。

逆に内務省本省から排除されたのは、赤木朝治（内務次官免官）、唐沢俊樹（警保局長休職・免官）、岡田周造（地方局長から福井県知事）、半井清（社会局長から神奈川県知事）ら伊沢と民政党に近い官僚であった。ある評論は一時、「新官僚の総本山」といわれた内務省から「いつの間にか所謂新官僚型の官吏といふものは省内から姿を消した」と伝えている（「各省の次代を造る人々」）。警保局長になった萱場も「二・二六で内務省では新官僚というものが吹っ飛んでしまったのです」と語っている（『萱場軍蔵氏談話速記録』）。二・二六事件後、内務省内でも勢力配置が大きく転換した（『古川隆久『昭和戦中期の議会と行政』）。

伊沢派の内務省からの後退以上に衝撃だったのは、川崎卓吉の急逝であった。川崎は二・

二六事件後の内閣立て直しや広田組閣の中心人物となって奔走したが、激務のさなか長男が死去した心労が重なり、後を追うように商工大臣就任まもない三月二七日に死去した。

危篤の報を受け町田民政党総裁とともに駆けつけた伊沢は、臨終の席で「惜しいことをした、可哀そうに」と泣き、「まるで親のように」落胆した。川崎と同郷でかわいがられた三好重夫（のち京都府知事）は、通夜の席で周囲が危ぶむほど盃を重ね酔った伊沢が帰りの車の中で「僕は総理の手駒をなくした。最後の手駒を失ってしまった」と声を忍ばせて泣いた様子を記している（『川崎卓吉』）。「伊沢文書」のなかには「川崎卓吉君遺子養育之件」という書類があり、「教育費三千円を貸与」という伊沢の書込みがある。伊沢はまさに親のように川崎家の後々まで気を配った。川崎は伊沢が首相候補と期待した人材で、その手駒を失った伊沢の打撃は大きかった。

七月、伊沢は議会制度調査会の委員となった。同時に設置された選挙制度調査会とともに議会制度改革の審議機関として期待され、副会長近衛は前述の貴族院改革に取り組んだ。しかし会長の広田は消極的で、伊沢の推薦で委員となった小坂順造は、十一月一四日に開かれた最初の貴族院制度調査会が「取急ぎ会議を進むる気分は無之候。大体気乗甚だ薄く相見え候」と低調であったと伝えている（小坂順造一九三六年十一月一八日）。

その後、調査会には世襲議員や多額納税者互選議員制度の廃止といった試案が出されたが広田首相は次回議会へ提出しないことを決め、年明けには院内各派の対立も再燃して「貴革の熱意消滅」が報道された。伊沢はこの間の九月鉄道会議議員にも再任されたが、ここでも目立った活動はない。組閣過程に加わることはできず、内務省や植民地、宮中からも自派が後退しつつあったこの時期、伊沢の政治活動は低調であった。

伊沢閥の後退

二・二六事件の責任を取って八月宇垣一成が朝鮮総督を辞職し、あわせて台湾総督の更迭も予定された。伊沢は次田内閣法制局長官を通じて広田首相に、元朝鮮総督府政務総監有吉忠一の起用を働きかけた。永井元拓相も有吉を推薦したが、広田は「目下海軍少壮軍人之南進論之気焔中々盛ん」で「此等連中を抑制」することは容易でないと、文官の有吉起用に難色を示した。次田は首相がすでに「軍部に或程度了解を与へたるに非ずや」と観測している（次田大三郎八月一三日）。この予想通り九月二日、海軍次官、連合艦隊司令長官を歴任した小林躋造海軍大将が台湾総督に就任した。

伊沢は早速、永井を通じて小林へ進言を行ったが（生駒高常九月四日）、長年続いた文官総督時代が終わり武官となった総督府に伊沢の入説効果は薄く、現地では平塚広義総務長官、石垣倉治警務局長らが更迭された。平塚はかねて伊沢が更迭を求めていたものだが、石倉は次期の総務長官として起用を期待していた人物であった。石倉から伊沢への手紙には、「今回総督更迭に伴ひ小生愈々断末魔に逢着辞意を決し」とある（石垣倉治九月五日）。

さらに伊沢総督期以来長年台湾での教育に尽力してきた台北帝大総長の幣原坦からは、「新武官総督の大学に対する態度不明」との懸念が伝えられ（幣原坦九月二日）、まもなく幣原も免官になった。台湾での伊沢の勢力は、武官総督によって後退を余儀なくされた。

一方、朝鮮総督府では宇垣の後任総督南次郎は、関東局総長大野緑一郎を政務総監に起用し、大野の後任には武部六郎が就任した。南が伊沢と宇垣の提携に警戒的であったことは前述したが、大野や武部はどちらかといえば政友会に近い官僚であった。伊沢は満州と朝鮮から影響力を低下させた（古川隆久『あるエリート官僚の昭和史』）。

伊沢が率いる貴族院同成会も一〇年前に三〇名いた会員は、この頃二二名に減っていた。そこで伊沢は九月、植民地を離れた今井田や中川健蔵、司法相を辞任した小原直ら新たに勅選された貴族院議員を同成会に入会させる交渉を次田に進めさせた。

次田は中川から早々に内諾を得たが、今井田についてまず宇垣前総督に面会して了解を求め、元逓信官僚の坂野鉄次郎（同成会所属貴族院議員）を通して勧誘した。しかし今井田は「言を左右」にしてうまくいかず、再度宇垣を通して依頼することにした（坂野鉄次郎一九三六年九月一九日）。宇垣が動いたかどうか不明だが、結局今井田は研究会に入り同成会への入会交渉は失敗した。伊沢はこのほか白根竹介、大橋八郎ら有力官僚にも交渉を行ったがいずれも失敗した。伊沢が主宰してきた同成会は「弧城落日の悲況」となった（湯浅倉平宛一九三七年一月十二日）。

帝室会計審査局長官の閑職に追われていた河井弥八はこのころ勅選議員への就任を希望し、七月末から一木前宮相、松平恒雄宮相、湯浅内大臣、白根松介宮内次官、藤沼書記官長ら関係者を訪問し首相への依頼を説いて回った。しかしはかばかしい成果を得られず、河井は伊沢に湯浅や松平、さらには広田首相への直談判を希望した。河井によれば推薦はひとえに松平宮相次第であるが心許なく、徳川家達にも依頼することを求めた（河井弥八一九三六年八月二七日、八月二九日）。河井の執拗な依頼に応じて、伊沢が徳川に接触した可能性はあるが、外交官出身の松平とはほとんど接点がなかった。逆にこうした運動が災いしたのか、河井は九月三日現職を免官になった。

二・二六事件で負傷した鈴木貫太郎侍従長の後任問題も起こっていた。選考にあたり西園寺と木戸幸一宗秩寮総裁の意見が分かれ、西園寺は政治的素養を重視し、木戸は官制どおりに天皇の世話役に徹する実務型の人物を主張した。またそもそも鈴木更迭の可否も議論となり、松平慶民式部長官、米内光政横須賀鎮守府長官、野村吉三郎軍事参議官など複数の候補が挙がった。

九月、木戸が農商務省の先輩である石黒忠篤元農林次官を候補とする案を出し、湯浅内大臣、牧野元内大臣、一木元宮相、鈴木侍従長らの同意も取り付けあとは西園寺の承認を待つだけになった（茶谷誠一『昭和戦前期の宮中勢力と政治』）。しかし十一月、西園寺の秘書原田は湯浅に石黒案への懸念を示した。石黒が後藤農林大臣時の次官で「後藤を通して伊沢と関係」があり、湯浅も「伊沢系の者」で、結局「側近はすべて伊沢の息のかかった者で固めた」との風評が立つことが理由であった。伊沢は愛媛県知事時代から農政の専門家石黒を重用してきた。原田によると西園寺も「石黒は人格者でいゝかもしらんけれども、さういふ伊沢系とかなんとか言はれることは面白くない」という意見であった（『西園寺公と政局』V十一月一八日口述）。

西園寺の反対に遭って石黒案は消え、松平宮相が海軍大将百武三郎を推薦し西園寺の了承を取り付けた。百武は「政治に関係がなく温厚にして厳正公平」な人格者といわれた（『東朝』一九三六年十一月二〇日）。西園寺や原田は伊沢の政治色への懸念をしばしば漏らしてきたが、松平宮相、百武侍従長が就任して伊沢の宮中への影響力はいっそう後退した。

宇垣内閣流産

発言力を増す軍部の台頭に政党も反発した。十一月五日社会大衆党の声明に続き、斎藤隆夫ら民政党有志代議士も軍人の政治関与排撃を決議し、政党と陸軍の対立は激化した。

翌一九三七年一月三日、伊沢は伊豆長岡に逗留する宇垣に訪問を伝えた。同じ頃宇垣側近の林弥三吉陸軍中将と河井弥八が新年会で同席したことがきっかけで、林から一〇部郵送された「意見書」を、河井は伊沢にも提供した（河井弥八一月九日）。林の「意見書」というのは、前年刊行された林の著作『文武権の限界と其の運用』と思われる。この小冊子は楠正成など古今の例を引き「武人は平時一途に軍務に精励し君命に基き全然国論の支持を受けて行動すべし」と軍人の本分を明らかにし、「粛軍の徹底」を主張し、暗に現政局を批判するものであった。林は前年から宇垣出馬に動き、各方面への擁立運動を進めて来た（宇垣一成宛一九三六年七月二五日）。林が河井や伊沢に「意見書」を送付したのは、陸軍を抑える切り札として宇垣推薦の意味があっただろう。

一月二一日再開された第七〇議会で、政友会浜田国松代議士と寺内陸相との「割腹問答」が起こり、解散を主張する陸相と政党出身閣僚の対立によって広田内閣は瓦解した。この日衆議院を傍聴した伊沢は、日記に「浜田国松陸相に質疑、議会停会、夕六時退院」と記している。

翌日、西園寺は湯浅内大臣を通じて後継首班に宇垣を奏請した。満を持してこの時に備えていた宇垣は二五日未明、伊豆長岡から上京して大命を受けた。参内途上の宇垣の自動車を陸軍の中島今朝吾憲兵司令官が多摩川で止めて辞退を勧告する一コマがあるほど、組閣は難航が予想された。

宇垣は腹心の今井田清徳を中心に組閣に取りかかった。組閣本部には安井誠一郎、池田宏、県忍、松本学ら内務官僚、林弥三吉、和田亀治ら予備陸軍中将らが集まった（宇垣一成述『松籟清談』）。また内務省内では警保局を中心に宇垣内閣待望の声が高かった。ゴーストップ事件（一九三三年）などで陸軍と衝突してきた警保局は、治安維持の観点からも軍の統制を宇垣に期待した（『加藤祐三郎氏談話速記録』）。

しかし梅津美治郎陸軍次官や石原莞爾大佐らは前年成立した軍部大臣現役武官制を楯に後任陸相の推薦を拒否した。宇垣は政党財閥との深い因縁があり、軍が進める庶政一新の障害になると目されたのである。伊沢の四女みやは、「二十八日再三の懇請にも応じないこんどの陸軍の態度はなんとしても納得できない。〔中略〕湯浅さん、次田、渡辺勝三郎（組閣本部）、坂野、池田秀雄其他の人を通し強気で行けと宇垣さんを激励」する父を回想している（「主婦日記」）。

組閣本部には全国から軍部横暴を批判し、宇垣を激励する手紙や電報が多数寄せられた。しかし陸軍三長官は非協力の姿勢を崩さず、宇垣は天皇の優諚を仰いで局面打開を図ろうとしたが、累を天皇に及ぼすことを恐れた湯浅内大臣に拒否され、万策尽きて二九日大命を拝辞した。立ちはだかる陸軍に対し、伊沢は組閣本部に強行突破を進言したが内閣流産を押しとどめることはできなかった。

林内閣

一月二九日、西園寺は後継首班の第一に枢密院議長平沼騏一郎、第二に元陸相の林銑十郎を奏請し、平沼が辞退して林が大命を受けた。林の組閣は十河信二（興中公司社長）、浅原健三（日本大衆党元代議士）、石原莞爾大佐、宮崎正義（満鉄経済調査局）ら満州派と呼ばれるグループによって進められた。しかし寺内前陸相や梅津次官ら陸軍首脳が反発して主導権を握り、結局林首相が文部外務両大臣を兼任し、内相には近衛が推した河原田稼吉、法相には平沼が推した塩野季吉がなった。さらに財界から伍堂卓雄が商工大臣兼鉄道大臣に、蔵相には日本商工会議所会頭結城豊太郎が就任した。陸軍統制派と財界有力者による「軍財抱合」体制を目指したものだが、伊沢は「林出で、珍妙なる内閣組織」と評した（湯浅倉平宛一九三七年二月二日）。

伊沢が「珍妙」と表現したように林の施政方針は独特で、国防軍備充実、生産力増進を掲げる一方、敬神尊皇や祭政一致を唱える時代錯誤のものであった。閣僚には財界人を多数起用したが、伊沢系官僚や政党出身者はいなかった。林はかねて近衛の新党運動に関わり政党解消による一国一党へのチャンスをうかがい、組閣で政友会、民政党へ入閣交渉をした際に党籍離脱を要求し両党とは絶縁状態となっていたためで、貴族院の研究会や衆議院の少数党頼りの内閣であった。「珍妙」という評価はこの内閣に有効な回路を持つことができなかった伊沢の冷評であるが、政党や世間一般からも同様の評価であった。

三月東京市会議員選挙が行われ、伊沢の腹心丸山鶴吉が渋谷区から出馬した。丸山は田沢義鋪とともに長年東京市会の浄化を図る市政革新運動を行っていた。終始言論戦で戦った丸山は「成敗は別として市民に対する政治教育之効果は相当のもの」と、伊沢に報告している（丸山鶴吉三月一六日）。三月一六日の開票結果は、民政六四名、政友五二名で、丸山を党首とする市制革新同盟は九名、安部磯雄の社会大衆党から二二名当選した。丸山は東京「市政浄化」の一翼を担った（『東朝』一九三七年三月一八日夕刊）。

再開された第七〇議会では結城蔵相や佐藤尚武外相によって、前内閣で組まれた膨大な軍事予算が修正され対中国政策も再検討された。しかし重要法案や予算が成立し閉院を翌日に控えた三月三一日、林首相は突然衆議院を解散した。議会が審議停滞などして不誠実であるという理由で、世に言う食い逃げ解散であった。

突然の解散に政民両党は憤激し連携して選挙戦に臨んだ。政府は親軍新党の樹立を目指して在郷軍人会を動員し、また憲兵、警察による激しい言論弾圧を行ったが、四月三〇日の選挙結果は民政一七九、政友一七五議席で、改選議席を減らしたものの両党で絶対多数を維持し既成政党は逆風のなかで強い抵抗を示した。

林内閣は選挙での敗北にもかかわらず居座りを声明したため、政民両党は内閣打倒を掲げ各地で糾弾大会を開いた。この頃東京市長の後任候補に先に軍部の反対で組閣を断念した宇垣が擁立され、結局辞退したものの広く市民から熱望されたのは、世上に軍部横暴反対の気運が高まっていたことを表すものであった。

伊沢は五月二九日より柴田善三郎、三菱の妻木栗造とともに岐阜、愛知、三重に旅行に出かけた。民政党の衆議院議員で岐阜県実業界の有力者武藤嘉門が経営する伊勢電気鉄道の整理に、伊沢が尽力したことへの招待旅行であった（「岐阜愛知三重旅行」）。東京駅から西下する汽車の中では小橋一太ら数名の民政党代議士と乗り合わせ、さかんに林内閣打倒論で賑わった。結局、林内閣は与党からも総辞職の進言が出され五月三一日退陣した。

第九章　日中戦争と近衛新体制

第一次近衛内閣

関西方面への旅行先から予定を切り上げ急遽東京に帰着した一九三七年六月一日、貴族院議長近衛文麿に組閣の大命が降下した。伊沢は日記に「近衛公大命拝受」(一日)、「近衛内閣進捗中」(二日)、「近衛内閣成立」(四日)と記した後、「卓吉はポクリと逝きぬ、文麿はポカリと出でぬ、悲しかりけり」と狂歌のような感想を記している。川崎卓吉急逝の喪失感に加え、前年自重を求めた近衛の出盧は伊沢には意外だったようだ。しかし長年嘱望していた近衛の内閣に伊沢は相談役として様々に関与する。近衛内閣の成立は伊沢人脈の退勢挽回の好機でもあった。

世論も「白面の青年宰相」「強力な挙国内閣を期待」と歓迎した。閣僚には杉山元陸相、米内海相、塩野司法相が留任し、内相には前蔵相馬場鍈一、外相に元首相広田、内閣書記官長と法制局長官には衆議院議員無所属の風見章、滝正雄が就任した。二人は近衛のシンクタンクとして前年発足した昭和研究会のメンバーであった。政党からは近衛新党運動の同調者であった政友会の中島知久平が鉄道大臣に、民政党の永井柳太郎が逓信大臣に引き抜かれた。

文部大臣には安井英二が就任した。内務次官広瀬久忠、警保局長安倍源基、同保安課長富田健治、社会局長官大村清一などはいずれも安井系といわれ、大村や狭間衛生局長は安井と同郷の岡山閥、富田は「新々官僚の指導者」という気鋭の官僚であった。安井は軍部と近く、親軍的官僚が内務省首脳を占めた（吉田裕『軍財抱合』の政治過程」）。しかしこのように政党に依拠せず軍部の意向が強く反映された内閣の顔ぶれに、財界からは不安の声があがった。

近衛内閣が発足して一ヶ月後の七月七日、盧溝橋事件が発生した。政府は華北への派兵を決め、八月には上海へ陸軍部隊を派遣して南京国民政府の断固膺懲を声明し、渡洋爆撃を開始するなど日中は全面戦争へ突入した。

近衛内閣は八月国民精神総動員運動を開始した。伊沢は近衛に「口頭禅に堕せざる熱烈なる実行運動たること」を要望した。一〇月近衛は内閣の補強を目的として宇垣一成、荒木貞夫、末次信正ら一〇名を内閣参議に任命した。また内閣改造も行い木戸幸一を文相に、海軍大将の末次を内相に任命したが、末次の起用は天皇や宮中から懸念が示された。

末次内相は就任早々、地方長官に「反軍反戦の言説」の取締と「左翼陣営掃滅」を指示し、年末から翌年にかけて加藤勘十ら無産政党代議士、大内兵衛らマルクス主義学者、山川均、荒畑寒村ら左翼運動家の大規模な検挙が行われた（第一次、第二次人民戦線事件）。伊沢はこれを自由主義や民主主義、共産主義を一括りにして弾圧する行き過ぎたものと批判した(小坂順造一九三八年一月二〇日)。内務省は軍人大臣と親軍的革新官僚のもと「ファッショ的」色彩を露骨に現した。

こうした情勢に伊沢の政治活動は活発となった。六月二五日、近衛首相は貴族院制度調査会委員に古島一雄(交友倶楽部)、前田利定(研究会)、伊沢(同成会)をあてた。前内閣で尻すぼみとなった貴族院改革は主唱者の近衛が首相となって再び動き出した。

長いつきあいの近衛と伊沢だが、近衛が出した伊沢への手紙は一通しか残っていない。

「拝啓　先夜は御寵招蒙り難有く奉存候。本日長書記官長、瀬古角倉両書記官一番列車にて来訪の趣通知有之、就ては正午拙宅に於て粗餐用意致置候間河井君御同道御来臨を得ば光栄に奉存候。先は右御案内迄。十二日　文麿　伊沢様」

記載されている関係者の在職年月から一九三七年六月ころと思われる。このころ近衛は貴族院書記官の長世吉、瀬古保次、角倉志朗らの来軽にあわせて、伊沢や河井弥八と連日会合を行っている(矢部貞治『近衛文麿』)。貴族院改革の動きだろうか。

伊沢はこうした近衛との接触を通じて貴族院での勢力回復に動いた。首相は議員勅選の発議権を持っていたからである。九月前年の勅選運動が不調に終わった河井は再び徳川家達、松平宮相を通じて近衛に推薦を依頼した(河井弥八一九三七年九月一五日)。伊沢も湯浅内大臣に河井推薦を依頼したがすでに他から別の候補を頼まれていた湯浅は困惑し、近衛にも取り次げないと返答した（湯浅倉平九月二五日）。そこで伊沢は近衛に直接依頼することにした。この頃伊沢は軽井沢に来た近衛とゴルフをし、その翌日河井の件で「高配を蒙り深謝」との手紙を送っている（近衛文麿宛年月日不詳）。翌年一月河井の勅選議員が決定され同成会に入会したのは、伊沢の近衛への直談判が効を奏した結果であろう。さらにその年末に八名の貴族院議員が任命されると、伊沢は近衛にそのうち四名を同成会に入会させるよう依頼した。文面には「忍び難きを忍び敢て懇願候。衷情御諒察被下度候」と、なりふり構わない懇請が記されている（近衛文麿宛一九三八年十二月一七日）。その後建部遯吾と米山梅吉が同成会に入会したのは、やはり伊沢の求めに近衛が応えた結果であろう。

国家総動員法

一九三七年十二月日本軍は南京を占領し、翌三八年一月一六日近衛首相は国民政府との和平交渉を「爾後対手とせず」と打ち切った（第一次近衛声明）。伊沢はその翌日、首相官邸で近衛と「日支事件処理」について懇談をしたが、近衛声明によって日本は自ら戦争終結の手がかりを放棄し戦争は長期化することになった。

政府は日中戦争の本格化に対応するため国家総動員法の立案を進め、二月二四日衆議院で審議が始まった。法案説明に対し政民両党は反発し激しい議論が起こった。民政党の斉藤隆夫は「政府の独断専行」を批判し、政府案は国民の生命身体財産を無条件に国家に提供する超法規的なもので、憲法違反の疑いがあると追求した。しかし結局衆議院では三月一六日全会一致で可決された。審議中、佐藤賢了陸軍中佐が「黙れ」と議場で一喝する事件や社会大衆党の西尾末広除名事件が発生し、軍部に押された政党は腰砕けの状態であった。

貴族院でも無修正で可決するとの観測が流れたが、一七日からの論戦は一転して活発となり伊沢は連日質問に立った。二二日、伊沢は「我々の権利と云ふものは法律に依らなければ兎に角どうすることも出来ぬ」、この法案は「全く憲法の精神を蹂躙するもの」と批判した（「73貴族院議事速記録」一九三八年二月二二日）。伊沢はこの間国家総動員審議会の人選に議会の意向を反映させること、衆議院が可決した際に付けた「政府は将来努めて其の立法化を図る」という付帯条件の確約を求めた。木戸幸一文相が「伊沢氏の反政府的言動」と書くほどの激しい批判であった（『木戸日記』二月一七日）。

議論は平行線を辿ったが、政府の強硬姿勢に貴族院での反対論は減少した。伊沢は「総動員法案には各派全部が最初は反対だった」が、「段々一人、二人づゝ逃げた」と述べている（「丸山筆記」）。両院で反対論が消えていったのは、同法案が不成立となった場合議会解散となり、この機に近衛新党が出現することを議員たちが恐れたからであった（古川隆久『昭和戦中期の議会と行政』）。このころ木戸を始め末次、塩野、風見らの閣僚、政友会の前田米蔵、民政党の若槻、山本らの長老が近衛の新党運動を支持し、政党再編の動きが総動員法審議と並行して進展していたのである。

貴族院での審議最終日の三月二四日、採決に移ろうとしたとき同成会の塚本清治が修正案を提出した。本文中の「勅令を以て」ないし「勅令の」を「別に」に改め、「勅令」という語を削除することにより行政府への包括的委任という問題を解消させるねらいであった。伊沢はこの案への賛成を呼びかけ、松村義一、竹越与三郎らが賛成演説を行った。

しかしこの修正案も否決され政府原案が採決へ進もうとした時、伊沢は突如発言を求め「私は実に鉄血を呑むやうな気持ちで本案に賛成を致します」と述べた。これを翌日の新聞は「声涙下る演説」、「この法案の大詰めにふさわしい劇的シーン」と評した。これまで徹底的に政府案に反対し、塚本の最終修正案も支持した伊沢は一転、政府原案に賛成の態度を示したのである。当時貴族院事務局にいた近藤英明書記官は、この時の伊沢の様子を「よほどくやしかったと見えて、委員会散会後まで八つ当たりであった」と記している（近藤英明『国会のゆくえ』）。「鉄血を呑む気持ち」という伊沢の心中を表すものであった。

結局法案は通過し四月一日に公布されたが、政府案への徹底した反対から絶対的支持に転じた伊沢の態度は不可解にみえる。しかし伊沢は戦争遂行のため国家の資源を政府が統制運用できるよう対策を講じることは、「不完全であっても」急務と考えていた（「丸山筆記」）。伊沢にとって憲政と国民の権利擁護は、戦争完遂と勝利なくして実現できないと承知していた。伊沢はたえず少数意見を鳴らしたが、理念と現実が対立すれば現実を優先する政治家であった。こうした伊沢の態度は本格化する戦時下にも現れる。

議会制度審議会

六月六日、伊沢は荻外荘の近衛を訪ね懇談した。その翌日議会制度審議会が設置され、貴族院から伊沢、佐々木行忠、酒井忠正ら、衆議院から堀切善次郎、斎藤隆夫、浜田国松ら一三人が委員に任命された。

議会制度審議会は六月下旬から本格的論議が始まった。近衛は開会にあたり今議会中に成案を得ると述べたが、伊沢は貴族院改革よりも、先に取締まりが強化された衆議院議員選挙法の簡素化、罰則の見直しを主張した。七月六日の部会でも恒久的な貴族院改革を企てることに反対し、夏明けの九月二八日の会議では多額納税議員の職能代表案などに反対した。先には貴族院改革に積極的であった伊沢ではあるが、新体制が呼号されるなか急激な議会制度改革には反対であった。

斎藤隆夫は七月に自宅で卒倒ししばらく療養していたが、十一月漸く復帰して選挙制度部会に出席しその模様を伊沢に書いた。

「久しぶりにて最近二回出席致候処同部会は全く官僚、小会派御用委員に圧倒せられて政、民両党の委員は全く意気地なく、小委員会にては実に馬鹿げ切ったる事項を決定為し居候。老生は部会に於て之れを覆へさんと試むるも到底及ばず、最後の総会に於て奮戦致度候間其節は是非御援助を今より御願申置候」（斎藤隆夫一九三八年十一月二二日）。

この部会では衆議院議員選挙への大選挙区制の導入と定数削減が提案されており、斎藤は「御用委員」に圧倒される政民両党の意気地なさを嘆き、伊沢に援助を依頼したのである。審議会は十二月二三日の総会で答申を決しないまま終了したが、伊沢と斎藤は貴衆両院それぞれの立場で政党の不振、議会政治の危機感を共有していたといえる。

郷里への貢献

一九三八年八月、軽井沢の伊沢を西園寺の秘書原田熊雄がたびたび訪問した。原田によると、伊沢は「右翼に対する弾圧が足りない」など近衛の「勇断に欠けていること」に不満を漏らし、特に「国家総動員法といふものは、全く憲法の精神を蹂躙するものだ」と憤慨した。その一方で、原田は近衛が木戸内大臣に対し態度が良くないので、「伊沢氏からその間を適当にとるやう」頼んでいる（『西園寺公と政局』Ⅶ八月一八日口述）。伊沢は近衛に意見できる後見人と目されていた。

九月、伊沢は長野県庁を訪れた。知事室で面会した大村清一知事らに、郷里の三峰川流域の高遠町と付近六ヶ村の小学校に学校林を設置し、児童生徒に治山愛林の思想を涵養し、町村民にも普及させる計画を願い出た。伊沢は前述のように愛媛県知事時代に母の一三回忌を記念して、高遠町小学校に学校林を寄付した。しかしその後管理が行き届かず途中で失敗した経験から、今度は事業計画と管理条例の策定などの協力を県に求めたのである。

十一月県学務課、林務課によって、高遠町ほか美和、伊那里、藤沢各村の学校に合計七一町歩の学校林を造成する計画が作られた。伊沢はこの年迎えた古稀の記念事業として寄付金を募り、五〇四名の賛成者からの一、五一〇円に自己資金を加えて五、〇〇〇円を県に寄付して原資とし、県の補助を得て計画は開始された（「学校林設置助成計画」）。

翌年一〇月にも古稀を記念して郷里西高遠の鉾持神社に刀剣を献納した（「鉾持神社銘刀奉納式祝詞」）。本殿に掲げられた「県社鉾持神社」という大きな社標の文字は伊沢が書いたもので本殿へと続く長い石段のもとには、中村不折がそのことを書いた側碑がある。刀剣は帝室林野局長官で斯界の権威三矢宮松に鑑定を依頼した逸品であった。この刀剣は銘備前長船祐光の打刀、銘真長の脇差しの大小二振りで、いずれにも鞘に葵の紋章の貝飾りが入っている。旧徳川家の関係者が所有していたものとみられ、現在、高遠町歴史博物館に収蔵されている。

一九三九年九月、香坂昌康（日本治山治水協会会長、内務官僚）、本多静六（林学博士）とともに高遠町を訪れた伊沢は、講演会で山林経営作業は青年に郷土への愛着を育むうえで最も有効であると述べた（「活山活水に関する講演記録」）。翌一九四〇年四月にも高遠町を訪れヒマラヤシダを記念植樹し、一九四二年には上伊那農業学校、伊那中学校、伊那高等女学校の報国団に学校林設置のための基本金五、五〇〇円を寄付した。学校林造成は治山事業であると同時に、精神教育として伊沢は熱心に取り組んだ。この年十二月伊沢は長野県治山治水既成同盟会が発会すると推されて会長となった。伊沢は若い頃は「俺は天下の伊沢だ、俺は信州の伊沢じゃない」とうそぶいていたが、この頃は「伊沢を今日あらしめたのものは要するに信州の山河である」との思いから郷里に貢献することに力を注いだ（「訓話」）。

平沼内閣と台湾移出米管理法案

日中戦争の開始は台湾の統治をいっそう強化させた。林献堂や蔡培火、呉三連らが進めた台湾地方自治連盟は戦争開始直後の七月一五日、総督府によって解散を命じられ、翌一九三八年一月一八日には大阪毎日新聞を退社し当時『台湾新民報』の東京支局長となって大森に住んでいた呉が蔡とともに「反軍思想」「中国のスパイ」などの嫌疑で検挙され、杉並警察署に留置された。呉は「中国のスパイ頼貴富」との往来という理由で、蔡への嫌疑は岩波書店から出版された『東亜の子かく思ふ』(一九三七年、題字は伊沢)が、交戦中の中国を擁護するものと問題視された。

林献堂や楊肇嘉は彼らの救出を「伊沢派重要人士」に求めた(『呉三連伝』)。結局呉は二月五日、蔡培火も同月二三日に釈放された。伊沢の動きは不明だが、彼らが早期に釈放された背景に警察に影響力を持つ伊沢の力があったことは想像がつく。

近衛首相は同年十一月、東亜新秩序建設を声明して対中国強硬策を推進しようとした。しかしドイツとの防共協定締結をめぐって陸軍と外務省との対立が深刻化すると急速に政権意欲を失い、十二月の汪兆銘の重慶脱出をみて翌三九年一月に総辞職した。

近衛は後継首相に平沼騏一郎を推した。西園寺や宮中方面はかねて保守派で民間右翼と関わりのある平沼を警戒していたが、平沼が近年「軟化姿勢」をみせていたことから、湯浅内大臣は平沼を首班に奏請し、一月四日組閣の大命が降った。伊沢は「湯浅内大臣が、平沼男を首相に推したのは要塞から出さんがためであった。園公も同じ考だった」と述べている(「丸山筆記」)。

平沼は塩野司法相官邸を本部に、国本社関係者を参謀として組閣を完了した。閣僚十二名のうち陸海軍、外務、内務など七人の大臣が留任し、平沼に代わって枢密院議長となった近衛が無任所大臣として入閣した。商工相として留任し拓務大臣も兼摂した八田嘉明は、伊沢に今後の「御指導之程切に奉懇願候」との挨拶を送っている（八田嘉明一九三九年一月一四日）。八田は近衛、平沼とも懇意で貴族院との連絡があることから入閣した。平沼内閣で八田は伊沢のわずかな足がかりであった。

この年再開された第七四議会は、三月の会期末までに多数の重要法案を承認したが、なかでも戦時下の食糧の安定確保は急務で、政府は台湾米移出特別会計法と米穀配給統制法案を提出した。

台湾からの米の移出管理は、前年から台湾総督府と拓務農林両省の間で台湾重要物産調整調査会が開催され、台湾総督府による買上管理、農林省への直接委託販売などが論議されていた。一方台湾では林献堂、呉三連、楊肇嘉、劉明電ら自治運動の有力者が中心となって統制強化に反対する台湾米穀輸日限制反対同盟会が結成され、伊沢や衆議院議員、政府高官への運動が行われていた。呉、楊、劉は「米管三勇士」といわれこの運動の中心であった（『呉三連伝』）。

議会開会を前に、楊は劉と連名で伊沢に法案反対の意見を送った。楊はこの年「台湾移出米管理案は戦時食糧政策を脅威す」という意見書を著し、反対論の急先鋒であった（『楊肇嘉回憶録』）。また劉は後に『台湾米穀政策の検討』（岩波書店、一九四〇年）という著作を刊行している。彼らは台湾移出米管理案が実施されれば台湾米の減産は免れず、かえって戦時下の食糧確保に不安を来たし移出米の下落、台湾島内の消費米や甘藷など他の農産品の値下げとなり、「台湾の経済並に社会に非常なる損失と打撃」となると、伊沢に進言した（楊肇嘉・劉明電一九三八年十一月六日）。

一九三九年二月、元台湾総督の中川健蔵から伊沢に政府原案阻止を求める手紙が送られた。中川の意見は農林省が一九三九年度予算で内地三〇〇万石の増産を計画する一方、台湾では減算を奨励している矛盾を批判し、「台湾産業」と「帝国の産業国策」を「一視同仁」とすべしというものであった（中川健蔵一九三九年二月一八日）。

前年警察に検挙された後呉は、この年正月から伊豆の川奈にこもって『台湾米穀政策之検討』（劉明電の著作と同名）を書き、パンフレットにして関係方面に回った。官憲にマークされていた呉のパンフレットはすぐに差し押さえられたが、呉は伊沢を通じて議会での法案成立反対を働きかけた。呉の回想によると、法案が議会に上程される日の早朝、伊沢から有力者に会わせると電話があり、それから一日中不平の一つもこぼさず自分と一緒に奔走してくれたと伊沢の尽力を記している。呉と伊沢は歳がだいぶ違うが「忘年之交」であった（『呉三連回憶録』）。

三月十一日から台湾米穀移出管理特別会計法案の、一九日からは米穀配給統制法案の特別委員会が開かれた。前者は台湾総督府に米穀の移出を管理させ米穀と農政に特別会計を導入し、後者は米穀取扱人や内地の米取引所業者を認可制にするものであった。

二四日伊沢は呉ら台湾関係者からの意見を踏まえ、議会で台湾人民も「陛下の赤子」であり、農林省が台湾に内地に比べ極めて高い価格設定を課していることは不当であると、政府案に真っ向から反対を唱えた。さらに質疑の中で伊沢は米穀管理案に対する「台湾の農民の声を聞くと云ふこと、無声に聞き無形に見よ」と先の楊らの意見書の文言を引用し、また台湾での「言論の抑圧、圧迫」を取り上げ、逃れて内地に来て「反対運動をする人間には、何か「スパイ」の嫌疑」を付けて取り締まっていることを追及した。これが前年の蔡や呉の拘束を指すことは明らかである。伊沢は彼らの意見を代弁して反対を唱えたのである（「74貴族院議事速記録」一九三九年三月二四日）。伊沢のこの頃の日記には「夕方六時半蔡培火（味仙招待）」（六月一日）と出てくる。味仙は蔡が経営する中華料理店で、伊沢と台湾有力者との交流の場となった。

しかしこの両法案も政府原案の通り成立した。長年地方で農林行政に携わり、この法案の衆議院審議で「徹頭徹尾これに反対」した米穀農政の権威高田耘平は、「台湾米移出管理反対の件先生の非常なる御努力にも拘はらず遂に其目的を達し得ざりしは甚だ遺憾」と伊沢に書き送っている（高田耘平一九三九年三月三一日）。高田は呉の信頼も篤く、伊沢が頼りにした民政党代議士であった。

台湾移出米管理法は、台湾米の低価格化と内地への移出抑制、移出管理を総督府と農林省が主導した戦時食糧政策の一つであった（大豆生田稔『近代日本の食料政策』）。しかしそれは劉明電『台湾米穀政策の検討』の序文で高田が指摘するように、「台湾の米作農民の頭をはねる」ことであった。総督時代に蓬莱米の開発を奨励し飛躍的な増産成功に導いた伊沢は、台湾の民生重視の立場から現総督府と農林省が進める管理強化の法案に強く反対したのである。

伊豆の中村別荘

貴族院での審議に奔走する伊沢であったが、春先から健康状態は思わしくなく巣鴨の自宅にしばしば引き籠もった。そこに横浜の中村房次郎から所有する静岡県伊東町松原にある別荘で療養するよう誘いがあり、別荘の図面が送られてきた。別荘はかなり大きく、伊沢は実地検分のうえ決定したいと返事した（中村房次郎宛一九三九年二月二三日）。議会閉会後の四月五日、同地に赴いた伊沢は「堂々たる大別荘にて余りもったいなく候得共静なること無此上御蔭にて安眠元気追々恢復致候。尚ほ当分御厄介に相成り可申候。」と大いに気に入り、使用していることを伝えている（中村房次郎宛四月五日）。

この別荘は以前南伊豆出身の政友会代議士小泉策太郎（三申）が所有していたものであった。伊沢は「小泉策太郎氏が癌と診断されて、財産整理をするとき、旧知の中村氏に依頼して別荘を高価に引受けて貰った。小泉氏は中村氏に別邸の命名を乞はれて真情荘と命名し、この額を書いたのがかゝっている」と述べている（「丸山筆記」）。額は伊沢が若槻からもらい受けたもので、若槻もしばしばこの別荘を訪れた。伊沢は以後戦時中まで、「第一流人物を此別荘に迎へたること約三百人」と記している（中村正雄宛一九四四年九月九日）。軽井沢とともに伊豆の中村別荘は、伊沢にとって政治活動の拠点「権力の館」となった（御厨貴『権力の館を歩く』）。

中村は伊沢を様々な催しに招いた。この年四月一四日には横浜の三渓園の花見に招待した。三渓園は横浜商人原富太郎が郊外本牧に私財を投じて作った庭園である。ところがこの招待状に後藤文夫、永井柳太郎らとともに町田忠治の名があるのを見て、伊沢は急遽出席を断った。伊沢は次のように書いている。

「小生は客臘来町田君とは断乎絶交之決心（先方は何と思ひ居るや知らざるも）致居候に付、万一宴会等にて同席致候場合には、御主人に対しては勿論他の来客諸君に対しても、頗る不快の感を与ふる結果と相成るべくと存候。詳細之事情は書面にては悉し得ず候得共、同君之不徳残忍なる行動（或第三者に対し）に対しては到底恕すべからざる憤懣を感じ居る次第に候」（中村房次郎宛一九三九年四月五日）。

憲政会以来、長年親しく交流していた町田と伊沢はこの頃絶交状態にあった。町田の秘書を務めた松村謙三によると、町田が名古屋市長候補について伊沢に斡旋を頼み、伊沢は太田政弘を推薦したが太田が病気となったことから、町田が伊沢に断りも無く取り消したことが原因で、取りなしに入った松村に伊沢は、「なんと釈明しようが耳に入れず、かんかんに怒った」、ついに「世を去るまで仲直りされなかった」と記している（松村謙三『三代回顧録』）。人事をめぐる伊沢の強烈なこだわりをうかがえるが、この一件はこの後伊沢が町田を総裁とする民政党から距離を置いていくことに作用したかもしれない。

斎藤隆夫の反軍演説

七月二六日日本の中国侵略に対抗してアメリカは、日米通商航海条約廃棄を通告した。翌日の伊沢の「手帳」には「午後三時首相官邸（外交問題）」とある。日米対立が深刻化する一方、関係強化を図ってきたドイツは八月に突如独ソ不可侵条約を締結し、その衝撃から平沼内閣は「欧州情勢は複雑怪奇」との声明を発して総辞職した（『東朝』一九三九年八月二九日）。伊沢は「平沼内閣は無能の標本だった。会議七十余回、空しく退却した」と記している（「丸山筆記」）。

後継首班には宇垣一成、林銑十郎、小林躋造、広田弘毅、池田成彬の名が挙がったが、近衛や平沼はこれまで目立った業績がなかった陸軍の長老阿部信行大将を推し、湯浅内大臣の反対を押し切って三〇日組閣の大命が降った。伊沢は「阿部は非常に常識がある」と多少の期待を持っていた（『西園寺公と政局』Ⅷ九月十一日口述）。

しかし組閣直後にドイツがポーランドに侵攻してヨーロッパで大戦が勃発し、十一月日米交渉も不調に終わり、国内では物資不足と物価高騰が深刻となって小作争議や労働組合による同盟罷業が頻発した。こうした内外の情勢に十二月衆議院が内閣不信任案を決議し陸軍からも退陣要求が出ると、阿部内閣は翌年一月に総辞職した。

わずか四ヶ月半のこの内閣での伊沢の活動は、同成会所属の貴族院議員とともに野村外相を訪問し外交方針を質したことくらいしか確認できない。ただし九月一〇日に行われた貴族院多額納税議員選挙に伊沢はこれまで同様、地方有力者から支援を求められた。横浜の中村房次郎からは平沼亮三（中村房次郎一九三九年八月八日）、堤康次郎からは滋賀の野田六左衛門（堤康次郎一九三九年九月一六日）、小柳牧衛からは新潟の飯塚知信らへの支援である（小柳牧衛九月一五日）。

選挙の結果、定員六六名のうち政友会系三〇人、民政党系一五人、その他二一人で、伊沢が支援して当選した候補のうち平沼は同成会に入会したが、野田は無所属に、飯塚は研究会に入会した。伊沢は民政党の代議士と連携して貴族院同成会の勢力維持に努めたが、思うに任せない状況であった。多額納税議員選挙でも伊沢の影響力は後退しつつあった。

一九四〇年一月一六日、海軍大将米内光政が組閣した。翌二月二日、第七五衆議院本会議で代表質問に立った民政党代議士斎藤隆夫は、二時間にわたって政府批判を行った。いわゆる反軍演説である。斎藤の演説は事変下の政府指導を批判したもので必ずしも反軍ではなかったが、「聖戦を冒瀆」するとして陸軍、政友会から懲罰や議員辞職が要求され、総裁町田の意向で民政党内部からも辞職勧告が出された（斎藤隆夫『回顧七十年』）。斎藤は圧迫にも自説を枉げなかったが、三月六日の民政党代議士会、翌日の衆議院本会議は斎藤の除名を決議した。出席議員三〇五人のうち反対したのは七人のみであった。議会は戦争支持熱で埋まっていた。

斎藤除名後、古島一雄は伊沢に「アマリに政党の腑甲斐なさに呆れ申候。マサカ是程に堕落致居るとは思はざりし」と嘆き、衆議院は「時局に名を藉る政権亡者の集団」と罵倒した（古島一雄一九四〇年三月一三日）。古島は長年犬養毅の懐刀として少数野党で議会政治に奮闘してきた。伊沢がこの時斎藤の擁護に動いていたことは、原田熊雄が近衛から聞いた話から知ることができる。

「斎藤除名問題の時の伊沢の働きは非常なもので、ほとんどあの形勢を覆さうとした事実がある。若槻、山本達雄の両氏を以て町田総裁に除名問題反対を力説させたり、また貴族院の動き—たとへば田沢義鋪や丸山の演説などは、伊沢から出ている」（『西園寺公と政局』Ⅷ三月二九日口述）。

二月二七日の貴族院本会議で田沢は、政府や軍当局が衆議院の議員懲罰に容喙することは「立憲政治の大原則に照して誠に遺憾」と批判している。これが「伊沢から出ている」ものなのだろう（「75貴族院議事速記録」一九四〇年二月二八日）。

伊沢は若槻や山本ら民政党長老を通じて町田を説得しようとしたが、結局町田を動かすことは出来なかった。議会終了後の五月八日、伊沢を訪問した斎藤隆夫は「除名問題等に付交談一時間余、氏は町田総裁及び民政党に悪感情を有す」と記している（『斎藤日記』）。伊沢と斎藤はこれを機縁に足繁く往来するようになるが、伊沢は斎藤への仕打ちをみて絶交した町田のみならず民政党にも「悪感情」を抱くようになったのである。

近衛新党

この年は府県制発布五〇周年にあたった。五月一八日、伊沢は丸の内で開かれた記念座談会に児玉秀雄、有吉忠一、岡喜七郎、大久保利武、若林賚蔵、中川望ら内務省ＯＢとともに出席し、愛媛県知事時代に県会の政友会勢力と激しく対立し、本省の床次地方局長とやり合った思い出などを語った。伊沢が「鉄血知事」と呼ばれたころのことであった。

この頃宮中では湯浅内大臣が健康問題から辞意をもらし、伊沢は湯浅や若槻と相談して後任に木戸を推した。天皇の周りには「華族的華族」ばかりであるが木戸は「平民的華族の思想傾向」があり、多少の欠点はあるが適任と考えた（湯浅倉平宛一九四〇年五月三〇日）。伊沢は木戸が平沼や軍部に近いことを懸念したが、近衛と親しいことを重視した。結局木戸が西園寺の推薦で内大臣となったが、内務省以来、長年付き合いのあった湯浅が退いたことは痛手であった。

六月一日、伊沢は近衛と面会し新党結成の構想を質した。ヨーロッパではドイツの攻勢が圧倒的で、ナチス人気と相まって近衛の再登場と新党期待が高まっており、近衛は一時熱意を失った新党にこの頃再び意欲を示し新党結成の目的は陸軍の統制を国民全体の協力により進めるためと答えた。これに伊沢は賛意を示したが、近衛擁立の人々はほとんど「擬装愛国者か自信愛国者」で「結局、モミクチャにされる虞れが多分にある」と警告した（『伝記』）。この伊沢の警告は杞憂ではなかった。

近衛は四日、新党運動へ乗り出すことを発表し、枢密院議長辞職の意向を政府に伝えた。

政界は色めき立ち、政友会の中立派一六代議士が解党を発表し、十一日には約二五〇人を擁する聖戦貫徹議員連盟が発足し、各政党に解党して合流することを呼びかけた。

伊沢も近衛の決心をみて、「既成政党特に民政党などの解消は機宜を得たるもの」と理解を示した。そして「白蟻の巣たる古材木を蒐めて新建築らしきものを建立することは避くべし」と激励した(同前)。加藤高明、浜口雄幸らとともに長らく支援してきた民政党を「白蟻の巣たる古材木」と呼ぶほど伊沢の既成政党への失望は深く、近衛に徹底的な改革を期待したのである。

第二次近衛内閣

蒋介石、汪兆銘両政権との和平交渉が失敗し、アメリカの対日経済制裁が強化されるなか南進を固めた陸軍は、畑俊六陸相が米内首相に単独辞表を提出し「新体制の確立促進」を要求した。後任陸相を得ることが出来なかった米内内閣は、七月一六日総辞職を余儀なくされた。近衛の内閣と新党結成を期待した陸軍による倒閣であった。

この報を聞いた伊沢は同日、軽井沢にいた近衛に「此際直に御奮起の上、此陸軍の重ね〳〵の横暴を匡正し、国家の危機を救ふ為め御挺身之程切望」した（近衛文麿宛七月一六日)。陸軍に担がれた近衛に傀儡とならぬよう、その性格を知る伊沢はここを正念場と奮起を促した。近衛は直ちに上京し、木戸内大臣が主宰する重臣会議の奏請をへて一七日近衛首班が決定した。

伊沢は、組閣本部に呼ばれ上京の途上にあった長野県知事富田健治を軽井沢駅で待ち構え、「輿望を荷った近衛公を援けて存分にやって貰いたい。大いに君の気力に期待している。軍や右翼に負けぬようにやって貰いたい」と激励した（富田健治『敗戦日本の内側』）。富田は内閣書記官長となって組閣の中心となった。近衛、富田は強硬派の東条英機を陸相、松岡洋右を外相として閣内に取り込み統制しようとした。特に近衛は松岡は「本心は米英との戦争に反対」であるとみていた（矢部貞治『近衛文麿』）。

しかし伊沢は松岡起用に反対との意見を近衛に伝えた。松岡は世間では「大外交家」のように言われているが、「典型的の外交技師」に過ぎず国運を任せるに足る外交官ではないと断じた（近衛文麿宛一九四〇年七月一八日）。また伊沢は日本はかつてシベリア出兵でロシア・ソ連を悪鬼のように嫌悪したのに、今日にわかにソ連政府を「仏の如し」とみなし、また「吾国民の大部も是等に共鳴して盛に親露論を唱えることを、真に驚く」と嘆いた。そして今松岡が進めるドイツ・ソ連との「三角同盟」は「最も秘密に最も真面目に深思熟慮」を要するべきにもかかわらず、派手な外交を口にする松岡を「何たる不謹慎ぞや。彼等に国家を思ふの念寸毫にてもありや」「到底国家を念とする者の事にあらず」と強烈に批判した（「日露外交に関する意見の一端」）。

松岡はこの年九月日独伊三国軍事同盟、翌年四月日ソ中立条約を結んで四ヶ国による英米包囲網を目指したが、直後の独ソ戦開戦で両国に裏切られ松岡外交は根底から挫折する。外交技術を弄した松岡外交の破綻を伊沢は予見したのである。

大政翼賛会

組閣を終えた近衛は、大東亜新秩序と国防国家建設を目的とした基本国策要綱を決定し、八月新体制準備会を設置した。理事長に昭和研究会の後藤隆之助が就任し、軍人、官僚、民間人など二六名が委員となったが、革新派と既成勢力が入り混じり国民の現状打破への期待に沿うものではなかった。伊沢も新体制準備会は「略ぼ予想せる通にて、世人は大に失望」としながら、「此中より何か芽生へ可申候」との期待も捨てなかった（中村房次郎宛一九四〇年八月二八日）。

以後、準備会で新党の性格、綱領や組織をめぐって激しい議論がなされた。諸勢力を結集した強力な一国一党的政党を目指す革新派に対し、内務官僚など既成勢力はこれを「幕府的存在」と批判し、国民動員の公事団体としようとした（伊藤隆『近衛新体制』）。こうしたなか木戸から「新体制運動の裏に共産主義者あり」と注意された近衛は（『木戸日記』一九四〇年一〇月三日)、一〇月十二日発会宣言にあたり明確な組織樹立を避けて総裁に就任した。ナチスのような強力な政治組織という当初の目標は後退し、各政党が合流した寄合所帯として大政翼賛会は発足した。

さらに大政翼賛会は地方支部組織をめぐって民間の新しい勢力を糾合しようとする革新派と、地方行政を統括する内務省が対立した。結局翌年四月の改組では地方支部長は知事が兼ねることになり、内務省が本部・支部機構の実権を握り既得権を維持した。

当初近衛の新党構想に理解を示した伊沢であったが、大政翼賛会には「大反対」であった(『斎藤日記』一九四〇年十一月一八日)。このころ伊沢は岡田文秀に「新体制違憲論」と題する意見書を起草させ、近衛に提出した。岡田は斎藤内閣の時に伊沢に行政改革を提言していたが、今回の意見書は、貴衆両院に依拠する政党会派が大政翼賛会の議会事務局に解消することは帝国議会否定の「違憲」であると批判するもので、伊沢の反対論の根拠となった。

十二月衆議院各政党が大政翼賛会議会局に解消すると、八日貴族院でも研究会、火曜会、公正会が合流した。しかし伊沢の同成会は不参加を表明し、一九日各派勅選議員にも反対を呼びかけた。これは「貴院始まって以来」のことと報じられている(『東朝』一九四一年一月七日)。伊沢の大政翼賛会への抵抗は、貴族院議員として最後の活動となった。

枢密顧問官

一九四〇年末、伊沢は手帳に「翼賛会と予の関係」「予の進退問題、近衛公との関係」「立憲政治の将来、軍と政治」と書き込んだ。新体制運動と軍部の政治進出が高まるなかで伊沢は立憲政治の将来を危ぶみ、自身の進退を考えていたのである。そこに十二月二七日発令された枢密顧問官の辞令は、伊沢が待ち望んだ大任であった。

今回の顧問官補充は田中隆三（浜口内閣文部大臣、衆議院議員）の死去に伴い、民政系の顧問官を補充するもので、近衛首相と原嘉道枢密院議長が伊沢を推薦した。「十二月八日夕六時目白近衛邸（首相と面会）」「十二月二十二日　夜近衛公より電話」と手帳に書いているのがその交渉であろう。

伊沢の枢密院入りは閲歴に照らして、大学同期の上山満之進（枢密顧問官一九三五年就任）や内務省の後輩潮恵之輔（同一九三八年就任）と比べても遅かった。幣原は浜口内閣の外相時に倉富勇三郎枢密院議長に伊沢の就任を何度も試みたが、「枢府側に難色」を示されたと記している（大平駒槌宛幣原喜重郎書簡一九四一年二月八日）。病床にあった浜口首相から顧問官補充の交渉を託された幣原が、一九三一年四月倉富に面会し伊沢を推薦したところ、枢密顧問官に政党臭味があってはと拒否されたことを指している。内閣が変わった六月にも若槻首相が倉富に要請したが、これも拒否された。若槻は伊沢の顧問官就任にこだわり以後再三倉富に交渉したが、平沼らが強硬に反対した。伊沢がロンドン海軍軍縮条約批准をめぐって枢密顧問官の切り崩し工作を行い、枢密院強硬派の敗北につながったことは前述した。岡田内閣のころ首相は枢密院の「平沼副議長の一派の勢力を牽制するためにはやはり伊沢のやうな人がよくないか」と候補に挙げるほどであった（『西園寺公と政局』Ⅳ一九三五年十一月二八日口述）。倉富や平沼が伊沢を忌避したのは当然であった。

伊沢の枢密顧問官就任を妨げたのは、その「独特の性格」であったという（『東朝』一九四〇年十二月二六日）。党派的抗争を辞さず政界表裏で策動する伊沢は、枢密院のみならず元老や宮中方面にも危険な人物との印象を与えてきた。今回伊沢を推薦した原嘉道議長が今後は政治活動を差し控えるよう言ったところ、伊沢は「枢密院は政治を扱ふところではないのかね」と反問したほどであった。伊沢は枢密院でも「政治活動を大いに」行うつもりであった（『伝記』）。

伊沢の就任を聞いた古島一雄は、「貴下は枢密顧問を希望していたさうだから御就任を御祝ひする」という皮肉な手紙を出した（「丸山筆記」）。古島は伊沢に「翼賛会のことで裏切られ」たと記しているが、伊沢が翼賛会批判を行いながら近衛の推薦で枢密顧問官に就任したことを皮肉ったのである（古島一雄『一老政治家の回想』）。

これまでポストに恬淡であった伊沢にしては、枢密顧問官は珍しく望んだものであった。政党と議会の凋落を目の当たりにし、軍部に対抗するには天皇の最高諮詢に与る枢密顧問官となるしかないと考えたのだろう。就任にあたり伊沢は「顧問官ともなれば、本会議のある毎に陛下の尊顔が拝される」と言った（『伝記』）。

加えて前月十一月二四日西園寺が世を去ったことも、伊沢を奮起させる一因だったと思われる。伊沢は「私は性来どんな場合に当面しても、未だ曽で失望落胆を知らざる人間であるが、老公の訃報には嗚咽禁じ得なかつた」とショックが大きかったことを記している（「西園寺老公の薨去に想う」）。さらに十二月二四日には長い交遊があった湯浅倉平が亡くなった。しばしば病床を見舞った際湯浅の衰弱を見て、伊沢は「暗然として言葉も出なかった」という（同前）。天皇と立憲政治を支えてきた西園寺や湯浅の死去は、伊沢に国政の枢機参画への決意を強くさせたのである。

第三次近衛内閣

松岡外相が日ソ中立条約を調印するなど華々しい外交を展開するなか、アメリカでは野村駐米公使とフランクリン・ルーズベルト大統領、ハル国務長官との間で日米交渉が進められていた。松岡はこの動きに反発し、六月独ソ開戦後にはソビエト攻撃などの過激な強

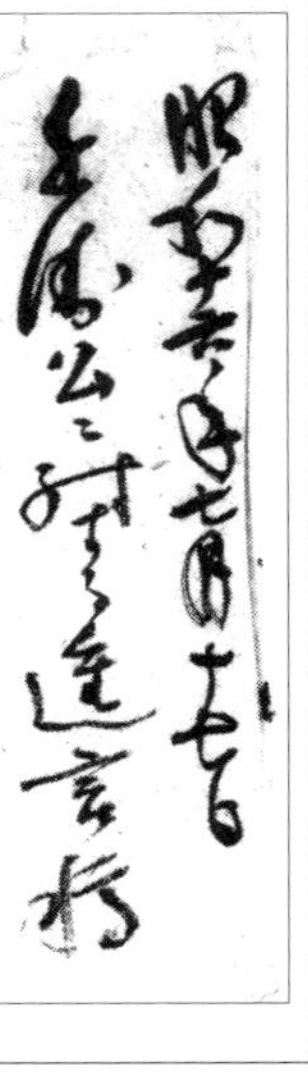

新内閣基本要綱
現内閣総辞職ノ声明ニ曰ク「変転極リナキ世界ノ情勢ニ善処シテマスマス国策ノ遂行ヲ活潑ナラシメンタメニハ マヅ国内態勢ノ急速ナル整備強化ヲ必要トシ 従ツテ内閣ノ構成モ亦一大刷新ヲ加フルノ要アルコトヲ痛感シ云々」ト 言ヤ真ニ善シ 現下非常ノ危局ニ當面シ抜本塞源的ノ措置ヲ講スルノ要

図13　近衛公に対する進言稿

硬論を唱えるまでになった。

七月二日の御前会議は世界の新情勢を受けて、対ソ戦を準備しつつ南方進出のため対英米戦も辞さない方針が決定された。松岡は閣内で孤立を深め、伊沢は「松岡外相問題」で内閣は「総辞職をなすもの丶如し」と観測した（「手帳」七月一四日）。予想通り数日後、近衛内閣は総辞職し一八日再び第三次の組閣を行った。松岡を更迭するための内閣改造で、外相には海軍の豊田貞次郎が就任し、ほかに軍人七名が閣僚となり政党出身者は皆無であった。

内閣改造にあたって伊沢は、岡田文秀に新内閣が採るべき「政綱要領」を起草させた。「伊沢文書」にある「昭和十六年七月十七日近衛公に対する進言稿」に収められた「新内閣基本要綱」という便箋一六枚の原稿である。

　この意見書では戦時内閣の形態として、「政府陸海軍の一体化を少数責任制の下に集約するため所謂インナァカビネット」を採り、閣僚の詮衡は「専ら首相」によること、「行政機構を単純化し責任制」とし、枢密顧問官を「最高の政治に補充的に参画」させることを主張した。インナーキャビネットは、イギリスのロイドジョージが第一次大戦の際に少数内閣で難局を乗り切ったことで知られる。首相の閣僚指揮権強化、行政機構の簡素化と責任体制、枢密顧問官を総動員した挙国一致の戦争指導体制など、この意見書で示された改革は敗戦まで伊沢がくり返し主張した構想で、伊沢が手にした枢密顧問官の地位を最大限に生かそうとするものであった。

日米交渉の破裂と近衛の退陣

　七月下旬日本軍が南部仏印に進駐するとアメリカは対日姿勢を硬化させ、日本資産の凍結や対日石油輸出禁止を通告し、日米関係は最悪となった。近衛はルーズベルト大統領との直接会談で事態打開を図ることを決意し、八月七日野村大使に会談実現にむけ訓令した。一方、九月六日の御前会議は帝国国策遂行要領を決定し、対米交渉期限を一〇月上旬とし、要求が受け入れられない場合米英蘭への開戦方針を定めた。

九月二八日、伊沢は後藤文夫とともに近衛の鎌倉山の別荘に呼ばれた。日米首脳会談の件であった。ルーズベルト大統領との会談が実現した場合の意見を聞かれると、伊沢は「これをやれば殺されることが決まっている」と述べた。近衛が「生命のことは考えない」と答えたのに対し、伊沢は「生命のみでなく、米国に日本を売ったと言われるだろう」と言うと、近衛は「それでも結構だ」と応じた（矢部貞治『近衛文麿』）。伊沢は近衛に日米会談に臨む覚悟を確かめた。

しかし一〇月二日アメリカは会談拒否を通告し、同時に領土主権の尊重や内政不干渉などいわゆるハル四原則の確認と日本軍の中国大陸、南部仏印からの撤兵を求めた。アメリカの厳しい対応に交渉は破綻の危機を迎えたが、近衛はなおも豊田外相、東条陸相、及川海相、鈴木企画院総裁らと五相会議を行い、アメリカの要求受け入れの調整を図った。しかし東条ら陸軍は強硬に反対し一〇月一六日、ついに近衛は政権を投げ出した。

この時伊沢は近衛に「やめてはいけぬ、陸軍大臣をやめさせて自ら兼摂するか或は然るべき事務官をおいて粛軍をやれ」と激励した（「伊沢多喜男氏訪問手記」）。しかし近衛は伊沢に、クーデターが起こってかえって開戦となる危険があると答え、辞職やむなきの心境を伝えた（矢部貞治『近衛文麿』）。かつてないほど粘り強く日米交渉を模索した近衛であったが、開戦へ突き進む軍部の反対についに総辞職した。浜口亡き後、伊沢が嘱望した贔屓役者近衛も開戦を前に政界から退場した。

第一〇章　戦時下の枢密顧問官

開戦反対論

一〇月一八日、東条内閣が成立した。この時伊沢は陸軍がその責任の地位に立ったことを「かえって喜ぶよう」であった(『岡田文秀自叙伝』)。奏請した木戸内大臣や天皇と同じく、伊沢も東条によって陸軍を制御し、開戦を回避することを期待したのである。しかし十一月五日の御前会議は対米交渉を継続しつつ十二月初旬の武力発動を決意し、開戦に向け始動した。十一月二五日伊沢は実業家の大倉喜七郎と東条首相を訪問した。この時の様子は次のように報じられている(『東朝』十一月二七日)。

「貴族院で同成会を牛耳っていた時代から「官界の大久保彦左エ門」を以て任じていた伊沢多喜男老、枢密院に入ってから、益々其本領を発揮し去る二十五日には東条首相と会見して、重要国策について進言するなど、此の処大したハリキリ振りである」

重要国策とは、むろん日米交渉の行方であった。十二月一日御前会議で開戦が決定され四日開かれた枢密院本会議で、伊沢は「日米交渉における東条内閣の態度如何」を質し、アメリカがそれまでの「妥協的態度」から「急に強行(ママ)の態度」に変じたのは何故か、伊沢はその事情を明らかにするよう迫った(深井英五『枢密院重要記事覚書』)。

開戦の十二月八日早朝、緊急招集された枢密院全員委員会に宣戦布告が諮詢された。伊沢はその際、「侵略は我国伝来の精神に反す」、「現状亡国の徴あり。コムミンテルンの運動により国内相剋摩擦あり」と発言した。開戦を「侵略」とし、国内体制に「亡国の徴」ありとは過激な政府批判であった。東条の反応がどうであったか記録はないが、出席していた深井英五顧問官は伊沢の発言を、「今日の言議中最も重要の意義あり」と記している（同前）。伊沢は大胆に開戦反対と政府の責任追及を行った。

翼協と翼賛選挙

日本軍は十二月二五日に香港、翌一九四二年一月二日にはマニラを占領し、快進撃を続けた。三日伊沢は熱海の内田信也の別荘を訪問し、近衛に面会した。緒戦の勝利に沸き立つ世論のなかで、日米和平を模索した近衛を非戦論者として非難する声が高まり、この頃近衛は華族の地位や名誉を返上して隠退まで考えるようになっていた。

一月二一日、東条首相は国民の戦争支持熱を背景に総選挙断行を発表した。総選挙によって議会刷新を行い、同時に大日本翼賛壮年団を結成して民間からも戦争協力を動員することがねらいであった。二月一八日の閣議で来たるべき総選挙は「翼賛選挙」と名付けられた。

このころ伊東にいた伊沢を後藤文夫がしばしば訪ねた。二・二六事件時に内務大臣であった後藤は責任を取って要職を退いており、その政界復帰についてであった。結局二三日後藤は政府が結成した翼賛政治体制協議会（翼協）の協力会議議長となった。大政翼賛会に反対した伊沢だが、その中枢に後藤が入ることは好都合であった。

翼協は三月一八日政治結社となり、全国で四六七人の推薦候補者を決定し、府県市町村に設置された選挙粛正委員会、翼賛壮年団などが翼賛選挙運動を推進した。翼協による候補者公認方法について、伊沢は「これより他には方法はなかろう」と国家の介入もやむなしと承諾したが、実際に選挙が始まって非推薦候補者へ干渉や圧迫が頻発すると、この方式を提案した後藤の秘書官橋本清之助に「かんかんになって抗議」したという（森有義『青年と歩む後藤文夫』）。

第二一回衆議院議員総選挙は四月三〇日に予定され、伊沢は自派の候補者への支援を続けた。郷里の長野県一区の小坂武雄（信濃毎日新聞社長）は貴族院議員小坂順造の弟で、高遠公園に伊沢の頌徳碑を建立した熱烈な伊沢信奉者の一人で、小坂は伊沢に弁士派遣を依頼している（小坂武雄一九四二年四月一三日）。三区の木下信（内務官僚、民政党代議士）は仏印特派大使顧問で選挙区に不在のまま立候補した。伊沢はかわって選挙の指揮を取り、地元の青年が「腰弁当、草鞋穿きで奔走」し、小坂は最高点で当選した（『長野県政史』）。異色なのは同県三区無産政党の闘士で「ケンカ勝」の異名を取った野溝勝が、伊沢に選挙の相談を持ちかけていることである。野溝は日本農民組合に参加し、一九三一年には社会大衆党から県下初の無産政党県会議員となり、一九三七年には衆議院議員に当選した。野溝は選挙のさなか伊沢に、「戦線そろ〳〵緊張して来ました。郡下の共同戦線運動は奏効し異状の成果を治め得られると信じ且努力していますから御安心願ます」と、伝えている（野溝勝一九四二年四月一五日）。

しかし今回の選挙で「軍の命令で翼賛議員同盟にはいれ」と言われ「私どもは無産政党で、大衆から推薦」されていると拒否したため出馬できなかったと語っている（八百板正『不退転の人』）。野溝は結局出馬を見送ったが、その後、伊沢に就職先を依頼している（五月二三日）。野溝は戦後最初の総選挙で当選し、日本社会党中央執行委員となり芦田均内閣の国務大臣になる。伊沢と同じ上伊那出身という以外にどのような接点があったか分からないが、伊沢の多彩な人脈を示すものである。

尾崎行雄不敬事件

第一回総選挙から三重県で連続当選してきた尾崎行雄は、この選挙では非推薦候補となった。尾崎は田川大吉郎への応援演説で、明治大正昭和の三代を回顧して立憲政治を説き翼賛選挙を批判するなかで、「売家と唐様で書く三代目」という川柳を引用した。当局はこの発言が現天皇を暗に批判するもので不敬罪にあたるとして、選挙戦の最中の尾崎に東京地検への出頭を求めた。東条や翼協に批判的な尾崎への弾圧であった。

伊沢は直ちに「尾崎を不敬罪にて起訴することは絶対に反対なり」との書状を赤松秘書官を通じて東条首相に手交した。伊沢は大隈内閣の警視総監の時に、尾崎司法大臣と大浦事件の処理をめぐって対立したことがある。しかし二年前に軽井沢で面談した際の尾崎の印象を「壮者を凌ぐ元気と燃ゆるが如き忠誠の念に至りては敬仰之外無」と書いている（岩波茂雄宛一九四〇年九月三日）。伊沢は憲政における不屈の闘士尾崎を高く評価していた。

尾崎は選挙では当選したが四月二四日不敬罪で起訴され、七月東京地裁は公判に付す決定をした。起訴された尾崎は、同年末に懲役八ヶ月執行猶予二年の有罪判決を受け、直ちに上告した。その後大審院で尾崎の意図は明治天皇の奉頌と憲法政治の擁護であると認められ、四四年六月に無罪が言い渡された（「尾崎行雄不敬事件」）。

尾崎が起訴されたことを聞いた伊沢は「皇室、国家に対する至大の損害」と痛嘆し、その犠牲を最小限度に止めるべく努力すると岩波に告げた（岩波茂雄宛一九四〇年七月一五日）。岩波はこの頃同書店から刊行した津田左右吉の著書を「大逆思想」とする蓑田胸喜の執拗な攻撃を受け、第一審で津田とともに禁固二ヶ月、執行猶予二年の判決を受け控訴中であった。伊沢は津田の裁判でも岩田宙造や有馬忠三郎ら法曹界の重鎮とともに岩波を支援していた（小林勇『惜櫟荘主人』）。選挙と議会制度への国家の過度の介入に反対し思想言論の自由を尊重する伊沢は、長年憲政に尽くしてきた尾崎を擁護したのである。

大東亜省設置問題

伊沢は翼賛総選挙の後、春から滞在していた伊東の別荘から東京に戻った。腰痛のため歩行困難で、熱海からは特急のコンパートメントに横臥するほどで、自宅で静養を余儀なくされた。

五月三〇日汪兆銘政府の外交部長褚民誼が「日華提携」促進のため来日し、六月八日に帰国するまでの間各地で歓迎会が催され、一行は大政翼賛会や傘下の大日本興亜同盟などの有力者と会談を重ねた。この褚民誼の来日に対し、政府内では答訪使節派遣の計画が持ち上がり、平沼騏一郎元首相、有田八郎外相、永井柳太郎大政翼賛会興亜局長を特派することになった。この間石渡荘太郎外務省顧問が国民政府の経済顧問に就任し、重光葵中華大使が南京と往復し同政府との提携強化を進めた。

伊沢は夏に旧軽井沢の別荘に移ったが、付近には山下亀三郎、細川護立、松井慶四郎、内田信也らがいて来客が絶えず、山下に「山上へも毎日雑客来訪兎角過労に相成候」とこぼしている（山下亀三郎宛一九四二年七月二一日）。この別荘には黒河内透に嫁した三女いよが娘りん子、まり子とともに同居していた。黒河内は開戦前農林省から企画院に移っていたが、褚民誼に対する答礼使を現地で受け入れるため南京の興亜院華中連絡部に単身で出向することになっていた。

七月末、赴任を前にした黒河内に伊沢は次のように書き送った。

「褚民誼に対する答礼使として平沼等の民国に派遣せらるべしとの風評は相当広く具体的に伝へられ今日にては八九分通りの発議となり居れり。〔中略〕しかし予は却而是を信ぜざらんとす。広き視野より観察して如此大ゲサな顔触にて答礼することが必要なりや否や。否な却而吾邦の国威を失墜する虞なきにあらず也。民国外務大臣に対する答礼ならば帝国外務大臣以下の程度の人物にて十分なり。前首相たる平沼が出懸ける如きは余りに非常識なり」（黒河内透宛七月二八日）

伊沢は宿敵平沼の派手な外交を喜ばなかったのだろうが、こうした「大ゲサな」使節団派遣ではなく、当局者が「万事虚心坦懐直接に話し合ふこと肝要」というのが伊沢の考えであった。しかし八月二九日、平沼らの答訪使節二五名が南京の国民政府を訪問し、一ヶ月近く滞在して交流を行い九月二三日には国書を捧呈し「日華国交愈々固き」を声明した（『東朝』一九四二年九月二四日）。

政府はこうした大東亜外交と戦時下の行政簡素化の一環として、九月一〇日大東亜省官制を閣議決定し枢密院に諮詢した。大東亜省は拓務省・興亜院などを廃止し、内地、朝鮮、台湾、樺太という「大東亜地域」の政治経済諸般の政務を執行するもので、外務省の所管を脅かすものと不満を示して東郷茂徳外相は辞任した。

二八日、本案の重大性に鑑みて十一人の枢密顧問官からなる審査委員会が設置され、伊沢もこれに任命された。一〇月九日から始まった枢密院での審議では、小幡酉吉、石井菊次郎ら外務省出身の顧問官は、大東亜省設置は外交の二元化をもたらすと激しく批判し、二〇日の第七回委員会では石井は大東亜省という名称変更を要求し、外交は従来通り外務省の所管とすることを主張した。これに対し伊沢は枢密院が本案に反対した場合政変が起こると賛否を保留した。その結果政府に修正を求めることになったが東条首相の決意は固く、三土忠造が委員会で提起された意見を付記することによって通過を図る妥協案を提示したが、それでもまとまらず本会議に上程されることになった。

二八日の枢密院定例本会議は、深井英五顧問官が「余が体験中の最高記録」というほどの長時間の激論となり最後に伊沢が発言した。

「余は全面的に政府案に賛成す。委員会報告の留保的意見には反対なり。即ち小幡顧問官が委員会に於て只一人の異論者ありと言へる其の一人は余なり」

伊沢の主張は、「大東亜」地域では欧米の外交と異なる「一視同仁」の「皇道」による独自の内外地行政が必要であるというもので（『枢密院会議筆記』）、台湾総督として「一視同仁」の植民地統治を行った伊沢のアジア外交観は、植民地行政の延長線上にあった。ただし東条首相が答弁のなかで大東亜における外交は「我国を指導者とする所の外政」と、露骨に関係諸国を属国視したのとは区別されなければならない。

採決では石井一人が不賛成を示したが、多数で政府原案通り可決された。小幡ら反対した多くの顧問官が最終的に賛成に転じた背景には、伊沢が述べたように東条首相の辞任により政変となるのをおそれたためであった（馬場明『日中関係と外政機構の研究』）。

政府を絶対支持した伊沢の行動について、開戦時に鋭い政府批判を行った伊沢に敬意を払った深井英五は「伊沢氏の従来の閲歴及び思想の方向に照らして、意外の感なきを得ざる」と記した（『枢密院重要記事覚書』）。国家総動員法審議の時と同様、伊沢はまたも予想に反した行動を取った。

なぜこのような態度をとったのか。少し後であるが、伊沢は次のように説明している。

「国家が戦争状態に入りたる場合に於ては、一億一心、軍国の事に従はざるべからず、敵前相剋摩擦するが如きは絶対に避けざるべからず、多少意に満たざるものありとするも努めて是を忍び一億専心一致政府を援助すべしとは予の堅持せる態度なり」（大達茂雄宛一九四四年七月二八日）。

伊沢は外交のみならず戦時下の国策遂行においては、「多少意に満たざるもの」があっても「敵前相剋摩擦」を避けるべく政府を支持するべきであるとした。国家の滅亡を避けるために「一億一心」となることを主張した伊沢の念頭には、日清日露戦争に勝利した明治国家の姿があったかもしれない。いずれにせよ伊沢は、現実の戦争への勝利を最優先し政府を支持した。

日華親善

大東亜省官制は十一月一日成立し、大臣には南京国民政府最高経済顧問を辞任して国務大臣となっていた青木一男が就任した。青木は長野県更級郡牧里郷村の出身で伊沢と同郷であった。九月青木が南京から帰って来て伊沢に挨拶に行くと「君が新省の大臣になると聞いたので自分は反対しなかった」と語ったという（青木一男『わが九十年の生涯を顧みて』）。伊沢が大東亜省設置に賛成した理由はこれだけではなかっただろうが、旧知の青木が入閣したことを喜こんだ。

十二月二〇日、汪兆銘主席（兼行政院長）、褚民誼外交部長、周仏海財政部長らが来日した。一行は二二日宮中訪問後東条首相、青木一男大東亜相らと会見し日華提携強化を懇談した。かねて国民政府が希望していた米英への参戦に向け日本の了解を取付けるための協議で、翌一九四三年一月九日汪政権は宣戦布告を声明し、日本はこれに応えて中国における租界還付と治外法権撤廃を公約した。

日本政府内では汪政権のこうした動きを歓迎しない声もあったが、伊沢にとって米英に対抗する日華提携は期待すべきもので、伊沢は青木の仲介で来日中の汪兆銘と会談した。伊沢はその時の様子を黒河内に「約三十分間会談せり、短時間なるも相当有意義なりし様思ふ〔中略〕今回の汪院長の来訪、重光、石渡の上京等は最も効果的にして吾国之対支政策に一大進展をなせるものといふべし」と賞賛した（黒河内透宛一九四三年一月四日）。

汪に同行した周仏海の日記に伊沢の名前はないが、帰国前日の二九日に青木大臣と面会した際に伊沢が同席したかと思われる。周は南京では黒河内とも旧知であった（『周仏海日記』）。

伊沢は「支那は大国にして数千年の歴史を有し文化に於ても経済に於ても尊重すべきものあり」とみなし、「漢民族との協力」「出来得れば華人中に一人でも多くの心友を得る」必要を説いた（同九月六日）。大東亜省設置問題で「一視同仁」の「皇道」による独自の外交観を示した伊沢であるが、伊沢の対アジア観は東条首相のいう「我国を指導者とする所の外政」ではなく、互いの文化に敬意を払った民族的交流に基礎を置くものであった。

東条後継内閣への動き

大東亜省設置問題で閣内が揺れていた七月末、伊沢は人力車に乗って近くの近衛の別荘を訪問した。静養から初めての外出であった。開戦当初に敗北主義者呼ばわりされ、不和が伝えられていた近衛と東条首相の関係修復を図るためで、伊沢は「一億一心は中心人物の親和より始まる」「現、前首相の親和すら得ずして何の大東亜建設ぞや」と両者の「親和」を促した（黒河内透宛一九四二年七月二八日）。

翌年一月高松宮の招きで近衛と東条の会談は実現し、その模様を伊沢は湯河原に来た近衛から聞いた。しかし東条は「兎角批評を聴くを好まず」と近衛に好意を示さず、自らの進退についても「適当なる後任なき故此儘とする外なし」と政権への執着を示した（「日記」一九四三年一月二三日）。伊沢の斡旋は不調に終わった。

しかし東条が風邪をこじらせて半月休養すると後継内閣説がしきりとなり、梅津美治郎、永野修身、山本五十六、寺内寿一、畑俊六などの陸海軍大将が候補に挙がった。前年末ガダルカナル島からの撤退が始まっており、東条の戦争指導への批判が急速に高まっていた。

伊沢の所には様々な反東条の情報がもたらされ、一月四日前警保局長の今松治郎が来訪し、東条内閣と山崎巌内務次官への「反感」を述べた（「日記」）。今松はもともと親東条派の内務官僚であったが、前年山崎次官と対立して免官となっていた（『村田五郎氏談話速記録』）。さらに翌日桜内幸雄が来訪し「三、四月頃は危機なり」と語り、二九日に来訪した後藤文夫も東条内閣への「非難相当甚しき」を語った。彼らの来訪は伊沢に政局の見通しを聞くためで、伊沢の考えは「元勲重臣を枢府に集め挙国一致、政府を援護し国家の危機を救ふ」であった（同一月五日）。第三次近衛内閣の際に主張した枢密顧問官を総動員する戦争指導体制の構想であった。

しかしこれを託す人物は、当面見当たらなかった。近衛はというと一月二四日に岩波の伊豆の別荘で伊沢、近衛、西田幾太郎、長与善郎らが集まり、その際に西田が「近衛公は聡明なるも勇気を欠く。首相には適せず」と言うと、伊沢も「同論なり」と述べている（「日記」一月二四日）。伊沢は近衛の「勇気を欠く」性格をかねて懸念した。

三月、戦時経済の運営に参与する内閣顧問制（勅令第一三四号）が布かれた。伊沢は枢密院で人選にあたり、慶応の先輩藤原銀次郎や愛媛県知事時代以来の山下亀三郎ら七人が就任した。この制度は翌年一〇月小磯国昭内閣の時に廃止され、戦時経済部門に限定しない総合的な助言者とする内閣顧問に改正され（政令第四号）、藤原、山下のほか結城豊太郎、小泉信三、正力松太郎、小泉又次郎、八田嘉明、桜内幸雄、藤山愛一郎らが任命された。

藤原、山下、正力らは戦中戦後に伊沢の政界活動の重要な協力者となった。

一九四三年四月二〇日、東条は内閣改造を行い国務大臣に後藤が就任した。伊沢はさっそく後藤を呼び「内務人事に平沼色濃厚なりとの世評あり如何」と尋ねた（「日記」四月二八日）。内務大臣に平沼と近い陸軍中将安藤紀三郎が就任し、腹心の三好重夫警保局長が免官になったことを危惧したのである。しかし伊沢に近い唐沢俊樹が「安藤の女房役」として次官に就任し、後藤とともに伊沢の連絡役となったことは好都合で、伊沢は東条内閣への人脈をむしろ強化した。

この頃の伊沢の日記には、「後藤君、橋本清之助君と電話」（五月二一日）、「星野〔直樹〕翰長に電話来訪を促す。後藤文夫君に電話、壮年団問題台湾総督来訪の件等」（六月六日）、「唐沢君へ電話。内田信也君より電話。府県ブロック長官の交渉を受け承諾せりと報告し来たる」（六月二七日）と出てくる。要件があると電話で相手を呼び出す伊沢に、唐沢は「先生、そんなに色々指図されては気の弱い者は息が止まって仕舞ひます」と訴えるほどであった（『唐沢俊樹』）。

伊沢の電話魔ぶりは有名で、自動車を持たなかったのでいさいかまわず相手を電話口に呼びだし、伊沢からの電話があると相手は椅子の用意にかかったという（坂本令太郎「伊沢多喜男」）。内務省警保局長だった三好重夫は「伊沢さんは、よく電話をかけられる。それも年寄りだから朝早くから電話をかけてこられるのです。〔中略〕ところがその電話がとても長いのですよ。大体三〇分から一時間はどうしてもかかる」、そして「東条にこういうことを伝えてくれ」と依頼し、「問題によっては随分へこたれた」とこぼしている(『三好重夫氏談話速記録』)。

政府は戦時下の地方制度改革の一環として、この年初めより府市を合併し官選の長官を置く東京都制案の審議を進め、唐沢内務次官はその中心となった。同案は枢密院での審査をへて六月公布され、初代東京都長官に内務省出身で当時陸軍司政長官・昭南特別市長であった大達茂雄が決定した。大達を推したのは唐沢と古井喜実地方局長であったが、発令の直後、唐沢は伊沢に「都長官の人事は相当難航でありましたが第一矢命中いたし、これならば御叱責あるまじくと安心」と書き送っており、伊沢が大達を強く推していたことがわかる(唐沢俊樹一九四三年六月二五日)。大達の内定を聴いた伊沢も「大達採用は近来の名人事なり」と記している(「日記」)。大達や唐沢は、政界から後退を続けた伊沢の内務省人脈のまき返しを図る切り札であった。

浜口雄幸伝の編纂

一九四二年九月、浜口雄幸の長男雄彦は伊沢に次のような手紙を送った。

「陳ば先考伝記編纂に付ては不一方御高配を忝ふし深く感銘罷在候処、先日は巌根相田等罷出候節は種々尊慮を煩はし候趣拝承、御芳情之程難有奉深謝候。当日御下命の通り取運ぶを得候はゞ此上もなき仕合に存候まゝ何卒此上共宜敷御願申上候。」

これによれば次男巌根、女婿の相田岩夫（三女静子夫）ら浜口家親族が伊沢のところに出向いて「先考」つまり浜口雄幸の「伝記編纂」を依頼した。この浜口伝の編纂が実際に動き出したのは翌四三年で、一月十二日の伊沢の「日記」には「午前十時丸山幹治君来訪、浜口伝記の件に就き協議、午餐其後二時辞去」、さらに四月二日伊豆伊東の中村別荘に滞在中に、「丸山幹治君に電話浜口伝記の件」と記している。

丸山幹治は長野県出身のジャーナリストで大正昭和期に大阪朝日新聞や京城日日新聞、東京日日新聞、毎日新聞などで政治評論やコラム（「天声人語」「余録」など）に健筆を振るい、一九一八年に筆禍事件（白虹事件）で長谷川如是閑らとともに退社した反骨のジャーナリストである（堀真清「侃堂丸山幹治」）。政治学者丸山真男は子息である。

丸山は東郷平八郎、副島種臣、大隈重信、後藤新平、西園寺公望など数多くの政治家の人物評を書き、浜口については没後に「平均点の多い政治家浜口雄幸氏」（『大日』一九三一年九月号）、また伊沢についても戦後「黒幕政治家　伊沢多喜男の政界秘話」という評論を書いている（『毎日情報』一九五〇年十二月一日）。伊沢が丸山に白羽の矢を立てたのは、

伊沢氏説　　　　　丸山

一、濱口内閣の顔觸れを見てもわかるが腹心の関係といふべき関係が少い。そこで濱口氏はどうかして伊沢氏を入閣させようと思つた。組閣の当時、伊沢氏は帝国ホテルに陣取つて種々の方面と連絡してゐたが、あとで仙石満鉄総裁の下で満鉄副総裁になる大平駒槌氏が来てゐた。そこへ幣原氏が伊沢氏を訪ねて来た。伊沢氏は考へた。濱口内閣の第一歩たる組閣ぶりは極めて大事である。濱口は僕を大臣にしようと思つてゐるに違ひないが僕がこれを断つたりしてゐると組閣に暇取ることになる。そこで幣原氏が来たのを幸ひに此の意思を濱口に通じて貰ひたいといふと、幣原氏は君の心事は濱口がよく知つてゐる筈だからそれには及ぶまいといふ。いや、さうから三十分も掛らぬから、今すぐ濱口の家へ往つてくれと伊沢氏がいふので、幣原氏も往くことを承知した。間もなく帰つて来て、君のいふ通り濱口は君を司法大臣にするつもりか

（1）

図14　幻となった浜口伝編纂資料

政界に通じた気鋭のジャーナリストでかつ同郷であったことからだろう。

丸山はこの年一月から本格的に資料の採集に着手し、二月浜口の家族に、五月には浜口の郷里高知に足を運んで旧家の関係者、選挙区の支持者たちの座談会を開催した。これに出席した川淵洽馬（内務官僚で当時高知市長）は「先般伊沢多喜男先生が来いと云ふ御話で行きましたところ、今度浜口先生の遺族の方にも会って話したが浜口先生の伝記を一つ作ろうといふことになって伊沢氏が委員長といふ格になられて居るそうで私にも手伝へといふ御説で一ぺん寄って相談をした」と経緯を語っている（「旧友座談会」）。

丸山は幣原喜重郎、岡田啓介、尾崎行雄、伊沢自身にも談話収録を行った。本書に引用

している「丸山筆記」がそれである。

七月一〇日伊東の中村別荘には、前日から岩波茂雄とその女婿小林勇が来訪して統制が強まる「出版会社問題」と岩波書店の立場について伊沢と懇談を重ねていた。そこに「丸山幹治君来訪鼎座夕食を喫し、岩波君は九時辞去丸山君一泊」した。やはり長野県出身の岩波が浜口伝の出版に関与していたようである。

岩波が辞去した翌十一日朝から伊沢と丸山は「浜口伝記編纂の件に関し協議、其計画目次作成の件」などを話し合った（「日記」）。ここで丸山への手当として「月当は定めず取り敢へず壱千円（彼は五百円を主張せり）を交付し実費精算すること」とした。「五百円」「壱千円」は現在に換算すると優に一〇〇万円を越える高額であり、浜口家から提供されたのであろう。

しかし結局浜口伝の編纂は戦争中に完成せず、戦後子息の丸山真男に託されたが未刊となった。丸山真男は「親父は親父で浜口雄幸の伝記を書くことを委嘱されて浜口家より相当な金額をもらったのです。親父が老衰してしまったものだから、結局できなくて、ぼくに誰かを紹介してくれというので、今井清一君を親父に紹介して、たすけてもらった」と記している（『丸山真男回顧談』下）。丸山真男は父幹治の「老衰」を理由に挙げているが、中心人物の伊沢が戦後公職追放され、一九四九年に死去し後ろ盾を失ったことは大きな要因であったと思われる。「浜口伝」はその後丸山真男の弟子今井清一氏（横浜市立大学名誉教授）によって二〇一三年に世に出された。

伊沢は同じ頃、「川崎卓吉、浜口雄幸、湯浅倉平等の記念事業に没頭しつゝあり。生き残れる者の義務として精魂を尽し居るも、寂莫を感ずること多大なり」と書いている（山下亀三郎宛一九四三年八月五日）。伊沢は川崎（一九三六年三月死去）の伝記編纂会実行委員長となり、また柴田善三郎（一九四三年八月死去）の伝記編纂も半井清、河井弥八らとともに進めていた。川崎伝は伊沢の死後一九六一年に刊行されたが、柴田伝は未完となり現在一部が稿本として残されている。伊沢は戦時下に「生き残れる者の義務として」政界でともに活動した盟友たちの事跡を記録にとどめる事業に精魂を傾けたのである。

倒閣運動

八月四日、伊沢は軽井沢で宇垣を訪問し「過去の政情問題」を語り、一八日には宇垣の側近砂田重政（元政友会代議士）と会った。その際砂田は中野正剛や天野辰夫を宇垣に近づけないようにしていること、古島一雄が来てやはり同様の忠告をしたことを伝えた。中野はこの年初の『朝日新聞』に「戦時宰相論」を書いて東条首相を批判し、この後内閣打倒工作の容疑で検挙される（東方同志会事件、中野はその後自殺）。天野は五・一五事件のほか平沼狙撃事件（一九四一年）にも連座した過激な右翼運動家であった。伊沢はこうした急進的な倒閣運動には批判的であった。

八月七日伊沢は近衛と会い、「皇族を首班とし重臣総出の態勢」を作り、「挙国一致国難に当るべし」と説き、近衛は傾聴したという（「日記」）。近衛はその後木戸内大臣に伊沢が「東条内閣は既に行きづまれり、此際東久邇宮稔彦を中心として重臣にて組閣しては如何」と述べたことを伝えており、近衛もこの構想に乗り気であった（『木戸日記』一九四三年八月三〇日）。そして伊沢は近衛が東久邇宮擁立の中心になることを期待した。

伊沢は同じ頃東郷茂徳（「日記」八月一四日、二八日）、原嘉道（八月三〇日）、高村坂彦（九月五日）にも同様の趣旨を伝え、「東条以後」に本格的に動き出した。さらにこの間伊沢は山下亀三郎邸で宇垣と会い、時局を談じた（「日記」十二日）。宇垣の日記にも「軽井沢で数回伊沢氏と会談せり。遇ふ度毎に氏は近く米の大空襲あると云ひ、其際我国内は戒厳令が布かれ、夫れを機会に幕府的存在が現出して暫く日本の政治を暗黒裡に陥ると主張して、其対策を余に求めたり」と危機的な戦局を前に、伊沢が宇垣に決起をもとめていたことが記されている（『宇垣日記』一九四三年九月八日）。

一九四四年に入り米軍の反攻はいっそう激しくなった。東条は人心一新と称し二月一九日、再度内閣改造を行った。運通相となったのは伊沢と同郷の東急の総帥五島慶太で、大学生時代の五島が加藤高明邸に出入りしていた頃から知る関係にあった。また農商相となった内田信也は、病気中の原田熊雄にかわり重臣間の連絡をとることを伊沢が依頼し、近衛からも同様の期待がされた人物であった。内田は以後、軽井沢や伊豆で伊沢と近衛の間の連絡係として頻繁に往来する。

二月二一日東条首相は陸相に加え参謀総長を兼任し、軍令部総長も嶋田繁太郎海相の兼任とする軍部権力の集中を行った。伊沢は東条の軍部掌握について「現役陸軍大将だから陸相と参謀総長とが同一人でもよいというのは三百代言的論理である」と批判している（「丸山筆記」）。

三月六日、伊沢は来訪した近衛に現在の枢密顧問官を総辞職させ、前首相＝重臣を枢密顧問官にする案を示しその斡旋役となるよう説いた。九日には原枢密院議長にも伝え、枢密顧問官を重臣会議に参加させて「制度上でも天皇をお援け」することを目指した（高村坂彦『激動の世に生きて』）。

一三日、近衛は吉田茂（外務官僚）の所で若槻、幣原、海軍の小林躋造に会い、首相に高松宮ないしは小林、参謀総長陸相に真崎甚三郎、小畑敏四郎、内相に伊沢をあてる組閣構想を語った（細川護貞『細川日記』三月一四日）。首相に擬した小林は海軍では米内、野村吉三郎、外務省の吉田茂と近い親英米派で、伊沢を内相とする案は近衛が伊沢を頼りにしていたことの表れである。近衛は翌一四日にも若槻、伊沢に会い「重臣のみの懇談会開催」の必要を説いた（『木戸日記』）。近衛から提案を受けた岡田啓介は留保したが、平沼は賛同し近衛を中心に反東条に向け重臣が結集しつつあった。

五月近衛は高松宮の進言を受け、荻外荘で細川護貞や富田健治、高村坂彦らと会談した。東条内閣総辞職で意見が一致し、和平を目的とした高松宮、東久邇宮いずれかの「宮様内閣」を目指すことになった。

さらにこの頃海軍嘱託の矢部貞治東大教授を中心に海軍の岡田啓介、末次信正、高木惣吉、天川勇ら、内務省の町村金五（警保局長）、大達茂雄（東京都長官）、古井喜実（茨城県知事）らの間でも内閣打倒の動きが進められた（伊藤隆『昭和十年代史断章』）。古井は大達と関東地方行政協議会などで顔を合わせ、時局を語り合ううち「「東条をつぶそう」という海軍の考えに同調し、築地の某所で末次信正大将、高木惣吉少将などとも一緒になった」と記している（古井喜美『山陰生れ一政治家の人生』）。

六月近衛の側近細川護立は高木に会い、海軍側の運動について「近衛とその周辺」が「可なり詳しい情報」を承知していると話した（高木惣吉『高木日記』六月一五日）。詳しい情報を持つ近衛の「周辺」とは、伊沢や大達、古井らであろう。東条内閣打倒運動は重臣層から海軍にまたがり、伊沢系官僚たちも近衛と連絡を取りつつこれに関与した。

東条内閣の瓦解と小磯内閣

一九四四年六月米軍はサイパン島に上陸し、一九日には海軍の奪回作戦も失敗した。絶対国防圏が崩壊し本土侵攻が迫る状況となって、二四日ついに東条も辞職の意向を漏らした。その夜、伊沢は「風雲急、善後策」のため近衛を訪問した（「手帳」）。

同じ日海軍では急進的な倒閣運動を主張する高木惣吉と、これを抑制しようとする岡田啓介が激論を交わした（『高木海軍少将覚書』）。東条は二七日、岡田を呼び出し海軍の動きを押さえることを要求し、岡田は逆に嶋田海相の作戦失敗や部内統率の責任を追及し東条と激しく対立した。

東条退陣を要求する岡田や高木、一部の閣僚重臣には、東条配下の東京憲兵隊によって監視や尾行が付き脅迫や圧力をかけられた。東条に叛旗を翻した岸信介（国務大臣兼軍需次官）が、四方諒二憲兵隊長に軍刀を突き立てられて脅迫されたことは有名である（『岸信介の回想』）。伊沢のもとにも七月十一日東京憲兵隊本部から「不穏文書回収方ノ件」が照会されている。それによれば憲兵隊本部が逮捕した不穏文書の発行人が、「天皇の大権を私する東条こそ日本の敵だ」と題する文書を伊沢に郵送したと自供したので、事件処理の必要から手元に同文書があれば提出し、無い場合は「至急当隊宛別紙様式御記入の上御廻送」することを要求した（東京憲兵隊本部一九四四年七月十一日）。反東条運動を行う伊沢に対する圧力であろう。

七月一三日居座りを続ける東条に対し伏見宮や木戸内大臣は、陸海大臣と参謀総長、軍令部総長の分離、嶋田海相の更迭、重臣の入閣などを求めた。東条は参謀総長を辞任し、嶋田海相にかえて米内、阿部両大将を入閣させる内閣改造で乗り切ろうとしたが、岸国務大臣が頑なに辞職を拒否し、東条内閣は一八日ついに総辞職した。

東条内閣退陣の直接の要因となった岸の辞職拒否について、伊沢は細川護立や藤原銀次郎から聞いた話として、岸が「在任中数千万、少し誇大に云へば億」の金を受け取り、そこに鮎川義介、星野直樹らも参画していたが「利益分配がうまく行かぬことが内閣瓦解の一つの原因」であったと述べている（細川護貞『情報天皇に達せず』下）。岸は前記の『回想』でこの伊沢の話を完全に否定しているが、満州国で権勢を振るった「二キ三スケ」の東条、星野、岸、鮎川（もう一人は松岡洋右）の間で対立があったことは当時から知られていた。満洲映画協会の東京支社長であった茂木久平は「星野に対しては、満州組は今では全部反感、岸の方へ皆集まっている」と語っている（『大木日記』一九四四年七月一八日）。いずれにせよ東条内閣の瓦解により政界は新局面を迎え、伊沢も新たな活動を始めた。

七月二二日大命は朝鮮総督の小磯国昭に降下し、海軍大将の米内光政と連立して組閣が命じられた。米内を協力者に挙げたのは近衛と木戸内大臣で、田中武雄と大達茂雄が組閣の中心になった（小磯国昭自叙伝刊行会『葛山鴻爪』）。田中は私学出身で長野県庁を振り出しに長く朝鮮総督府に勤めて小磯の信任が厚く、伊沢ともかねて懇意であった（田中武雄一九三四年九月二二日）。この内閣の内相に大達を推薦したのは田中で、伊沢の希望でもあった（『大達茂雄』）。田中書記官長と大達内相は、伊沢がこの内閣に影響力を行使する有力なラインとなった。

大達は内務省内の東条派を一掃する人事を行った。内務次官には山崎巌を復帰させ、警保局長に古井喜実、警視総監に坂信弥を起用した。さらに東京都長官、大阪府知事ら一九人を新たに任命し部長級の異動も行った。

内務省の刷新にあたり伊沢は大達と田中に内務官僚の「相剋」を避けるよう進言し、今回免官になった近藤壌太郎や町村金五、浪人中の留岡幸男（一九四二年六月警視総監を免官）らにも復帰の可能性を示唆した（近藤壌太郎宛一九四四年九月一八日）。伊沢は東条系ないし親軍的と目された官僚との対立解消にも配慮した。

九月二六日午後、伊沢は近衛を目白の邸に訪問した。この日近衛は若槻、平沼、岡田ら四人と定例の重臣会議を行い、翌日小磯首相に重臣の地位の法制化を提案した。伊沢は二七日午前に田中書記官長、午後に東条前首相、岡田啓介、翌日は朝から小磯首相、近衛を訪問した。年来の持論、重臣による強力な挙国一致体制実現を目指して精力的に動いたのであった。

岩波茂雄への支援

この頃、横浜商人中村房次郎の病状が悪化していた。伊沢は横浜市長となっていた半井清にあて、「同君の病状に就ては寸刻も念頭を離れず、出来得れば頻々慰問致度存候」と深い憂慮を伝えた（半井清宛一九四四年八月二九日）。九月二二日重篤の知らせに伊沢は軽井沢から上京し、翌二三日首相を訪問した後、横浜の根岸旭台の中村を見舞った。中村はその翌日死去した。二六日に久保山斎場で行われた葬儀にも、伊沢は児玉謙次、大久保利賢、柏木秀茂ら歴代の横浜正金銀行頭取、有吉忠一元市長、平沼亮三、磯野庸幸貴族院議員ら横浜政財界の名士と出席した。

すでにサイパン島が陥落し日本本土は米軍の直接空襲圏内に入り、一九四四年十一月一日マリアナ基地から飛び立ったB29が初めて東京を偵察した。その日、伊沢は「午前十時枢密院、空襲警報あり」と記し（「手帳」）、七六才の誕生日を迎えた二四日にはB29による初めての東京爆撃が行われた。以後連日空襲警報が出されるなか、伊沢は岩波と往来を重ねた。十二月七日朝、岩波は伊東の伊沢を訪問し昼まで懇談し、伊沢も二二日から年末にかけ岩波の熱海伊豆山の別邸惜櫟荘を訪問し宿泊した。伊沢は「同君が亡る前の十年間位は偶々余が寒い間は伊東に避寒する慣習となったので同君の熱海の別荘惜櫟荘にはよく往来した」と回想している（「岩波君を憶ふ」）。

この頃岩波は係争中の津田左右吉事件が時効免訴となり、政治への意欲を示していた。岩波は議員となるのも書店事業の延長であり、「日華親善、文化の向上の理想の徹底、官尊民卑の打破」などの抱負を持っていた。そこに十二月多額納税議員に欠員が生じ、次田と伊沢は貴族院同成会から岩波を推すことにした（中島岳志『岩波茂雄』）。

十二月五日伊沢は小野塚喜平次の葬儀の際に、岩波に推薦することを伝えた。翌一九四五年一月三日、伊沢は明石照男とともに岩波を惜櫟荘に訪ね選挙対策、出版統制会社問題などについて協議し、三一日には岩波からの使者と「選挙の件を交談、午餐を共にし予の岩波宛書柬（かん）」を托した（「日記」）。その中身は当然選挙対策に関することであろう。

二月二一日、岩波は正式に立候補した。伊沢は岩波の選挙では「山の手の知識階級になら相当の支持者」もあるだろうが、「下町の街工場の親爺達には到底魅力はあるまい」と予想し、そこで「大砲を打て」という方略を授けた（「岩波君を憶ふ」）。「大砲」とは、選挙推薦人となった緒方竹虎、三宅雪嶺、幸田露伴、高村光太郎、相馬愛蔵ら著名人の応援であった。ここに伊沢の名前はないが、伊沢は次田、木下信、平山泰ら腹心の元内務官僚たちに選挙の現場を仕切らせた。平山は長野県出身で、伊沢の台湾総督時代の秘書官、東京市監査局長、財務局長、電気局長を歴任していた。伊沢は岩波に平山は「東京市に付長年深き関係あり、特に選挙には相当経験と熱意手腕あり」と伝えている（岩波茂雄宛一九四五年一月二九日、三月八日）。またやはり長野県人の小林次郎はこの頃何度も伊沢や次田と面談し、当選当日には「次田氏より電話。岩波当選（一〇三対三七）」と記している（『小林日記』）。三月二七日、岩波から当選の電話を受けた伊沢は、「社会が予の想像せるより遥かに健全なりとの現実を直認し欣喜感激」との祝辞を送った（同三月二八日）。

本土決戦と内務省

小磯内閣は一月、「強力なる政治の具現」を目指す新党運動を開始し、三月末、大日本政治会（総裁南次郎）が結成された。しかし既成政党出身議員と翼賛壮年団出身議員が対立し、地方支部をめぐる内務省との主導権争いも起こって混乱した（古川隆久『戦時議会』）。伊沢はこうした状況に「翼賛、翼壮、翼政全部解消すべし。前科者と行動を共にするは不賛成也」と陣容の全面的な刷新を求めた（「日記」二月一日）。

二月四日、来訪した天羽英二に伊沢は「外交問題其他に付交渉、予は絶対交戦（ママ）」、敗戦となれば日本民族は「エキターミネード」（殲滅）されると主張した。さらに八日、正力松太郎と高橋雄豺が来訪した。彼らはともに内務省退官後、読売新聞の社長副社長を務め、正力は前述のように内閣顧問となっていた。伊沢は彼等にも戦争貫徹と内閣交替が避けられないことを述べ、正力が小磯首相に面会して「根本的内閣改造」を進言することにした（「日記」二月四日）。

小磯首相も内閣補強を考え、内閣の要であった田中内閣書記官長と広瀬厚生大臣を入れ替えることにした。内閣批判の矢面に立っていた田中を広瀬に替え、木戸と米内をバックに単独行動をしがちな広瀬を書記官長にして制御する狙いであった。しかし広瀬は大臣兼任か、さもなければ相川勝六次官を厚生大臣に昇格させることを条件に出して抵抗した。結局小磯はこれらの条件を呑み、田中を更迭し相川を厚生大臣とした。

小磯内閣への重要な回路となってきた田中を失ったことは伊沢にとって打撃であった。広瀬は伊沢がかつて任官を世話したほどの関係があったが、このころは安井英二ら軍と近い「新々官僚」として伊沢と対立しがちであった。

書記官長となった広瀬は、大達内相とも衝突した。このころ本土決戦に備えた地方行政体制の改編が軍部から要求された。一九四三年に設置された地方行政協議会は、都道府県を全国九ブロックに再編した広域行政組織であったが、この年一月各ブロックの筆頭知事と軍司令官・鎮守府司令長官との連繫を緊密化し権限を強化する改革が行われた。

広瀬は書記官長就任直後の閣議で、筆頭知事の銓衡実権を「首相の手に収める必要」を説き、大達は「内相の自由裁量に」することを主張して対立した（小磯国昭『葛山鴻爪』）。広瀬の案は内務大臣が知事を通じて府県単位で統括してきた地方行政（内務省府県体制）を首相権限下に置き、軍が進める本土決戦の防衛体制に従属させようとするものであった。明治地方制度以来の内務大臣の権限を変更する案に大達は強く反対し、小磯首相が最終決定することとなった。軍部も内務省との対立は本土決戦を前に避けなければならず、結局小磯は大達の主張を容れて内務大臣の権限を維持する決定を下したが、一月二一日これを不満とした広瀬は書記官長を辞職した。わずか一〇日ほどの在任であった。

この間の経緯について田中は伊沢に、首相に自らの更迭の不当を具申したが容れられなかったこと、広瀬の辞職についても首相の不手際を訴えた（田中武雄一九四五年二月二八日）。これに対し伊沢は田中の更迭は「例の一輩の排斥が最大の原因にあらずや」と返信した（田中武雄宛三月二日）。伊沢が指摘した「例の一輩」とは誰か。

田中と大達が広瀬と激しく対立していた頃、重臣が宮中に次々と参内していた。戦局悪化を憂慮した天皇は重臣から個別に意見を聴取し、二月七日平沼騏一郎、九日広田弘毅に続き、一四日近衛が拝謁した。その時の意見書が有名な近衛上奏文である。「敗戦は遺憾ながら最早必至なり」との前提で始まる近衛上奏文は、ソ連による共産主義の影響が国内上層部、特に「軍部内一味」に波及しており、彼らが進める共産革命を阻止すべく軍部の立て直しを図り、国体護持のために早急に戦争終結の手を打つ必要を主張した（矢部貞治『近衛文麿』）。

近衛上奏文にいう「軍部内一味」とは、陸軍統制派のほか企画院や軍需省に集まる革新派と呼ばれる官僚グループらであった。総力戦遂行のために従来の明治憲法体制の諸制度を変革しようとする動きは、近衛や重臣層、財界人ら現状維持派から脅威とみられ、内務省に依拠する伊沢や大達にとっても同様であった（伊藤隆『昭和期の政治』〈正〉）。

二月一九日星野直樹が伊沢を訪問し、小磯内閣に代え東条内閣復活を持ちかけた。田中や大達の後ろにいる伊沢の協力を得ようとしたのである。これに対し伊沢は「軍人はバットルに専心すべき」「東条論は遠慮すべし」と反論し、星野は翌月九日にも来訪したが伊沢はやはり協力を拒否した（「日記」二月九日）。伊沢がいう「例の一輩」とは、広瀬を後押しするこうした東条系の革新派の勢力と思われる。この後戦時下の地方行政において、軍管区制（二月）、国民義勇隊（四月）、地方総監府（六月）が設置され、内政における「軍政一体」化が推し進められていく。大達や伊沢は、本土決戦を呼号して軍部や親軍的官僚が進める従来の内務省を軸とした地方行政体制に対する変革に抵抗した。

鈴木擁立と山本玄峰

この頃伊沢は再び健康を害していた。一月末風邪で発熱して枢密院を欠席し肺炎の注射、解熱などの手当をうけたが、二月七日には終日「臥床、身体疲労倦怠」となった。東京への空襲は日ごとに激しさを増し、一六日には伊東の別荘で長男龍作とともに、終日ラジオで「敵艦載機五六百機房総方面其他より関東東北部空襲」、「B29来襲、敵機動部隊が航空母艦多数を率ひて本格的に本土に来襲」、「硫黄島は盛なる艦砲射撃を受けつゝある模様、敵の本土上陸作戦は着々進行しつゝあるならん」との情報を「日記」に記録している。そして三月一〇日未明の東京大空襲は、「本日〇時半より二時四十分の間B29約百三十機主力を以て帝都に来襲市街地を猛爆せり。右により都内各所火災、宮内主馬寮は二時半其他は八時頃に鎮火」とある。

数日後の十二日、伊沢は後藤文夫と河井弥八に電話し枢密顧問官辞任の意向を伝えた。理由は心身体力の衰えにより「大廟参列、天機奉伺の為参内すらなし得ず臣節を全ふする所以にあらず」であった。伊沢は翌日来訪した後藤に後任に内閣顧問の藤原と正力の名前を挙げ、自らは「勅選議員ならば多少国家に貢献し得べし」と貴族院議員に戻る考えを示した（「日記」三月一三日）。空襲で自宅の被害こそ免れたが、天皇の藩屏たる枢密顧問官にとって帝都の大空襲は衝撃だったようで、健康不良とあいまって辞職決意の一因となった。

しかしそうした伊沢に俄然政治への意欲を復活させたのは、臨済宗の僧侶山本玄峰であった。山本は一八六六年和歌山県生まれ、四国遍路の時に高知の雪蹊寺住職山本太玄に救われて出家、白隠禅師ゆかりの静岡の龍沢寺の住職を努め、小石川の白山道場で正道会を開き、後には臨済宗妙心寺派管長を務めた（『回想山本玄峰』）。伊沢は前述したように兄修二の影響から学生時代に白山道場に通い、そのころ山本を知った。山本が住職をする三島の龍沢寺には井上日召、鈴木貫太郎、米内光政、岡田啓介、吉田茂（のちの首相）、富田健治、安倍能成、迫水久常、岩波茂雄などが出入りしていた（高木蒼梧『玄峰老師』）。山本は政界に多数の信奉者を持つ禅僧として特異な存在であった。

この年二月、山本は田中清玄を伊東の伊沢の所に遣わし、和平に向けて鈴木や米内への面談斡旋を依頼した（『田中清玄自伝』）。田中は一九〇六年北海道生まれ、横浜船渠の造船工時代の一九三〇年に治安維持法違反で検挙された元共産党員で、獄中で山本の講話に感銘を受け転向し一九四一年出所後、山本の門弟となった。当時内閣書記官長であった富田健治が身元引受人になったというから、富田が伊沢に紹介したのだろう、一九四三年四月三日の伊沢の日記に「本日田中清玄君山本玄峰禅師の使者として来訪すべく期待せるも遂に来らず、若槻男に電話せるも微恙にて断らる」と、用件は不明だが伊沢との間にすでに交渉があったことがみえる。

山本はこの頃山下奉文の支援のもと井上日召を重慶の蔣介石に派遣して直接交渉を計画したが、事前に漏れて失敗した(『日召自伝』)。山本は門徒となった政界有力者を通じて様々な「和平工作」を策動しており、重臣間で出廬が期待されていた枢密院議長鈴木への接触もその一つであった。伊沢にとっても鈴木を首班とする内閣は年来の持論、枢密院を中心とした重臣総出の挙国一致内閣を実現する機会であった。

伊沢は田中に米内へ取り次ぐことを約束した。その結果だろう、しばらくして迫水書記官長から田中に連絡があり、三月二五日赤坂区南青山の内田孝蔵邸で山本と鈴木の会談が実現した。伊沢の従弟内田は一高時代から禅に傾倒して山本の道場に出入りし、また山本は三島から上京する際に内田邸に宿泊し、井上日昭の血盟団事件弁護に出廷した際にもここに滞在している(『内田孝蔵』)。内田邸が会見場となったのはそうした関係からであろう。

会談で山本は鈴木に「あなたは二・二六で、一度あの世に行っている方だ。だから生死は乗り越えていらっしゃる。お引き受けなさい。ただし戦争を止めさせるためですよ」と述べた(『田中清玄自伝』)。翌二六日、鈴木は岡田に内閣を引き受ける意向を伝え、二九日山本は伊沢を訪問して会見の模様を伝えた（「手帳」）。山本と伊沢は鈴木に内閣を引き受けることを決意させた。

ただしこの年始め天羽英二に「予は絶対交戦」と主張していた伊沢が、鈴木擁立を終戦和平への布石として進めたかどうかは分からない。枢密院副議長平沼もこの頃戦争継続を前提に鈴木担ぎ出しに動いていた。その理由は「戦争は始まっているのですから、この戦争をやる能力のある人でなければ本当の平和も出来ない」というものであった（手嶋泰伸「終戦期の平沼騏一郎」）。伊沢と平沼は長年の宿敵であったが、戦争の継続でも和平でも、いずれの困難な道へも立ち向かえる人物として二人は鈴木に期待をかけたのである。

鈴木内閣

四月四日小磯内閣総辞職の情報を正力から得た伊沢は鈴木に電話で内報し、急遽召集された枢密院会議に出席した。会議は午後八時ころ鈴木枢密院議長を首班に推薦することに決定して散会したが、伊沢はなおも鈴木や木戸内大臣と残って夜半まで協議した。健康問題から枢密顧問官辞職の気持ちを漏らした数週間前と打って変わる、精力的な活動であった。

翌五日の重臣会議では木戸、近衛、若槻、平沼、岡田、東条らが出席し、激論があったが最終的に鈴木が推薦され同日大命が降下した。天皇から「和の機会を掴むべし」との意向が下された「終戦」を使命とした内閣であった。鈴木が組閣当夜のラジオ放送で語った「国民よ我が屍越えて行け」は、「生死は乗り越えよ」と述べた山本玄峰の言葉と符合する（鈴木一編『鈴木貫太郎自伝』）。

しかし成立した鈴木内閣の顔ぶれは不評であった。政治経験のない鈴木のもとには様々な勢力の思惑が混合し、「何とも不可思議なる内閣」となった（細川護立『情報天皇に達せず』下巻）。とくに内閣書記官長に再任された迫水久常はじめ、前内閣で設置された総合計画局に「新々官僚」や「革新官僚」と呼ばれた人々が集まり、最高戦争指導会議の議案作成や戦時法制立案などの業務を行った（古川隆久『昭和戦中期の国策統合機関』）。古井喜美は「この内閣の弱点」に迫水、「取り巻き」に岸信介、秋永月三（総合計画局長官、陸軍中将）、美濃部洋次（戦災復興部長）、奥村喜和男（元情報局次長）、菅太郎（元企画院調査官、翼壮理事）、白鳥敏夫（元イタリア大使、衆議院議員）らの名を挙げている（『大木日記』四月十二日）。この日近衛と会った高木も、迫水や秋永の起用は「再び革新官僚一派の跋扈を招来」すると警告した（『高木海軍少将覚書き』）。和平を期待した内閣に、総力戦を進めようとする面々が多数連なったことが懸念されたのである。

伊沢も同様の考えを抱いた。三月六日来訪した正力に「平沼は奸物なり排除すべし」「鮎川、岸一派を退治すべし」と語った伊沢は、四月二一日、やはり来訪した内田と近衛に「鈴木内閣は結局陸軍に引摺らるゝものなり、又鮎川、岸一派の跳梁懸念すべし、新々官僚は岸一派と深き連絡あり」と述べている。翌月にはその鮎川が星野とともに来訪した。伊沢は鮎川について「彼は技術者出身の事業家、高遠なる理想もなく又政治に関する智識も見識もなし」と冷評した（「日記」五月一三日）。前内閣と同様、伊沢は鈴木内閣でも蟠踞する鮎川や岸という東条に繋がる革新派を強く嫌悪した。

罹災

この間本土空襲は激化した。四月一三日深夜、東京を三三〇機のB29が襲い、四谷、豊島、小石川、荒川各区を中心に一七万五〇〇〇戸余りが焼失し、死傷者二四一人の被害が出た（『東京大空襲・戦災誌』）。これまで被害を免れていた西巣鴨の伊沢邸も「午後十一時頃より大空襲邸内火の海と化し本邸忽ち火を吐く」状況となった（「日記」）。

伊沢は妻と次男紀とともに避難して九死に一生を得た。「焼夷弾の落下百数十箇、隣家は死者二人を出だし付近にて死傷せる者相当多数」あったが、「腰抜の拙生が無難なりしは確かに神助」と記している（米山梅吉宛一九四五年五月一三日）。当日は家族とともに池袋の歯科医藤田金之丞宅へ身を寄せ、翌朝単身自邸に戻ったが防空壕だけ焼け残って跡形もなかった。それでも伊沢は関東大震災の時と同様、隣人たちに朝食を振舞うなどの支援を行った（「日記」四月一四日）。四月一六日小石川の岩波邸で開かれた貴族院議員当選御礼の会には、伊沢は同じく焼け出された石黒忠篤、安部能成らとともに出席し気丈なところを見せた。

その後一家は世田谷区宇奈根の内田孝蔵別邸に身を寄せ、岩波邸にも厄介になった。一九日岩波と東京駅から伊東の中村別荘へと向かう列車には徳川圀順貴族院議長が乗り合わせ、途中横浜で敵艦載機の襲撃に遭うなど命からがら伊豆に西下した。

この間の四月一五日憲兵隊が吉田茂と側近の殖田俊吉らを逮捕し、原田熊雄、樺山愛輔、小畑敏四郎らを取り調べた。近衛上奏文の作成や流布に関わり反戦反軍行動を行ったという容疑であった。吉田らは軍法会議に書類送付され代々木の陸軍刑務所に収容されたが、不起訴となり五月末に釈放された（大谷敬二郎『にくまれ憲兵』）。

伊沢は空襲で焼け出されたが、かえって意気軒昂となった。前年六月中国在勤から帰還して北海道庁にいた黒河内透にあてた手紙では「災後の心境は変に清々しく勇気も多少恢復したるが如し」と述べ（黒河内透宛一九四五年五月六日）、斎藤隆夫にも「余生は固より百生報国を念願」と記した（斎藤隆夫宛五月二七日）。

伊沢は枢密院会議にも疎開先から出席した。五月一五日には帝国ホテルに投宿し待ち受けていた後藤文夫と夕食を共にしながら時事を談じ、翌日は午前開会の枢密院本会議に出席した。午後の委員会では文官任用と官吏の懲戒処分に関する戦時特例の審議に加わった。伊沢はこの両件について鈴木首相の答弁が「悲哀無智実に恨むべし、痛歎の外なし」と批判した（「日記」五月一六日）。同じ会議に出席した南弘も首相答弁が要領を得なかったと述べている（『南弘先生』）。これら法案は政府が官吏の採用や処分を「簡易迅速化」しようとするもので、伊沢は官吏の身分を軽んじるものと反対した。伊沢は戦時下でも官僚の身分保障を主張した。

幣原はこの頃の伊沢について、友人の大平に「存外元気」と記し、伊沢が連合国の日本に対する要求が「膺懲的又は復讐的」でなく「日本をも友とする」必要を力説したと伝えている（大平駒槌宛幣原喜重郎五月二三日）。伊沢は米国が日本に融和的になることが和平の条件と考える伊沢はあくまで強気であった。

軽井沢での日々

六月六日夜半、伊沢は伊豆伊東から軽井沢に向かい翌日夕方に到着した。この頃には神奈川や伊豆方面でも空襲が続き危険となっていたからであった。到着翌日、伊沢は近衛を訪問した。話題は前月二五日の空襲で宮城正殿などを焼失した責任を取って辞職した松平

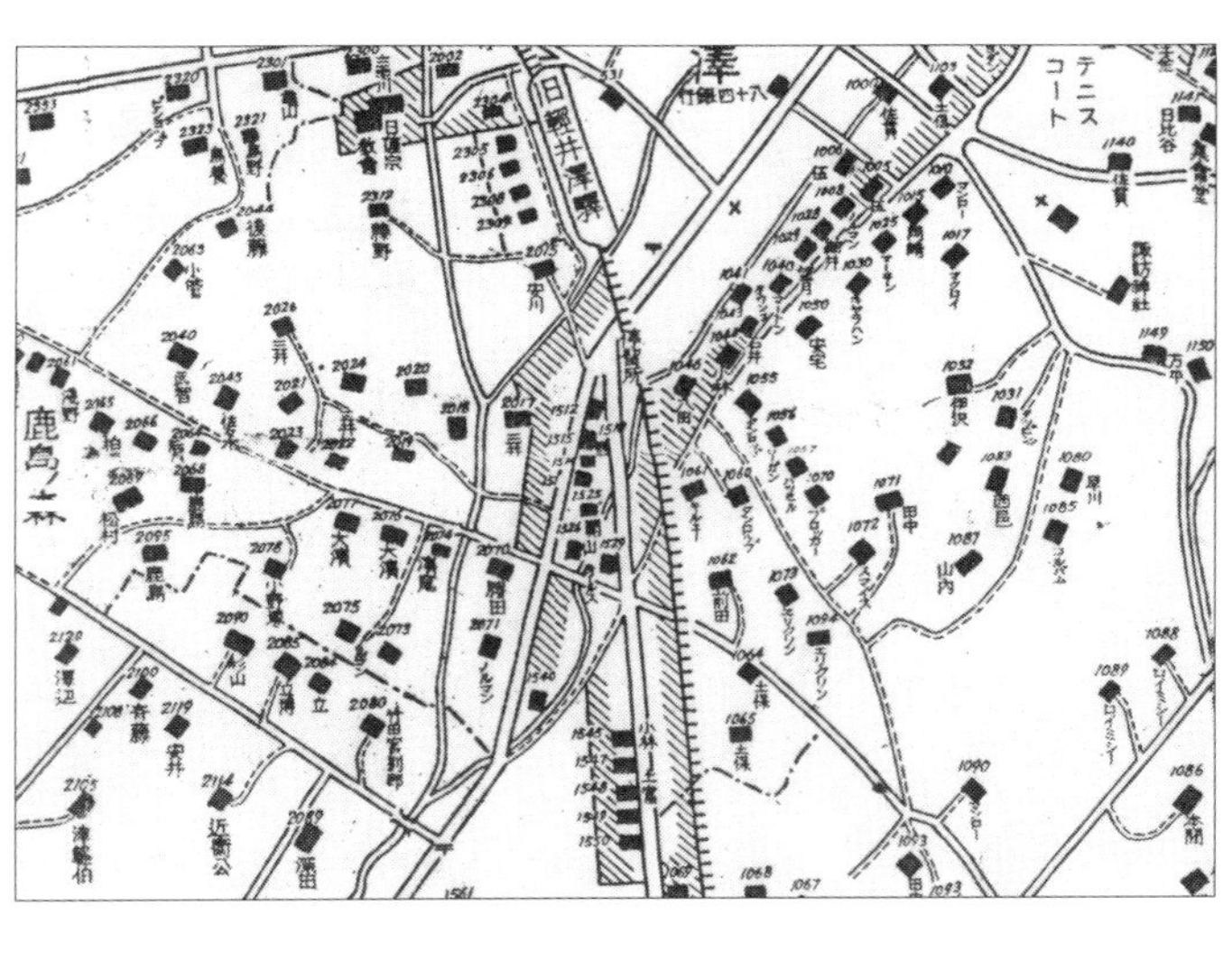

図15　軽井沢の伊沢別荘周辺

恒雄宮相の後任問題や、近衛上奏に関わった吉田や原田の検挙についてで、こうした問題に十分対処できない「鈴木無能」と批判した(「日記」六月七日)。所期に反し鈴木内閣は期待外れだったようである。

　ドイツが降伏し沖縄戦が末期的な様相を呈するなか、六月八日最高戦争指導会議は本土決戦方針を採り、義勇兵役法による国民義勇隊が結成された。その一方で東郷外相、広田元首相を中心に和平への模索も開始され(広田マリク交渉)、中立国ソ連へ対米和平の仲介を求める交渉が開始された。

　軽井沢でも伊沢は多忙であった。避暑地として多くの別荘人、外国人がいた軽井沢にはこの頃になると東京方面から空襲で罹災し疎開する人々が増加し、また降服したドイツ人が新たに敵性外国人として収容された。六月二七日、伊沢は来訪した外務省の岸倉松と県警外事課の担当官と協議し、治安維持、防諜の観点から新たな敵性外国人の受入に反対し、彼らを北海道に集団疎開させよと要求した。翌日来訪した警察署長にもこの旨知事に伝達を求め、七月三日には当地にいた大久保利隆イタリア公使と外国人の処遇問題、「特に独乙人問題」について意見を交換した。

これに対し大坪知事は、本土決戦に備えた「大宮御所」疎開の決定があり、その警固の関係もあるため北海道へ移送するという伊沢の意見を警保局に伝えることにした（大坪保雄一九四五年七月三日）。実際、この時横浜から軽井沢に疎開していたあるドイツ人宣教師の家族は、ドイツ敗北後彼らを北海道へ移送するという噂を記している（Lang, Ehrhardt）。

この頃北軽井沢にいた作家の野上弥生子は、不敬事件に関わったとして身元調査され、軽井沢署を通じて長野の検事局への召喚通知を受けていた。そこで野上は親戚の髙野岩三郎を通じて伊沢に対策を依頼した。髙野と伊沢は帝大同期である。野上は「万一の場合にはその方面からの手を頼む事にする」ためと記しているが（『野上日記』六月十二日）、「その方面」とは伊沢を指すのだろう。

七月のある日、野上は髙野とともに伊沢を訪問した。野上はその時の伊沢の印象を「足がわるく、ずっと寝ているとかで、考えていたよりは老ひさらぼひなにか妖怪じみた面貌である。髙野老に比すると、人がわるく、喰えないかんじが露骨にする」と野上らしい辛辣な評を記している。しかし伊沢は野上の相談に「そんな事が罪になるわけはない」と言い、酒好きの髙野が酒に不自由していると聞くと「二合瓶に一本つめさして贈呈」した（同前）。髙野はそれを「黄金でも貰ったように喜んでリュック入れて帰ったという（大島清『髙野岩三郎伝』）。伊沢は野上のために警察に圧力をかけたのだろう、後日野上が地元の警察署に出頭したとは彼女が日々詳細に綴る日記には出てこない。

敗戦

終戦への斡旋を依頼したソ連からその後回答は無く、最高戦争指導会議は近衛文麿をモスクワへ特使として派遣することを決め、七月八日東郷外相が軽井沢の近衛を訪問し、内諾を取り付けた。軽井沢には三笠ホテルに外務省の出張所、万平ホテルにソ連大使館が疎開しており、近衛、東郷の別荘のほか天羽英二、来栖三郎、鈴木九万らの外交官も滞在していた。十二日近衛が天皇に呼ばれて特使派遣が本決まりとなると、軽井沢と重臣の間を奔走していた内田信也は、二四日近衛、来栖、鳩山らを招いて壮行会を開いた。この時近衛はソ連との交渉になお望みをかけていることを来栖に漏らしている。

しかし二六日ポツダム宣言が発せられ、二八日鈴木首相が黙殺する談話を発表し、内田からその情報を伝えられた近衛は、「失意の状みるにたえない」ほどであったという(内田信也『風雪五十年』)。和平交渉の道を絶たれ、無条件降伏を突きつけられたのである。

翌二九日に来栖と会った伊沢は、「米英よりもソ連を可とすべし」と、なおもソ連へ望みを託した(「日記」)。敗戦の受け入れは必至となったが、当初のポツダム宣言にソ連の名前は挙がっていなかったからで、この後のソ連の対日参戦は想像もしなかった。八月四日、伊沢は近衛と「天下の一大事に関し懇談」した。翌日上京する近衛との再会を「必しも期し難し」と書いているのは、近衛の悲愴な覚悟を感じたのだろう。

事態は伊沢の予想を超えて急速に進んだ。広島に原爆が投下された六日、状況を確認するため急遽上京する東郷外相に電話した。東郷は伊沢の国際情勢の情報源であった。さらに九日鹿島守之助の招きで後藤文夫、前田多門、伊東治正らとともに出席した茶会で、来栖から長崎での新型爆弾と日本とソ連が戦争状態に突入したことを知った(『鹿島精一追懐録』)。長野県の警察では、内務省が暗号電報で各県に終戦の見込みを通知する十二日より前に敗戦の情報を得ていたというからそれに依ったのだろう(『軽井沢町誌』)。

一〇日未明、御前会議は国体護持を条件にポツダム宣言受諾を決定し、中立国を通じて連合国に通知した。その回答を待つ十一日、枢密院は当面の事態に備えて顧問官の上京待機を要請した。しかし伊沢は「目下病気の為旅行不可能」と伝えて軽井沢に止まり、ポツダム宣言が天皇制の存続を含むかどうか、同地の有力者と意見交換をした。敗戦必至のなかで伊沢にとって最大の関心事は国体の護持であった。

十二日連合国からの回答公電は天皇制存続について触れておらず、政府は受諾をめぐって再び紛糾した。この日伊沢とともに鈴木貫太郎に終戦内閣引き受けを要請した山本玄峰は、鈴木に「忍びがたきを忍び行じがたきを行じて」との手紙を送った(『回想山本玄峰』)。安岡正篤が草案を作った終戦の詔勅にある「堪へ難キヲ堪へ忍ビ難キヲ忍ビ」と似ているのは偶然だろうか。

一三日青木一男、二上兵治ら顧問官と会見した伊沢は、中央での意見は「皇室保存の外無条件降伏との意見圧倒的」と記している。実際は軍部の強硬な反対で議論は二分され必ずしも正確ではないが、鈴木首相の意見と天皇の聖断で事態は無条件降伏受諾へと進んだ。一四日再度枢密院から上京要請が来たが伊沢は軽井沢に留まり、一五日の敗戦を迎えた。その日、伊沢は「天皇陛下親しくラジオを以て放送せられ戦争中止の詔勅を賜ふ」と感慨を交えず事実のみ記している。伊沢は戦争の完遂を絶えず主張したが、敗戦に絶望することなくこの日を迎えた。

第十一章　占領と改革のなかで

「道義国家」の再建

八月一七日、東久邇宮稔彦内閣が成立した。内相の山崎巌、次官となった古井喜実は大達茂雄とともに東条内閣打倒に動いた伊沢系の官僚である。文相に任命された前田多門も伊沢が長年薫陶した内務官僚で、戦時中は軽井沢会理事長として伊沢と頻繁に交流していた(『前田多門』)。前田は遅れて組閣本部に招集されたが、上京直前に伊沢と「善後策に就き協議」している(「日記」一九四五年八月一七日)。皇族内閣は戦時中伊沢が期待したものであり、閣僚に任命された内務省出身者を通じて伊沢は戦後政治に関わっていく。

八月二〇日皇太后が軽井沢に行啓し、近藤友右衛門(信濃屋)別邸を御所として十二月まで滞在した。山崎内相が扈従して来軽すると、伊沢は塩坪温泉の宿舎を訪ね、その際山崎に首相の相談役として入閣した近衛への手紙を託した。その内容は、敗戦で最も危惧されるのは大和民族の「精神的な滅亡」であり、国家の治安は「警察の責任であると強調した。

帰京後山崎は近衛に伊沢との会見の模様を報告した。この頃近衛はテロの危険もあって居所を転々としていた。山崎は伊沢に帝都は「何時如何になる事端を発生するや全く日夜薄氷を踏む感有之」情況であると伝えている(山崎巌八月二七日)。

二五日山崎は天皇に拝謁したのち木戸内大臣に警察の拡充案を提出し、全国の府県知事に「大東亜戦争終結ニ伴フ民心ノ動向」について調査を命じた(『敗戦時全国治安情報』)。この調査には各所での隠匿物資をめぐる不正、軍人や民間人の不穏不敬な言辞、暴力事件が多数報告されているが、伊沢も二六日の日記の欄外に「軍規紊乱」と題し、「吾陸軍部隊は各所に於て其蓄積物勝手に分配し帰還兵に持ち帰らしむるのみならず甚しきはトラックに満載して運搬し或は地方人に分配するものあり。乱脈を極むとの風評」を記している。伊沢の進言を俟たずとも政府にとって敗戦後の民心対策は最優先課題であった。

二八日厚木にアメリカ軍先遣隊、三〇日にはマッカーサーが横浜に進駐し、連合軍の本格的上陸が始まった。降伏調印があった九月二日山崎内相は高松宮邸に伺候し、その日のメモに「進駐軍に対する国民の心情」と記した(「山崎巌手帳」)。占領軍の進駐による国内人心不安への対応は急を要した。

伊沢は軽井沢からこの日上京した。翌三日枢密院会議に出席して重光葵外相、松村謙三厚相、町村金吾東京都次長らと会見し、以後連日、前田、次田、正力のほか羽田武嗣郎、伊藤清、佐藤助九郎ら代議士と会見した。伊沢はこれらにより「大体の政情」を把握したと記している(「日記」九月八日)。八日軽井沢に帰ると、国務大臣として入閣し、副総理格であった近衛と二日間にわたり時局について懇談し、山崎に「時局に対する卑見」を近衛から聴取するよう手紙を出した(山崎巌宛一九四五年九月十二日)。伊沢は敗戦後の事態に対処しようと精力的に情報を収集し、戦後の活動を開始したのである。

九月十一日、占領軍は東条英機ら三九名に対し戦争犯罪人とする逮捕命令を発した。その一人東郷茂徳は外相辞任後、療養のために軽井沢にもどっていた。一四日召喚に応じて軽井沢を出発する東郷を駅で見送った伊沢は、山崎内相に「同君とは両回電話せるが、其態度は正々堂々たるものにて、今後東条君の如き遺憾なる態度を採ることなきは予の確信する所、必ず陛下の為め国家の為め最善を尽すべしと想察す。御安心を乞ふ」と書き送った（山崎巌宛九月一四日）。

「東条君の如き遺憾なる態度」とは、逮捕された当日東条がピストル自殺を図って失敗したことを指している。伊沢は戦争末期に「自殺や辞職では此危局を救済し得べきにあらず」と述べているが（近藤壌太郎宛七月二四日）、軍人を含め政治家は死ぬまで国家に尽くす使命があり、東条のようなやり方を伊沢は到底認めることは出来なかった。伊沢の脳裏には議場で倒れた加藤高明や重傷を押して登壇し死に到った浜口雄幸の姿があっただろう。九月三〇日東郷は横浜の米第八軍憲兵司令部に出頭し、翌四六年五月極東国際軍事裁判に出廷する。そこで東郷は終始「陛下が如何に和平で御熱心」であったかを開戦と終戦時の外相として主張することを使命として裁判に臨んだ（『東郷茂徳外交手記』）。東郷は伊沢が賞賛した「正々堂々」たる姿勢を最後まで貫いた。

九月二七日、山崎内相は戦後対策審議会や都長官招待会、国際平和協会発起人会など一日会議が続くなかの時間を割いて伊沢を訪問した（「山崎巌手帳」）。この時伊沢が山崎に手交した「道義国家再建意見」と題する文書がある。内容は「例之醜業婦（米人向き）の募集広告を日刊の新聞に掲載しつゝあること、此醜態は世界歴史にも嘗て見ざる処にして道義国家を建設せんとする吾日本国の為政者は何を考へつくありや、米国に媚びんとして却って米人の侮と怒を買ふ所以にあらずや、速かに善後策を講ずるの要あるべし」というものであった。

内務省警保局長が占領軍対策として特殊慰安施設の設置を全国に通達したのはこれより前の八月一八日で、最初に米軍が進駐した横浜で「従業員」が募集され営業が開始されたのは九月三日である（『神奈川県警察史』）。「醜業婦（米人向き）の募集」は、潔癖で倫理観の強い伊沢にとって恥ずべき「醜態」であり、多忙を極める山崎が二七日の早朝、伊沢を訪問したのは伊沢が呼びつけ内務省の処置を難じたのだろう。

空襲で千駄ヶ谷の家を焼かれ敗戦を多摩川畔の借家で迎えた幣原も同じ頃、「終戦善後策」と題する私見を作成して各方面に配り、伊沢にも意見を求めている（幣原喜重郎九月二日）。幣原も国内の秩序治安を整然維持し、国民が連合国諸国の歓心を求めるようなことを戒めた（『幣原喜重郎』）。伊沢と幣原は一致して、米国に対して毅然たる態度を政府に求め国民の道義確立を急務としたのである。

幣原内閣

一〇月三日山崎内相は外国人記者を前に、治安維持と共産主義者取り締まりのため警察活動を強化する方針を語った。これがＧＨＱの逆鱗にふれ四日、内相、警視総監、特高警察関係者の罷免、政治犯の即時釈放を内容とする「政治警察禁止に関する覚書」が発令された。ＧＨＱの予想外の強硬な反応に直面して山崎内相はただちに辞職し、翌五日東久邇内閣も総辞職した。

九日、後継首班に幣原喜重郎が指名された。長年の盟友幣原が首相となり伊沢の政治活動は最後のピークを迎える。

幣原を首班に擁立した有力筋の一つは、古島一雄、次田大三郎、正力松太郎ら伊沢に近い人々であった。次田は一九四四年末頃より長岡隆一郎とともに幣原の意思を確かめ、敗戦後は何度も幣原を訪れて決起を促し、伊沢もこのころ次田や正力と連日面会して幣原擁立に動き、側近に次田を起用することを幣原に働きかけ、軽井沢に帰った一〇月三日には松平宮相、関屋貞三郎ら宮中筋との連絡も取った（関屋貞三郎宛一〇月四日）。伊沢は次田や正力を通じて組閣の主導権を取ろうとした。

幣原擁立と組閣のもう一つの中心となったのは、占領軍との関係から外相を留任した吉田茂であった。吉田は五月末に憲兵隊から釈放されて以降、和平工作の一環として幣原を通じて時局を収拾することを目指し、敗戦後は木戸内大臣、平沼枢密院議長、ＧＨＱとの間を奔走し幣原引き出し工作を行った。

一〇月六日幣原は次田、吉田を参謀として閣僚の選考に入った。そこで次田は内閣の要の書記官長に正力を推薦し、幣原に「先般伊沢多喜男さんとの御話の時に其の話は出ませんでしたか」と持ち出した。幣原は「正力君に会って見ろと云ふ話は聞いた」と返答したが、吉田は正力案に反対し次田自身の書記官長就任を要請した（『次田日記』）。次田はそれならと正力を内務大臣に推したが吉田はこれにも反対し、松村義一、丸山鶴吉、藤沼庄平などを候補に挙げたが、いずれも警察出身者であることがネックとなり結局神奈川県知事、東京市長などを歴任した堀切善次郎に決まった。次田、堀切、前田らこの内閣の主要閣僚は、内務省入省が同期の「四二年会」であった。次田と吉田は閣僚の人選で早くも火花を散らした。

伊沢はこの間の七日、軽井沢より組閣本部に電話し幣原も伊沢と連絡をとった。首相親任式があった九日、伊沢は幣原に必要の場合は万難を排し長野県から自働車で上京すべく準備は整えていると伝え、閣僚銓衡の際には「所謂戦争犯罪人或は戦争責任者」を避けるよう進言した（幣原喜重郎宛一〇月九日）。八日次田書記官長が発表した「組閣の基本方針」も「戦争責任者排除」であった。

伊沢はこの時、自らに戦争責任があるとは全く思っていなかった。このころ軽井沢に訪ねてきた地元の有力者が伊沢に戦争責任が「先生の身辺にも及ぶのではないか」と言うと、伊沢は「僕は兄修二の衣鉢を受けて以来、軍国主義には絶対反対してきた。従って僕の過去を精しく調べれば調べる程、軍国主義に反対してきた証左が判然として明らかになるから、戦犯にされる心配は全くないから安心してくれ」と答えている（荒井庄衛「伊沢多喜男先生を軽井沢にお訪ねして」）。伊沢は軍国主義に反対し、戦犯の恐れはないとの自信を持っていた。

しかし同じ頃、伊沢は小林次郎に自身が「終始軍閥と戦ったこと」を宣伝して貰いたいと語り（『小林日記』一〇月二日）、またジャーナリスト松本重治が創設したばかりの新聞『民報』で伊沢を攻撃する記事を書いたため、「巣鴨へ入れられる」かもしれないと狼狽し岩波を心配させた（小林勇『惜櫟荘主人』）。その記事は「議会人も責を負へ」としてまず前田米蔵、町田忠治、大麻忠男などを批判し、次に「これら議会人と組んで働いた官僚の中心人物」に唐沢俊樹、湯沢三千男を挙げ、最後に「政界官界の裏面にあって内閣製造と倒壊とを事としている親分伊沢多喜男の如き最先にあげらるべき戦争責任者だ」と断じている（『民報』一九四五年一二月四日）。こうした激烈な攻撃記事にあって伊沢も動揺したのである。後述するようにこの時、占領軍も伊沢の存在に注目しつつあった。

次田と吉田

幣原内閣は次田と吉田を両輪に成立した。これは敗戦後の治安対策と占領軍との渉外という、内閣の二つの使命に対応する人脈バランスであった（天川晃「幣原内閣」）。次田ラインは内務官僚出身で貴族院議員の堀切内務大臣（研究会）、前田文部大臣（同成会）、衆議院の旧民政党系から松村謙三農林大臣、小笠原三九郎商工大臣、田中武雄運輸大臣があり、吉田ラインは旧政友会系の芦田均厚生大臣、楢橋渡国務大臣らである。そして幣原・吉田・次田の三者を結びつけたのが伊沢であった。伊沢が組閣の結果について「拙生としても欣躍至極」と幣原に賛辞を送ったのは、そうした自負の表れである（幣原喜重郎宛一〇月九日）。

しかし先にふれたように次田と吉田は閣内でしばしば対立した。一つはこの内閣で設置される戦災復興院総裁問題であった。戦災復興院は大東亜省・軍需省を廃止し農林省・商工省を復活させる機構改革で論議され、総裁を親任官とし広く民間にも人材を求め、読売新聞社長正力松太郎と阪急の総帥小林一三が候補にあがった。

組閣の際次田と伊沢は正力を書記官長ないし内相候補に推したが、吉田の反対にあって挫折したことは前にふれた。その代償の意味があったのだろう、幣原は正力を戦災復興院総裁にあてようとし、相談を受けた次田も「大賛成」と答えた（『次田日記』一〇月二一日）。しかし翌日の閣議で吉田は小林推薦を持ち出した。幣原は小林を枢密顧問官にと考えていたが、吉田は小林案を幣原も承知のはずと理解して池田成彬、近衛文麿らに小林起用を依頼しすでに内諾を得ていたとし、もし小林案が潰れるとなると吉田は外相を辞任するとの決意を示すなど重大な「行違」となった。さらに池田は正力に、「戦災復興の仕事は折角だから小林にやらせよ、君のことは吉田君に話してやる、別に方法がありそうなものだ」と辞退を迫った。吉田と池田は連携して正力の戦災復興院総裁就任を阻止しようとした。

この問題は内閣瓦解をおそれて次田が譲歩し、十一月五日戦災復興院官制施行とともに小林が総裁に就任した。この間正力を推した藤原は、伊沢にこの問題を「調和して双方とも無難に結末に至らしむる」よう依頼し（藤原銀次郎一九四五年一〇月二八日）、吉田も神田駿河台の杏林病院に入院中の伊沢を訪問して相談した（『河井日記』十一月二七日）。伊沢は幣原内閣の吉田ラインと次田ラインの対立を調和させる存在であった。

このように伊沢はこの内閣の両輪の次田と吉田の双方に強い影響力を持っていたが、このほかにもこの内閣に様々な関与を行った。例えば司法大臣に再任された岩田宙蔵に、「司法の現状は腐敗堕落暗黒其物」であり、「司法の革正は平沼（塩野）と闘ひ勝つにあり」と書き送っている。東条内閣に岩田を推薦したのは伊沢であり、また前内閣でも岩田に判事の本省採用について依頼を行うなど、伊沢と岩田は「年来の友人」であった（岩田宙造一九四五年九月二四日）。伊沢は「道義国家確立」と「司法の公正なる運行を実現」するため平沼や鈴木喜三郎らの「司法部内の悪勢力」を排して「司法の革正」を行うことを求めた（岩田宙三造宛一〇月）。

吉田と伊沢

幣原内閣のもと政党の活動も活発化した。十一月戦前の旧政友会につながる鳩山一郎、芦田均らを中心に自由党が結成されたのをはじめ旧民政党その他から進歩党、旧無産政党を糾合した社会党、十二月には産業組合運動関係者を中心に日本協同党が結成された。共産党もＧＨＱの指令によって獄中指導者が解放され、十二月に再建された。政党の政治活動は活発となり、農地改革、労働改革、財閥解体など占領軍による民主改革が急テンポで実施された。

こうしたなかで吉田は早くも幣原内閣への失望をあらわにした。十二月五日、吉田は伊沢に対し「平和的責任内閣」ができるまで進駐軍は撤退しないとの認識を示し、その成立を早めるため「老首相には御気の毒千万」であるが幣原の退陣を力説し、幣原への「御勧説」を依頼した（吉田茂十二月五日）。この三日後、伊沢が上京して吉田を訪問し外相官邸に宿泊しているのはこの件だろう。

十二月六日GHQは近衛、木戸ら九人の逮捕命令を発し、一六日近衛は荻外荘で服毒自殺した。翌日、吉田は伊沢に「近衛公の事又云ふに忍びず嘸（さぞ）かし老閣御愁嘆の事と奉存候。誠に惜しく仕候」と近衛の死を悔やんだ（吉田茂十二月一七日）。しかし伊沢は近衛の死について、「獄中で健康を害し惨めに死ぬことを予想したのだ」と語っている（矢部貞治『近衛文麿』）。長年目をかけてきた近衛の死に対して、伊沢の感想はいかにも冷淡である。「議政壇上に殪れた」加藤高明こそ「実の政治家」と賞賛した伊沢には、近衛の自殺は東条と同様無責任なものと映ったのだろう。

吉田は同じ手紙で昨今の政界での「共産系の活動可恐」と述べ、高木惣吉中将を伊沢に差し向けると記している。高木も近衛上奏文に関わった一人であった。近衛の死は、吉田自身も作成に関わった近衛上奏文にある共産革命の幻影を改めて想起させたようだ。年月日不明だが、この頃と思われる手紙で吉田は伊沢に「共産分子の活動頻に活潑」であることを懸念し、「帝国治安」のため伊沢に協力を依頼している（『吉田茂書翰　正』）。GHQをバックにした吉田にとって「対米干係にも関係」することであった。いずれにせよ、共産党が力を増すなか「帝国治安」を担う内務省の重鎮伊沢は、吉田に頼りにされていたことが分かる。

ノーマン「日本の黒幕」

しかし伊沢が幣原内閣で影響力を持つ存在であったことは、両刃の剣となった。十一月以来GHQによる戦犯容疑者の逮捕が相次ぐなかで、伊沢にも戦争責任への容疑が向けられたのである。

伊沢の存在に注目したのは、ハーバート・ノーマンであった。ノーマンは一九〇九年、カナダ合同教会の宣教師ダニエル・ノーマンの次男として軽井沢に生まれた。父は長野で教会を建て、夫婦で子どもに英語を教えたりして地元では「ノルマンさん」と親しまれ、ハーバート自らも「長野県人」を名乗ったという（滝沢忠義「ハーバート・ノーマン」）。同じ「長野県人」として伊沢のことを知っていたのかもしれない。

彼はハーバード大学などで日本史を学び、来日中に戦争が勃発し抑留された。一九四二年八月交換船で帰国し戦時中はカナダ外務省の日本情報の分析に関わった。一九四五年九月米軍とともに再び来日した際の所属は、GHQ参謀第二部CICの対敵情報部の中佐であった（大窪愿二「ハーバート・ノーマン年譜」）。

ノーマンは東京のカナダ公使館在勤中の一九四〇年に出した『日本における近代国家の成立』においてすでに満州事変後の軍事工業の発展と官僚の役割について着目し、カナダ帰国後に書かれた研究では一九三〇年代の特に斎藤内閣期以降の官僚制内部の「新しい侵略的ファシズムの傾向」と「新官僚」について論及し、後藤文夫や吉田茂（内務官僚）、松本学らの名前を挙げている（「一九三〇年代の日本政治（遺稿）」）。ノーマンは日本近代史研究の上で支配体制を支える官僚にいち早く注目した一人であった。ただし戦前に書かれたノーマンの「新官僚」に関する論文に伊沢の名前はない。

ノーマンは帰国後オタワで外務省調査部特別情報課の設置にかかわるなど、情報分析官として対日情報戦の中心人物となった（浜田康史「カナダの対日インテリジェンス」）。終戦直後はカナダ外務省の指令により太平洋地域のカナダ人の復員管理にあたり、のちアメリカ太平洋陸軍の対敵諜報部に入った。そして一九四五年一〇月連合国軍総司令部GHQ／SCAPの対敵調査部の調査分析課長として来日したのである。

ノーマンが初めて伊沢について論じたのは、一二月一七日の日付を持つ A Japanese Eminence Grise:IZAWA TAKIWO という覚書である（『国際検察局（IPS）尋問書』第47巻）。これはその後「伊沢多喜男―日本の黒幕」というタイトルで、『ハーバート・ノーマン全集』に収録され伊沢の黒幕イメージを決定づけるものとなった。

図16　A Japanese Eminence Grise:IZAWA TAKIWO

CONFIDENTIAL

OCCIO Ops
APO 500
17 Dec 45

MEMORANDUM FOR THE OFFICER IN CHARGE:

Subject: A Japanese Eminence Grise: IZAWA, Takiwo

(Source of Information: UEDA Shunichi was formerly an official of the Ministry of Overseas. He served in the Governor-General's office in Formosa and in the Finance Ministry. He was private secretary to the late General TANAKA, who died in 1929. Since that time he has been in private business, but has had intimate contact with important Japanese political leaders. His knowledge of political personalities has made him a valuable source of information although his political judgment need not be accepted uncritically. He would be described as a rather rare type of Japanese who is conservative in politics but quite genuinely non-militarist. He has a Boswellian curiosity and a searching mind which makes him refreshingly objective and uninhibited in his approach to high politics. Conversation was conducted in Japanese without interpreter.)

ノーマンが勤めた対敵調査部は、GHQによる戦犯追及の中心となった法務局や国際検察局、公職追放を担当した民政局や民間情報教育局などに日本人容疑者の情報を収集し提供する機関であった（『GHQ日本占領史』1）。ノーマンの任務は「日本の政治情況を分析してSCAPに報告」し「政治犯人の釈放や戦争犯罪人に関する仕事」であり、近衛文麿（十一月五日付）、木戸幸一（十一月一九日付）についても覚書を作成した。これらはアチソンGHQ政治顧問からバーンズ国務長官に送付され、彼らを逮捕（十二月六日）する根拠文書となった（馬場伸也「占領とノーマン」）。ノーマンが近衛や木戸などと密接な関係を持っていた伊沢に関心を寄せたのは当然であった。

この時ノーマンが伊沢に注目をするきっかけとなったのは、殖田俊吉の告発であった。ノーマンは殖田と一九四五年の秋に知り合い、「戦前・戦時の人物や事件の背景史を語ってもらい、私は彼との会話から多くを学びました」という（『日本占領の記録一九四六－四八』）。殖田は田中義一と縁戚関係がある政友会系官僚で、台湾総督府殖産局長時代の一九三三年八月、中川総督との対立から関東庁に転出させられた。その際中川は伊沢に永井拓務大臣、柴田内閣書記官長、太田前総督などを通じて殖田を更迭させることを依頼した（中川健蔵一九三二年十二月一八日）。殖田が後々まで伊沢に強烈な私怨を抱いたのは、自らの左遷を伊沢が仕組んだとみたからであった。

殖田は敗戦後、対敵調査部の下部組織である東京地区対敵諜報部隊の第八〇部隊に接触して伊沢を攻撃する情報を提供し、これがノーマンの情報源となった（粟屋憲太郎『未決の戦争責任』）。こうして作成されたノーマンによる伊沢覚書は、一九四六年一月二日調査課長サケット大佐から国際検察局に回送され、同局の尋問調書 File No.272 という戦争犯罪人追及のための資料となった。

その内容には例えば伊沢の生年を一八七〇年（一八六九年が正しい）、所属を貴族院研究会（同成会）とするなどの誤認があるが、伊沢が原敬や大浦兼武、加藤高明に引き立てられ、浜口内閣以降、後藤文夫、唐沢俊樹、次田大三郎、丸山鶴吉など多くの内務官僚を率い近衛や木戸、原田ら宮中方面、永田鉄山など陸軍有力者と結び、いかに強力な伊沢閥

IZAWA clique のリーダーであったかを詳細に示している。そしてここで特に強調されたのは、過去に「東条内閣の忠実な支持者」であり現在の幣原内閣にも次田を通じて強力な影響力を持っていること（一例に大平駒槌が伊沢の力で貴族院議員に勅選されたこと挙げている）、伊沢がアメリカに対抗できる強い首相を待望しているということであった。

このように殖田の告発は伊沢がいかにアメリカの占領政策に障碍があるかを強調し、戦犯にすることを意図したものであった。殖田は同じ頃「復員者の一人」という匿名で、マッカーサーに嘆願書を出し、それには「枢密顧問官伊沢多喜男の未だ逮捕命令のみられざるには国民挙げて奇異」であり、伊沢は「東条内閣唯一の指導者」で後藤ら官僚を「頤使して横暴を極めた」と主張している。そして殖田は伊沢だけでなく陸海軍人、政府高官七八名のリストをＣＩＣに提出した。殖田の戦犯追及は執拗かつ激烈であった。（粟屋憲太郎『未決の戦争責任』）。

ノーマンの伊沢覚書はＡ級戦犯容疑で逮捕された笹川良一のファイルでも引用され（Case#185）、国際検察局内で広く知られるものとなった（『国際検察局（ＩＰＳ）尋問書』第24巻）。しかし一月二一日の伊沢ファイルの最終文書には、STATUS:Pending「状態保留」と書かれ、結局伊沢は戦犯に指名されなかった。

東京裁判では東条や東郷など二八人がＡ級戦犯として起訴されたほか、約六〇人の容疑者が拘禁された。その中には後藤文夫、岸信介、大達茂雄、正力松太郎ら官僚も含まれた。これに対し伊沢が逮捕を免れたのは、閣僚経歴がなかったことによると思われる。そして殖田がことさら伊沢を攻撃し、さらに多数の日本人を告発したことはＧＨＱ当局の心証をかえって悪くしたのかもしれない。

しかし殖田が伊沢を執拗に告発したのは、たんに私怨によるものだったのだろうか。ノーマンの覚書では、特に伊沢の幣原内閣での影響力が強調されている。殖田は後の吉田内閣で法務総裁に抜擢されるように「吉田の懐刀」であった（荒垣秀雄『現代人物論』）。吉田が幣原内閣の早期退陣を伊沢に求めた頃に、その懐刀殖田が行った伊沢告発は、吉田が殖田を用いて幣原・伊沢の体制に打撃を与えようとするものであったとみることもできる。

新憲法と内務省

一九四六年は天皇の人間宣言と公職追放で始まった。後者は軍人に加えて大政翼賛会の有力者を軍国主義者と指定し、堀切内相、前田文相、次田書記官長らがこれに該当して辞職したため幣原内閣は改造を余儀なくされた。

一月二四日、幣原はマッカーサーとの会談で天皇制の維持と戦争放棄の理想を語った。幣原はその内容を前年十一月に貴族院議員に勅選された大平駒槌に語り、大平の次女羽室ミチ子が父から聞き取った記録として残っている。「大平駒槌氏の息女のメモ」、「羽室メモ」と呼ばれるもので、憲法第九条の発案者がGHQではなく日本側の幣原とする根拠となるものである（古関彰一『憲法九条はなぜ制定されたか』）。

以後憲法草案作成が松本烝治を委員長とする憲法問題調査会を中心に急ピッチで進められたが（松本試案）、その内容が天皇主権を前提とするものであったことから、二月三日GHQは天皇制や戦争放棄、封建制度の廃止を内容とする憲法改正の三原則を日本政府に示した。政府は八日、GHQに憲法改正要綱を提出したが、一三日GHQはこれを不満としていわゆるマッカーサー草案を手交し、二〇日までに回答を出すよう要求した。天皇制を新しい憲法にいかに残すか、政府は限られた時間で回答を迫られた（服部龍二『幣原喜重郎と二十世紀の日本』）。

この作業の中心になった楢橋書記官長は、二月一日、十一日と伊東の伊沢を訪問している。そこで伊沢は楢橋に「首相宛の覚書六枚」を託した（「日記」）。楢橋の用件と伊沢の幣原宛「覚書」の内容は不明であるが、伊沢は前年来枢密院の憲法審査会で「天皇戦争責任問題、天皇側近陣容　憲法改正程度」に関心を寄せており（「日記」一九四五年十二月七日）、楢橋の伊沢訪問はこれらに関係する要件であったと思われる。

楢橋は同じ頃、田中清玄の紹介で伊豆長岡の山本玄峰を訪問した。楢橋はそこで山本から天皇は「民族の象徴」という示唆を受け、これをＧＨＱ民政局次長のケーディスと憲法改正の担当者ハッシー中佐に伝えた（『楢橋渡伝』）。田中は前述のように山本の門弟として、鈴木貫太郎擁立の際に伊沢と山本の間の連絡役を勤めた。戦後は横浜で土建業神中組の社長となり、米第八軍司令部から京浜国道の修繕などを請け負い、前年の十二月二一日には元共産党員でありながら天皇との面会を果たすほど、占領軍や政府に食い込んでいた。楢橋を田中、山本と結びつけたのは、幣原に憲法改正の「覚書」を託していた伊沢ではないか。

一九四六年三月枢密顧問官に補任された大平は、憲法草案の審議のなかで天皇の地位について「仮に「日本国の象徴」と申し上げたと致しましても日本国民の忠誠はこれによって変るような薄弱なものではない」と象徴天皇制を擁護した。大平はこの時「親友幣原首相」の「難局に助（ママ）ける」と発言をしている（川田順『住友回想記』）。大平や伊沢ら親しい友人は、幣原が取り組んだ戦争放棄や象徴天皇制など憲法構想の核心部分について相談し実現に協力していたとみられる。

三月八日、政府がＧＨＱ案をもとにして憲法改正草案要綱を発表した直後、三土忠造内相は文書課長を伊沢に差遣した。新しい憲法下の内務行政とくに警察について諮問するためであった。伊沢はＧＨＱの指令にあった特高警察廃止に加え、「自治体に警察権を大部分与へよ、官治警察は寧ろ補助機関たるべし」と、翌年十二月の警察法によって創出される自治体警察制度導入を提示した（三土忠造一九四六年二月一四日）。すでに内務省解体論がGHQ民政局で検討されていた頃で、伊沢は警察の民主化を先取りして内務省の存続を図ろうとした。伊沢は幣原による憲法構想に関わりながら、内務省の戦後改革も模索していたのである。

幣原退陣と枢密院

幣原内閣は衆議院議員選挙法の根本的改正に取り組み、十二月選挙年齢の引下げ、婦人参政権、大選挙区制限連記制を内容とする改正法を公布した。初の総選挙は当初翌年実施が予定されたがGHQは暫時延期を指令し、立候補者の審査が行われた。

総選挙に備え政党の動きは活発になったが、資格審査で候補者の多くが追放され既成政党は大打撃を受けた。幣原は選挙の直前、伊沢に「暗らやみの最中小生としては唯良心の指示に従って手探りに盲進する」との覚悟を伝えた（幣原喜重郎一九四六年四月七日）。

一九四六年四月一〇日戦後最初の衆議院議員総選挙が行われた。選挙の結果、日本自由党が第一党（一四一議席）となり多数の新人と三九人の女性代議士が誕生した。選挙の執行で幣原内閣の使命は終わると目されていたが、過半数を占める政党がなく連立をめぐって各党間で対立が起き、後継首班選出は混迷した。伊沢も総選挙の結果は「予想通り混沌、政局は前途は混乱を極め候」と書いている（関屋貞三郎宛四月一七日）。

こうした情勢をみて選挙前に辞意を漏らしていた幣原は翻意し、進歩党総裁に就任して政局乗り切りに意欲を示した。しかし野党四党は即時退陣を要求し芦田厚相が単独辞職するなどしたため、結局二二日幣原内閣は総辞職した。伊沢は幣原という最後の贔屓役者を政界から失った。

同じ二二日、枢密院に帝国憲法改正案を帝国議会の議に付すことの可否が諮詢された。委員長潮恵之輔以下、美濃部達吉、幣原坦、大平駒槌、伊沢ら十二名が委員となった。特に幣原から戦争放棄を盛り込み国体を護持するよう託された大平は、審議を前に伊沢と連絡をとって入念な準備を行った。羽室ミチ子のメモには、父がこの時「伊沢の所え行った」ことを記録している（「大平駒槌氏の息女のメモ」）。

二二日午後の委員会で大平は、「天皇制の存置は明らかだが国体の護持に付ては疑いがある」、あるいは条文にある「象徴」の解釈を質し「国体に変化がない」ことに念を押した。続いて伊沢は「我々が条件とした国体の護持に付て、統治権を持つと云ふこと、現代の憲法でも自ら制限されて予算立法民意を入れている、或意味で此の案に付て政府の努力を多とする、之を新憲法の様な気持ちで論ずるのは如何かと思ふ」と述べた（「憲法改正枢密院議事録」)。伊沢が言う「現代の憲法」とは旧憲法であるが、それもすでに「民意を入れ」たもので、天皇制は新しい憲法下でも十分存続し得るという主張である。伊沢は以後の二四日、五月三日の委員会に欠席した。この間の二五日、熱海の惜櫟荘で岩波が臨終の床にありこれを見舞っていたためで、委員会は帝国議会に審議に送ることを議決した。六月三日の最終報告書に伊沢の名前はないが、新憲法原案の審査のなかで天皇制維持に尽力したことは枢密顧問官として最後の仕事となった。

第一次吉田内閣

野に下った幣原は進歩党総裁に就任した。大平はこのころの幣原について「どうも幣原は政治が面白くてたまらなくなってきたらしい」と心配した(「大平駒槌氏の息女のメモ」)。幣原後継の政権構想をめぐって各党は対立し政局は混迷した。自由党の鳩山総裁が野党三党と政策協定を結び首班として指名されたが、五月三日GHQは突如鳩山を追放し、二二日代わって総裁となった吉田茂が進歩党と連立して内閣を組織した。幣原はこの内閣の復興庁総裁・国務大臣として入閣した(天川晃「吉田内閣」)。

この間伊沢は例によって組閣中の吉田に書簡を出して意見を開陳した。しかし首相からの返事はなかった(「日記」五月一七日)。そのころ自由党内では官僚派の吉田派と党人派の鳩山派が対立し、また進歩党との確執もあって一九日吉田は一旦組閣打ち切りを表明した。こうした情況に伊沢は「自由党、進歩党の我利連入閣運動激烈」「幣原、吉田統制力無く醜状を暴露す」と嘆いている（五月一八日）。本格的に活動を開始した政党勢力の入閣運動のなかで、伊沢の介入の余地はなかった。

組閣は石黒武重（前内閣で法制局長官）を参謀として進められ、二二日成立した第一次吉田内閣には多数の元農林官僚が進出した。石黒のほか和田博雄（農林大臣）、河合良成（厚生大臣）、膳桂之助（経済安定本部総務長官）、周東英雄（内閣副書記官長）らである。直前に起こった食糧メーデーのように、深刻な食糧事情に対処するため農林官僚が重視されたのである。幣原内閣の時には堀切善次郎（内務大臣）、前田多門（文部大臣）、次田大三郎（内閣書記官長）、三好重夫（内閣副書記官長）ら元内務官僚が重用されたのとは対照的であった。

さらに商工大臣星島二郎、国務大臣植原悦二郎、内閣書記官長林譲治らのように、閣僚となった自由党代議士には旧政友会系が多く、旧民政党系は皆無であった。内務大臣には前次官の大村清一が就任したが、大村内相との会見を希望した伊沢に対し吉田は「唯今議会中にて内相貴地参向は六ケ敷」と差遣することを拒否した（吉田茂一九四六年七月一〇日）。ＧＨＱの後ろ盾で政権を獲得し、農林官僚・旧政友会系が主導する吉田内閣に、伊沢は前内閣のように影響力を行使することはできなかったのである。

参議院議員選挙

一九四六年二月、ＧＨＱは憲法草案に「地方自治」の章を設け、知事市町村長などの首長公選、住民の選挙権拡大、選挙管理委員会の設置、地方議会の権限強化などを盛り込んだ地方制度の民主化を示唆した。これをうけて吉田内閣は第一次地方制度改革（一九四六年九月）に着手し、参議議員選挙法の制定（一九四七年二月）、衆議院議員選挙法の改正（同三月）地方自治法公布（同五月）が行われた。内務省を軸とした地方制度は根本的に変革され、議会制度に新たな選出方式が導入された。

これまで内務省の人脈を背景に地方政治に影響力を持ってきた伊沢は、これらの地方制度改革にどのように対しただろうか。

二月に公布された参議院議員選挙法による初めての選挙は、四月二〇日に予定された。長野県の地方区では木下信や小林次郎、三沢寛一らがこの初の参議院議員に伊沢を推そうとし伊沢も出馬に関心を示した（木下信一九四七年二月一六日）。四五年三月には枢密顧問官を辞職して貴族院議員に戻る考えを示していたが、これらが新憲法施行とともに廃止されるため、参議院議員となってなお政治に関わろうとしたのである。

元朝日新聞記者の唐沢信夫が中心となって伊沢の選挙準備が進められた。しかし二月二二日、河井弥八は伊沢に立候補辞退を求め、翌日も小林を通じて断念するよう説得した。伊沢の女婿黒河内透が河井を訪問し立候補の件について説明したが、河井はやはり反対で再度伊沢に伝えるよう述べた。河井の強硬な反対に遭い、黒河内は翌日小林と内田孝蔵に面会し、結局、伊沢は彼ら親族の意見を容れ立候補を断念した（『河井日記』二月二五日）。

河井は八〇才に近い老齢の伊沢の健康問題とともに、戦後の新しい選挙制度のもとでの出馬を無謀とみた。実際擁立に動いた木下もその後、長野県の選挙区で旧町村長や支持者、運動員が公職追放され、「誠に申訳なき事ながら此の際先生を推挙するは却って御迷惑をおかけするのみ」と情勢の変化を伝えた（木下信三月八日）。四月二〇日の長野県での参議院議員選挙結果は、米倉龍也（国民協同党）、木内四郎（民自党）、羽生三七（社会党）、木下辰雄（自由党）が当選した。米倉は農業組合、木内は大蔵省出身、羽生は労働組合、木下は水産会をバックにした候補であった。地方区ではあったが参議院議員選挙は組織力が威力を発揮した。

出馬を断念した伊沢は代りに河井に参議院への出馬を勧めた。河井は伊沢が創設した貴族院同成会の中心人物になっており、またこの頃は大日本報徳社社長として食糧増産活動に取り組み占領軍の支持も得ていた。貴族院廃止が迫るなか大日本報徳社も団体存続のために、河井を国政に送り込むことを切望していた。河井の地元静岡県掛川は報徳運動の本拠であり、代々の名家河井家は広く信望があった。また河井は無所属ではあったが、自由・民主の両保守政党の支持も取り付け当選した（内藤一成「参議院議員河井弥八の誕生」）。

長野県の選挙でもみられたように国政選挙を左右するのは組織や政党となった。河井の参議院議員当選もそうした地方選挙の変化を物語るものであった。老いてなお国政に意欲を示した伊沢であったが、選挙界は新しい時代に入っていた。

知事公選

選挙制度改革で知事も官選から公選となり、最初の知事選挙も参議院、衆議院の選挙と同じ一九四七年四月に予定されたが、すでに前年より公職追放などで辞職した知事の補欠選挙が実施されていた。伊沢はこうした動きにも関与した。

岐阜県知事選に立候補した旧民政党代議士武藤嘉門は、官選の桃井直美現知事が在職のまま選挙に臨み「官権乱用」していることを伊沢に訴え、「内閣諸公に御忠告」を依頼した（武藤嘉門一九四六年一二月一八日）。伊沢がこの要請に応えたかどうか分からないが、その後武藤は伊沢の督促のおかげで資格審査について「東京方面」より連絡があり、追放令について「無罪たるべき確信を得」たと伝えている（武藤嘉門一九四七年一二月三日）。武藤が言う桃井の「官権乱用」には、武藤の立候補資格への圧迫があったのだろう。当時内務省では内務行政に素人の植原悦二郎内相に代わって北海道長官の増田甲子七が省務を取り仕切っており（『増田甲子七回想録』）、長野県出身の増田と伊沢はこの頃何度も会っている（「日記」十二月十一日、二二日）。依頼に応えて伊沢は増田を通して「東京方面」への督促を行ったのか、武藤は桃井を破って当選した（岡戸武平『士魂商才 武藤嘉門伝』）。

伊沢の膝元の長野県でも現職の物部薫郎知事が出馬を表明した。それに対し今度は増田が立候補の意欲を示し、伊沢に「全幅的御支援」を依頼した（増田甲子七七月一〇日）。しかしこの後増田は吉田内閣の改造で運輸大臣に任命され、さらに衆議院議員選挙に自由党から出馬することになったので、再度知事候補の調整が必要となった。

次に出馬に意欲を持ったのが当時貴族院書記官長、貴族院議員でもあった小林次郎であった。小林は最初社会党から後援を得て出馬を考えた。下諏訪出身で長年労働運動に挺身し、戦後最初の総選挙で当選していた社会党県連書記長の林虎雄は、小林から「後進に道をゆずり、新制度の知事公選に出てみたい」との打診を受けたが、社会党への入党を要請すると不調に終わったと記している（林虎雄『この道十年』）。

この後のことだろう、今度は郡山義夫（元長野県知事）、三沢寛一（元山形県知事、信濃宮奉賛会長）、小坂順造（信濃毎日新聞社、衆議院議員、枢密顧問官）ら保守系の地元有力者が小林擁立に動いた。小林は当初この要請に慎重であったが、小坂らの強い勧めで前向きとなった。しかし自由進歩両党の県会議員が一致して物部を推薦し、長く東京で官吏生活にあった小林の形勢不利は否めなかった。そこで小坂は「物部を退却」させる選挙戦術や中央での「政治工作」を伊沢に求めた（小坂順造三月一三日）。岐阜の武藤同様、小坂も伊沢に中央から支援することを依頼した。

しかし伊沢は小林の知事選については静観の構えで、それどころか小林擁立の会合の主催者の一人として自身の名前が使われたことを知ると、「全然寝耳に水にて一片の協議も交渉もなく恣に老生の名を濫用せるものにて其暴挙に呆れ居候」と激しい怒りを露わにし、「此儘にては黙過する能はず」と対応を要求した（小坂順造宛三月一六日）。小坂は「閣下無断尊名を拝借の失態」について行き違いを詫び、三月二一日付けで伊沢が要求した訂正通知を関係者全部に発送するに至った（小坂順造三月二一日）。伊沢の逆鱗に触れたことも一因となったのだろう、小林は出馬を見送った。

結局知事選挙では、小林が最初に自らの擁立を打診した林虎雄が社会党に加え共産党、国民協同党の支持を得て出馬することになり、保守政党が一致して推した物部を破って当選した（林虎雄『過ぎて来た道』）。戦後最初の知事選において長野県政は複雑な経過をたどったが、伊沢系有力者たちの選挙戦での混乱ぶりがうかがえる。

官選時代の知事郡山義夫はこの選挙結果を長野県政上の「新機軸」とし、「日本も愈々茲に衣更えを致し新発足」と伊沢に書いている（郡山義夫五月一日）。これまで伊沢ら中央・地方の有力者が主導した地方政治は大きく変化した。戦後地方制度改革によって伊沢が長らく関与し、政治資源としてきた知事職をめぐる地方政治のフィールドは消滅しつつあったのである。

片山内閣と追放

参議院選挙、知事公選に続いて四月二五日、第二三回衆議院議員総選挙が行われた。激しさを増す労働攻勢に対し吉田首相が打って出た選挙であったが、予想に反して社会党が第一党となり、国会空転の後同党の片山哲が首班指名を受けた。しかし組閣は難航し六月一日ようやく社会党、民主党、国民協同党の連立内閣が成立した。この間、政権参加をめぐり紛糾した民主党は自由党から移った芦田均が総裁となり、自由党との連立を模索した幣原は名誉総裁に退いた。

この時幣原は伊沢に「政界の廓清は日暮れて道遠きの感を深くするに至り候」との心境を書いた（幣原喜重郎六月二日）。外務省出身ながら長年政党とともに歩んできた幣原が、戦後政治の混迷を目の当たりにして伝えた「日暮れて道遠きの感」は、伊沢も共感するものであっただろう。

一九四七年五月三日日本国憲法の施行と同時に枢密院は消滅し、伊沢も顧問官の任を解かれた。しかし無官となっても伊沢の政治への関心は衰えなかった。

六月八日、河井は伊沢と「緑風会の方針、事務局の難問、報徳社の事業推進及将来」について話した。緑風会は参議院議員選挙で最大勢力となった無所属議員により結成された院内会派で、河井は結成の中心人物であった。緑風会には旧貴族院議員や官僚出身者が多数合流し、伊沢が率いた同成会からも赤木正雄、川上嘉市、下条康麿、寺尾博らが所属した（『緑風会十八年史』）。さらに二一日、伊沢は伊豆湯河原の牧野伸顕を訪問し、夕方まで「皇室、国家問題、退位、恩賞、教育、国際」などについて対談し「大に獲る所」があったと記している（「日記」）。

片山内閣のもとGHQは民主改革を急ピッチで進めた。公職追放の範囲は中央から地方へ、また政界官界から経済界言論界へと拡大され、七月には潜在的追放該当者を仮指定する政令が発表された（増田弘「公職追放の衝撃」）。九月二二日、東京公職適否審査委員会は三六名の公職追放該当者指名を発表した。この中で「戦時中の枢密院関係者」が新たに指定され、伊沢のほか枢密院議長清水澄、同副議長潮恵之輔、顧問官三土忠造、林頼三郎、竹越与三郎らが指定を受けた。地方制度改革や憲法改正を達成したGHQ民政局は、すでに内務省の同年末での廃止を決定し、内務官僚の動向を厳重に監視していた（平野孝『内務省解体史論』）。今回追放指定された清水、潮、伊沢らは内務省出身、三土は前内相であり、こうした「潜在該当者」が依然として政治活動を行っている事態を重視したのであった。

二六日、軽井沢の伊沢のもとに公職追放令に該当する旨、片山首相より書面が来た。その日のうちに伊沢は黒河内を東京に遣り、異議申し立ての訴願をすべきかどうか河井の意見を求めた。これに対し河井の意見は「訴願せざるを望む」であった（『河井日記』九月二六日）。指定を受けた者は三〇日以内に資料を提出して異議申し立てをし、公職適否審査委員会の審査を受けることができた。しかし指定総数約二〇万人のうち、異議を申し立てて非該当となったのは一万人ほどの狭き門であった（『GHQ日本占領史』6）。河井は訴願しても追放を免れることは困難と考えたのだろう。

十二月、駐日カナダ代表部主席となっていたノーマンは、本国にあて「日本の隠れた政府」や「封建的に組織された党派や派閥」をめぐる最近の動きを指摘する報告書を送った。そのなかでノーマンは「GHQのいろいろな局が、指令の実施に対する抵抗の存在に、次第に気づきはじめ」たと記している（『日本占領の記録』）。この報告書にはノーマンが前年書いた覚書「日本の黒幕　伊沢多喜男」が添付されている。「日本の隠れた政府」や「封建的に組織された党派や派閥」、あるいはGHQに対する「抵抗の存在」とは内務省や伊沢を指すものであった。

地方制度改革や憲法改正を達成したＧＨＱ民政局は、すでに六月下旬それまでの内務省分権化方針を転換して同年末をもって廃止することを決定し、以後「内務官僚の進退に対する厳重な監視を含む、機構の徹底した解体・分散が追求」された（平野孝『内務省解体史論』）。伊沢の追放には、新たな憲法体制を形成する上で必要とされた内務省の徹底的解体という政治的文脈があったのである。

追放解除への執念

九月二九日伊沢に軽井沢警察署より内務省へ出頭するよう電話があった。しかし伊沢は「出頭不能」と答え、翌日には黒河内を警察署に行かせ「病気の為め当分旅行不能」と返答させた。伊沢は一〇月七日、天皇の軽井沢行幸には天機奉伺、記帳などを行ったが、その後も出頭に応じなかった。

この間の九月二五日、伊沢と同時に追放された清水澄が天皇制護持を訴える遺書を残して熱海の海岸で入水自殺した。伊沢は「清水澄君の自殺は痛恨至極に候」と書いている（牧野伸顕宛一九四七年月日不詳）。このことがきっかけとなったのか、伊沢は追放の汚名を返上すべく訴願を起こすことに動きだした。伊沢には軍国主義や戦争反対に尽力したとの自負もあった。

十一月上旬伊沢は伊東に行き滞在中、杉田正三郎（弁護士、元行政裁判所評定官）、沢田竹次郎（最高裁判事）、館林三喜男（内務官僚、河井弥八の女婿）、林頼三郎（元枢密顧問官）ら法曹関係者と訴願提出の協議をした。伊沢が頼みにしたのは長い付き合いのあった東大教授田中耕太郎で、前年四月田中が参議院選挙に出たときには伊沢は推薦者の一人となり当選後田中は緑風会に所属していた（田中耕太郎 一九四七年三月一四日）。田中は幣原内閣の文部省学校教育局長、吉田内閣の文部大臣として教職員の適格審査、教職追放の日本側責任者でGHQ当局とのつながりもあった。

十一月二五日、伊沢は田中と「予の将来の在り方に関し意見交換」し、十二月六日にも訴願について相談を行った。教育界の教職追放を峻厳に行ったといわれる田中がどこまで協力できたかは疑問であるが、ともかく田中は伊沢のために尽力した。

さらに翌四八年一月十二日と二〇日、伊沢は二八会同期の高野岩三郎と田中清次郎を熱海に訪問し、自身の追放問題について協議した。そこで高野が提案したのは東京裁判に出廷中の東条英機に弁護人清瀬一郎を通じて、伊沢が「日米戦争反対を主張し最後まで抗争せる事実」を証言させようというものであった（「日記」一九四八年三月一日）。伊沢はこの提案に気乗りしなかったが、清瀬を通じて巣鴨拘置所の東条に伝えられた。この間伊沢は東京裁判で証拠書類として提出された「木戸幸一日記」を入手して読んでいる（一月五日、二一日）。開戦当初内大臣であった木戸幸一の詳細な日記から、自らの戦争反対の言動を見出そうとしたのだろう。

しかし三月二六日、高野から伝えられた清瀬の返答は「只呆然たる外なし、何等かの間違なるべし」というものであった（「日記」）。すなわち「東条は予の日米戦争反対論を記憶せずとのこと」であった。すでにふれたように伊沢は開戦を前にした十二月四日の枢密院本会議、八日の枢密院全員委員会で日米交渉が破綻し開戦に至った要因を東条に糺す質問を行った。伊沢はこれを「日米戦争反対論」と考えたようである。

しかしそもそも伊沢の政府批判は開戦の責任を突いたもので、その後の大東亜省設置問題などでの姿勢をみても伊沢が戦争遂行を支持していたことは明らかである。伊沢の戦争責任意識は、開戦や敗戦という国家指導の一端に預かった者の責任に限定されており、国際法と人道主義の観点から国家指導者を加担者を含め、トータルに糾弾する連合国の戦争責任観は伊沢の想像を越える概念であった。そして東条はそうした戦争責任観に立つ東京裁判の法廷で厳しい追及を受けており、東条から伊沢が有利な証言を得ることが出来なかったのは当然であろう。

五月二日、伊沢は長野県下伊那郡にある信濃宮に向かった。信濃宮は南朝の宗良親王を祭神とし一九四〇年長野県の紀元二千六百年記念事業の一つとして県民の勤労奉仕で造営され、伊沢は四二年一月に奉賛会の副会長となっていた。今回の訪問は戦時中に中断していた鎮座祭出席のためであった。伊東から東京をへて中央線で辰野駅に向かい飯田の天竜峡ホテルに投宿した伊沢は、五日、大鹿村の山中にある信濃宮にリヤカーに乗せられて参拝した。追放確定通知を受けとったのは、このあと向かった高遠町滞在中の五月一〇日であった。これが最後の郷里訪問となった。

死去

信州への長旅と追放確定のショックからか、軽井沢の別荘に戻っても「終日昏臥」「数日来ネン液甚だし節食」と、日記に体調悪化の記事が増えた。それでも来訪した田中耕太郎と夜十一時まで懇談し（七月一七日）、三井呉服店の幾度永（いくたびえい）が軽井沢で経営する開墾場を黒河内透が引くリヤカーに乗って視察し（八月四日）、近くの軽井沢集会堂で行われた羽仁五郎の講話を聞くなど（同二四日）、依然政治に関心を示した。羽仁五郎は伊沢が懇意にした羽仁家の婿養子でマルクス主義歴史学者として戦時中投獄され、この時は参議院議員となっていた。その立候補を聞いた時伊沢は「羽仁五郎の考へは自由学園の精神とちがう」と批判していたという（藤浪みや「羽仁先生と父のかかわり」）。

軽井沢で伊沢の話し相手となったのは、戦後農林省を退官して弁護士となっていた三女いよの夫黒河内透で、一〇月一三日には黒河内と「政界首相候補」について談じている。昭電疑獄で芦田内閣が総辞職したころである。伊沢は一八日、後継となった吉田内閣（第三次）を「前途多難」と記し、組閣中の吉田と元文部次官山崎匡輔にあて書面を認め黒河内に託したがもはや吉田から返信はなかった。

同月二八日伊沢は軽井沢から伊東へ移動し、そこからしばしば上京した。十一月一日参議院食堂で下条康麿の文相就任祝賀会が旧貴族院同成会の懇親会を兼ねて開かれ、伊沢は次田、河井らとともに出席した。十二月十一日には丸ビルで伊沢夫婦の祝耄（八〇歳）の会が開かれた。主催者は幣原坦で内田孝蔵が司会し来会者は七〇名余りであった（『河井日記』）。席上伊沢は謝辞とともに伊那節を披露し、幣原は「御元気の御様子を目撃し恐悦不過之候。小生も之にあやかりたき」と記している（幣原坦一九四八年十二月一九日）。

追放が確定した後も伊沢の周辺はなんとか解除しようと動いた。一九四九年一月末、鈴木信太郎（元長野県知事）と杉田正三郎が、二月には河井弥八、昇三郎、内田ら親族が追放再審査の打合せを行った。三月伊沢は伊東の別荘で腸捻転を起こして重体となったが奇跡的に回復し、月末には黒河内や高村坂彦と追放の件を話すほどであった。四月に入り河井は小林参議院事務総長と追放訴願について打合せ、田中耕太郎とも追放解除申請の協議を行った。田中の尽力に伊沢は「予の為尽くし呉れつゝあり感激」と記している（「日記」四月十一日）。

しかし再び体調は悪化し五月一三日、牛込の国立第一病院に入院した。それでも河井は翌日、増田甲子七官房長官、林譲治厚生大臣ら吉田内閣の閣僚に面会し、追放解除申請に必要な証言書提出を依頼した。もはや存命中の解除は望むべくもなかったが、河井は吉田内閣に最後の助力を求めたのである。

六月伊沢は手術を行った。その間横浜の実業家中村正雄（房次郎の長男）や半井清元横浜市長は、巣鴨の本邸を失った伊沢のために小田原に住居新築を計画し資金調達に動いた。彼らは伊沢の復帰を信じ七月一三日、河井と半井は伊沢を見舞い「元気極めて旺成なり。歓談四十分、再会を期して退出」した（『河井日記』）。

八月七日、河井は同成会の会員全員に伊沢が重体となったことを通知した。死去はその一週間後の一三日、享年八一才であった。国立第一病院での臨終の席には家族、内田孝蔵夫妻、腹心の丸山鶴吉がいた。一五日町屋で荼毘に付され谷中の全生庵で通夜、翌一六日に同所で告別式が行われた。葬儀委員長は幣原喜重郎、副委員長に後藤文夫、導師は山本玄峰、友人総代として幣原坦が弔辞を読み、墓標を河井弥八が揮毫した。来会者は三、四百名もあった。同時に初七日を済ませ夕方には雑司ヶ谷霊園で埋骨が行われた。法名は静観院殿度案不識大居士であったが、三回忌に長男龍作が建立した墓石には、「度案」は「恕庵」と刻まれた。道を隔てて斜向かいには兄修二の大きな墓石が立っている。

一〇月二三日、戦前に地元有志の度重なる懇請にも建立を許さなかった「無字の碑」の除幕式が改めて行われた。その側碑には「伊沢多喜男翁は、信州高遠に生れ出て、国政の枢機に参じ公私常に至誠一貫、以て事に当る。特に教育を重んじ治山治水に力を致す。」と記されている。しかしこの碑文から「国政の枢機」に参じた伊沢がいかなる人物であったか十分に読み取ることはできない。伊沢は陰の政治家であり続けたのである。

その後

一九五一年六月政府は公職追放令を改正して追放解除を発表し、三木武吉や石橋湛山ら約三、〇〇〇人が解除された。ＧＨＱとの間で進められた講和条約調印に向けた措置の一環で、政財界、陸海軍人の追放解除が相次いで行われ、八月六日には伊沢の公職追放指定も解除された。

幣原喜重郎を編纂委員長とし、後藤文夫ら旧内務官僚五九名を編纂委員に網羅して進められた伝記『伊沢多喜男』が刊行されたのはその一週間後であった。編纂委員の一人半井清は前年、「伊沢多喜男伝記編集事業、寄付金は今迄大体一一五万円集まり現在は約八〇万円の現金ある。阿子島氏が執筆中であり、原稿も進んで居る」（「半井清日記」一九五〇年九月一六日）と記している。執筆者の阿子島俊治は新聞記者出身の元代議士で、民政党代議士で枢密顧問官にもなった藤沢幾之輔の伝記（一九三五年）の著者でもある。

伊沢の伝記編纂にあたっては多数の資料が集められたが、中心になったのは戦時下に伊沢が軽井沢に疎開させ、空襲を免れた文書類であった。これらは戦後世田谷に住む女婿黒河内透が管理してこの伝記に使用された。そして、二〇〇四年七月に四女藤浪みや氏から国立国会図書館憲政資料室に寄贈され、現在「伊沢多喜男関係文書」として公開されている。また伊沢の大礼服や書軸、台湾総督時代のアルバムなど遺品類は、長男龍作・清子夫妻の親族から郷里の伊那市立高遠町歴史館に寄贈され収蔵されている。

伊沢の死去後、夫人徳子（とく）は龍作や黒河内らの家族とともに暮らし、その後芦屋の河井昇三郎宅で療養した。その頃夫人が病気であることを知った台湾の羅万俥（当時国府立法委員）、呉三連（台北市長）、蔡培火（国府政務委員）、林呈禄（東方出版社長）、林柏寿（台湾セメント会長）ら台湾で有力者となった人々から、一〇万円の見舞金が寄贈された。呉、羅は「伊沢さんには個人的にも非常にお世話になった。そのようなものが相談して未亡人に少しでも楽な余生を送ってもらいたいと思ってわずかばかりのお金を差上げた」と談話を寄せている（『毎日新聞』一九五三年一月二六日）。徳子は一九六四年二月に亡くなり、雑司ヶ谷霊園の多喜男とともにある。

おわりに　官僚政治家として

内務官僚、貴族院議員、台湾総督、枢密顧問官を歴任した伊沢の政治活動は、日清日露戦期から太平洋戦争の敗戦と占領期までの半世紀に及んだ。内務省が国家機構のなかで大きな役割を果たし、解体されるまでの時代と重なる。伊沢は明治国家と内務省の発展、終焉をともに生きた政治家であった。

伊沢が官界に入った明治後半期は国民国家建設を進める藩閥官僚勢力と、資本主義の発展に後押しされた政党勢力が、対立と妥協を繰り返した時代であった。伊沢はその双方の実力者大浦兼武と原敬に抜擢され内務省の地位を上った。、さらに大正政変をへて立憲同志会、憲政会が結成され政友会に対抗する二大政党化の端緒が作られ、官僚勢力もまたこの潮流に合流した。伊沢はこの流れに乗り次第に非政友系の旗幟を鮮明にし、一九一五年官界引退後は会派同成会を率いて、貴族院から加藤高明を支える官僚政治家の実力者となっていった。

この間、伊沢は内務省や地方官の様々なポストの斡旋、地方利益の調整や配分などを通して勢力の形成に努め、その影響力は官界、政党から地方、大都市、台湾・満州など植民地にも及び、住友財閥の幹部たちとの関係も結んだ。大正後半の原内閣以降の二大政党によるポストや利益の争奪、選挙戦の激化は、むしろ伊沢の政治活動の原動力となった。こうして伊沢は昭和期には内務官僚を中心とする政治的人脈勢力を築き、その後台頭した新官僚にも影響力を持った。

伊沢が内務官僚の実力者へと昇り詰める過程は、藩閥官僚と政友会優位の官界体制に挑戦し、学歴や任用資格、専門性をバックにした新進の官僚が結集する過程でもあった。伊沢が昭和期に新官僚の黒幕といわれたのは、そうした過去の軌跡が背景にある。

伊沢は昭和の政党政治期に民政党官僚派の重鎮として党人派の安達謙蔵と二分する地位を有し、盟友浜口雄幸の内閣を支えてロンドン軍縮条約批准の突破口を開いた。浜口没後も斎藤実内閣で新官僚の黒幕として影響力を発揮した。しかし伊沢が政界に隠然たる勢力を持つにしたがい、元老や宮中方面は警戒し軍部革新派からは敵視された。

伊沢は日中戦争後、輿望をになって登場した近衛文麿の後見人を任じ、近衛を通じて難局を乗り越えようとした。しかし伊沢は近衛を担ぐ親軍的な官僚グループ、革新派が進める新体制運動や大政翼賛会に反対し、彼らからは現状維持派と目された。士官学校事件、二・二六事件などで伊沢が襲撃の対象に挙げられていたことが、彼の政治的位置を示している。

枢密顧問官として国政の枢機に参画した太平洋戦争期には、東条内閣の開戦に鋭く反対したかと思うと政府の戦争指導に絶対支持を表明し、戦争の帰趨がみえた末期には戦争完遂を唱えながら終戦を目指す鈴木内閣の擁立に関わった。その行動は変転激しかったが、伊沢は当面する国家の破局を回避する現実的方策を選択し続けた。

こうして鈴木を擁立して敗戦を迎えたことが伊沢の戦後の出発点となり、盟友幣原が組閣したことが伊沢の政治活動再開を可能にした。しかし警察官僚を中心とする内務官僚の追放、貴族院、枢密院の廃止、知事公選制など相次いで行われた地方制度改革によって伊沢の政治的基盤は次第に失われていった。伊沢の権力の源泉は内務省と内務官僚が担う、「内務省府県体制」であったからである（市川喜崇『日本の中央・地方関係』）。外務省出身の吉田茂が国政の主導権を握り、ＧＨＱによる地方制度改革と内務省解体が進められるなか、伊沢は新しい憲法と地方体制への障碍となり公職追放された。伊沢は文字通り内務省とともに生きた官僚政治家であった。

伊沢は官僚政治家であったが、政党政治を敵視せずむしろ肯定した。明治憲法体制は内務省と政党が地方行政（内務省府県体制）と議会政治（政党及び貴衆両院）の双方から奉仕するものであり、両者が「分権システム的憲法の枠内」で行動すべきものと考えていた（季武嘉也「大浦兼武と伊沢多喜男」）。伊沢が戦時期にかけて政党の不甲斐なさをくり返し嘆いたのは、むしろ政党への思い入れを示すものであった。

その意味で伊沢は明治憲法体制の擁護者であり、内務省府県体制や議会制度への挑戦は、明治憲法体制からの逸脱であり許容し難いものであった。とくに昭和期の国家改造、戦時期の総力戦体制という急激な変革の潮流に伊沢は反対した。伊沢が時に進歩的に、ある時には保守的にみえるのは明治憲法体制の原則に固執したからである。「怒庵」とともに好んだ「頑爺」たる称号は、伊沢のそうした側面を表している。

伊沢は妥協と策謀の政治家といわれたが、大正民本主義の吉野作造と共鳴し、体制に抑圧された新渡戸稲造、美濃部達吉、斎藤隆夫、尾崎行雄らを擁護し、四阪島煙害被害の農民や台湾自治運動の指導者たちへ理解と共感を示した。五箇条の御誓文を信奉しつつ進歩的知識人と自由主義を擁護した出版文化人岩波茂雄を「リベラル・ナショナリスト」とするならば、伊沢もそう呼んでいいかもしれない（中島岳志『岩波茂雄』）。

しかし伊沢は在野や民間ではなく体制内でその少数派を貫いた。政治評論家馬場恒吾が伊沢を「政界の大久保彦左衛門」と評しているのは、そうした伊沢の立ち位置を表している（『政界人物風景』中央公論社、一九三一年）。伊沢は黒幕として背後で様々な画策をめぐらしたが、正面から明治憲法体制を擁護し、その逸脱や挑戦に対する「御意見番」であった。

黒幕と呼ばれた政治家は、伊沢以外にも日本政治史上何人もの人物を挙げることができる。政治の世界には理想を掲げ表舞台に立つ者と、国民から見えないところで現実的に活動する者がいる。社会のあらゆる政治的状況の場においてもそうである。こうした存在は民主主義にとって望ましいものではないかもしれない。しかし政治が理想と現実、表と裏との相克の上になり、そのなかでもなお倫理と責任を引き受け不屈の闘志で政治に立ち向かう覚悟を持つ者を真の政治家と呼ぶならば（ウェーバー『職業としての政治』）、伊沢もそれに値する稀有な官僚政治家であったということができるだろう。

あとがき

政界の黒幕と呼ばれた伊沢多喜男の活動の実態は、これまであまり明らかでなかった。しかし国会図書館憲政資料室に所蔵されている「伊沢多喜男関係文書」はこの知られざる政治家の姿を解き明かす貴重な資料であり、本書はこの資料をもとにできるだけ実証的に伊沢と彼をとりまく人々の政治活動を明らかにしようとした。

もう一つ本書の重要な資料となったのは「丸山幹治氏筆記」である。先の伊沢の伝記でも多用されているこの資料の所在はながらく不明であったが、本書で触れたように近年再発見された。戦時下に伊沢が進めた浜口雄幸の伝記編纂のなかで作成されたもので、その後丸山真男門下の今井清一氏（横浜市立大学名誉教授）の『濱口雄幸伝』（上下、朔北社、二〇一三年）で明らかになった。この「丸山筆記」には誇張や誤解も見受けられるが伊沢の肉声をふんだんに収録しており、来翰を主体とする「伊沢多喜男関係文書」の欠を補うものとなった。

そしてなにより伊沢が手がけ挫折した浜口の伝記が、七〇年の歳月をへて今井氏によって世に出されたことは、本書執筆の最大の動機となった。晩年の伊沢は多くの盟友たちの事跡を「生き残れる者の義務として精魂を尽し」残そうとした。彼が残した文書をご子孫から託され後世に残すことに関わった者の一人として、著者もその伝記を書くことはなかば義務となった。今井氏による上下二巻の大著『濱口雄幸伝』との遜色は最も懸念されるところであるが、本書が盟友二人の伝記として合わせ読まれれば望外の喜びである。

最後に伊沢家・河井家両家の方々に、長らく伝記刊行をお待たせしたことをお詫びするとともに、これまでのご厚誼に心より感謝申し上げたい。本書の出版には、財団法人尚友倶楽部からの出版助成をいただいた。記してお礼を申し上げます。

大西比呂志

二〇一九年二月　富士が見える横浜の寓居にて

伊沢多喜男年譜

和暦	西暦	年齢	関連事項	参考事項
明治二	一八六九	一	十一月信濃国高遠藩西高遠新開村相生（現伊那市）に誕生。	六月版籍奉還。七月民部省設置。
七	一八七四	六	三月兄修二愛知師範学校校長就任。父に伴われて名古屋の修二宅に移り同付属小学校に入学。	一月内務省職制及事務章程、民選議院設立建白書提出。五月台湾出兵。
八	一八七五	七	七月修二米国留学。多喜男高遠に帰る。	四月漸次立憲政体の詔。六月初の地方官会議。
九	一八七六	八	東高遠小学校（現伊那市立高遠小学校）に入学。	八月筑摩県を廃し長野県設置。
十一	一八七八	一〇	五月父勝三郎死去。修二帰国、東京府小石川区小日向第六天町に居を構える。	七月地方新制度（三新法）。
一四	一八八一	一三	修二宅へ上京。お茶の水の東京女子師範	一〇月大隈重信参議罷免（明治一四年の政

			学校附属小学校に入学。幸田露伴の妹延・幸ら同窓。	変）。自由党結成。
一七	一八八四	一六	一月三田の慶応義塾普通部入学。	十二月京城で甲申事変。
一八	一八八五	一七	成績は体調不良のため低調。	十二月内閣制度。第一次伊藤博文内閣。
一九	一八八六	一八	この頃三田演説館で演説の稽古。	七月地方官官制。
二〇	一八八七	一九	七月第一高等中学校受験に失敗。 九月大阪の第三高等中学校予科三級入学。校長折田彦市、同級に幣原喜重郎、下岡忠治、大平駒槌ら。	七月文官試験試補及見習規則 一〇月大同団結運動、三大事件建白書提出。 十二月保安条例。
二一	一八八八	二〇	三月奈良、月ヶ瀬、笠置方面に修学旅行。伊沢第二小隊。 九月浜口雄幸が三高に入学。	四月市制町村制、枢密院官制公布。黒田清隆内閣。
二二	一八八九	二一	八月三高、京都市上京区吉田町神楽岡に移転。 九月新校舎開業式をかねて予科の卒業証書授与式。伊沢、浜口、幣原ら本科へ進学。	二月大日本帝国憲法発布、貴族院令、衆議院議員選挙法公布。 十二月第一次山県有朋内閣。
二三	一八九〇	二二	十一月三高生帝国議会開院奉祝行列で伊沢作詞の行進歌「トコトンヤレ」披露。	五月府県制・郡制各公布。 十一月二九日第一回帝国議会開院式。

明治	西暦	年齢	事項	一般事項
二四	一八九一	二三	五月三高生、ロシア皇太子ニコライ出迎えに上洛した明治天皇を七条停車場で奉迎。	五月第一次松方正義内閣。十一日大津事件。
二五	一八九二	二四	二月三高壬辰会結成、機関誌『壬辰雑誌』編集。ベースボール部初代部長。この頃幣原、大平、浜口らと足繁く交遊。修二の命による翻訳に従事。 七月三高卒業（幣原卒業生総代）。上京。 八月共立中学校英語教師に雇われる。 九月帝国大学法科大学政治学科に進学。寄宿舎に入る。幣原、浜口、大平、下岡のほか高野岩三郎、小野塚喜平次、勝田主計、上山満之進、田中清次郎、土方久徴らが同学年。	二月第二回衆議院議員総選挙。 三月品川弥二郎内相、選挙干渉問題で辞職。 八月第二次伊藤内閣。
二六	一八九三	二五	この頃、穂積八束の憲法講座、秋月左都夫の国際法などを受講。マハン『海上権力史論』の翻訳作業に小野塚や高野と従事。小石川白山道場に通う。	一〇月文官任用令・文官試験規則各公布。
二八	一八九五	二七	六月兄修二台湾総督府学務部長心得とし	四月日清講和条約調印。三国干渉。

			て渡台（十一月一時帰国）。 七月法科大学政治学科卒業。同期卒業生と二八会を結成。 十二月文官高等試験受験するも不合格。	五月台湾島民反乱。 六月平定。
二九	一八九六	二八	三月愛知県属（知事時任為基）。 十二　月文官高等試験を再受験し合格。この年母多計死去。	一月台湾士林で芝山巌事件発生。 九月第二次松方内閣。
三〇	一八九七	二九	四月愛知県内務部第一課長、内務省土木局道路課・治水課に出向。 九月山梨県参事官（知事清棲家教）、内務部第二課長（土木局道路課長）、検疫委員副長。 一〇月色川三郎兵衛五女徳子（とく）と結婚。	三月足尾鉱毒事件問題化。
三一	一八九八	三〇	七月岐阜県参事官（知事安楽兼道）、内務部第三、第一、第二各課長。この年長女高誕生。	六月第一次大隈重信内閣。 十一月第二次山県内閣。
三三	一九〇〇	三二	七月岐阜県警察部長。この年次女常誕生。	三月治安警察法。 六月行政執行法公布。

				九月立憲政友会成立（総裁伊藤博文）。
三五	一九〇二	三四	二月福井県内務部長（知事阪本釤之助）。 この年長男龍作誕生。	一月日英同盟。
三六	一九〇三	三五	県会で政友会支部長竹尾茂と対立。大浦兼武警視総監に呼び出され面会。	三月第八回衆議院議員総選挙。 七月西園寺公望立憲政友会総裁就任。
三七	一九〇四	三六	九月滋賀県内務部長（知事鈴木定直）。この年次女常死去。	二月日露戦争。日韓議定書。
三八	一九〇五	三七	四月第一部長。 十二月第三部長兼補。この頃鈴木知事と伊庭貞剛を大津田辺の別業各機園に訪問。	五月日本海海戦。 九月日露講和条約調印。日比谷焼討事件。
三九	一九〇六	三八	四月警視庁第一部長（内務大臣原敬、警視総監安楽兼道）。青山練兵場での征露凱旋陸軍大観兵式警備。	一月第一次西園寺内閣。 三月鉄道国有法。 六月南満州鉄道株式会社。 八月関東都督府設置。
四〇	一九〇七	三九	一月和歌山県知事。二八会友人から「怒庵」の号を贈られる。 十一月県会で政友派と対立。	七月第三次日韓協約。
四一	一九〇八	四〇	十一月県下に「神職者ノ心得ニ関スル訓	五月第一〇回衆議院議員総選挙。

			令」。神社整理を進める。私立耐久中学校長宝山良雄と交流。	七月第二次桂太郎内閣。 一〇月戊申詔書。
四二	一九〇九	四一	三月県会で和歌山市への遊郭設置に反対。 七月愛媛県知事。 九月政友派町議など拘引。 一〇月県会で二二ヶ年継続土木事業計画中止を声明。この年次男紀誕生。 十二月高遠町小学校に学校林を寄付。	一〇月伊藤博文ハルビンで暗殺。
四三	一九一〇	四二	一〇月～十一月四阪島煙害問題の調停。 この間大浦農商務大臣、下岡農務局長ら来県現地視察。	五月大逆事件。 八月韓国併合。 九月朝鮮総督府設置。
四四	一九一一	四三	三月部落有林を統一し森林造成計画を訓令。	三月工場法公布。 八月第二次西園寺内閣。 一〇月辛亥革命。
四五	一九一二	四四	四月地方長官会議で上京。西園寺公望を総理大臣官邸に訪問。	一月中華民国建国。
大正一	一九一二	四四	九月上京し青山祭場殿での明治天皇大喪に出席。 十二月新潟県知事。	十一月二個師団増設問題。 十二月第三次桂内閣。

二	一九一三	四五	一月内務省での地方官会議に出席。三月新潟県知事休職。この年四女みや誕生、東京府豊島郡巣鴨村宮仲（後東京市豊島区西巣鴨二五一七）に新居。この頃修二とともに、郷里高遠に進徳図書館及び美術館建設に尽力。	一月桂太郎新党計画。第一次護憲運動。二月山本権兵衛内閣。十二月立憲同志会成立。
三	一九一四	四六	四月警視総監（内務次官下岡忠治）。地方官異動。大喪使事務官。五月昭憲皇太后大喪警備。六月東京市会議員選挙取り締まり。七月市内犯罪取り締まりを指揮。市内は発疹チフス、ペストが流行。	一月営業反対運動。シーメンス事件。山本内閣総辞職。四月第二次大隈内閣。八月対独宣戦布告。
四	一九一五	四七	六月～七月大浦内相の選挙干渉問題処理に奔走。八月警視総監辞任。一〇月～十一月朝鮮満州旅行。京城で義兄立花小一郎第一九師団長、寺内正毅朝鮮総督に面会。	一月対華二一ヶ条要求。大浦兼武内相就任。三月第十二回衆議院議員選挙。八月大隈内閣改造。十一月大正天皇即位大典（京都）。
五	一九一六	四八	四月台中での勧業共進会観覧のため台湾に渡る。伊沢修二も来台。	一〇月寺内正毅内閣。憲政会成立。

六	一九一七	四九	五月芝山巌事件二〇年大祭に兄弟で出席。 一〇月貴族院議員に勅選、幸倶楽部に入会。 五月伊沢修二死去。 九月東京市長人事で大浦と久保田政周を擁立したが失敗。	三月ロシア二月革命。 十一月ロシア十月革命。
七	一九一八	五〇	八月横浜市長人事に再び久保田を擁立、成功。 九月臨時国民経済調査委員。この年岡田宇之助の就職先を後藤新平と争い住友入社を斡旋。	八月シベリア出兵。米騒動。 九月原敬内閣。
八	一九一九	五一	三月第四一議会で開墾助成法、衆議院議員選挙法改正案などに反対。 九月大浦兼武伝編纂の発起人会を開き記念事業会を結成。 十一月貴族院同成会結成。	三・一独立運動。 四月都市計画法。 九月大浦死去。
九	一九二〇	五二	五月総選挙で長野県第十一区野溝伝一郎の応援に行く。 七月中橋徳五郎文相の食言問題を追及。	一月国際連盟発足。

一〇	一九二一	五三	この年長女高、河井重蔵五男昇三郎と結婚。 一月臨時治水調査会委員。 二月予算委員会で中橋文相擁護の原首相と問答。 三月第七回万国議員商事会議（リスボン）に列席のため横浜を出航（委員長神田乃武、貴族院書記官小林次郎が随行）。欧米十一カ国を歴訪し一〇月帰国。	四月市制町村制改正。郡制廃止。 十一月原首相暗殺。高橋是清内閣。 ワシントン会議開催。
十一	一九二二	五四	三月第四五議会で過激社会運動取締法案に反対。 六月高橋後継内閣に加藤高明を擁立するが失敗。	六月加藤友三郎内閣。
十二	一九二三	五五	四月同成会と日支郵便条約問題で政府を追及。 九月一日関東大震災で巣鴨の自宅被災。数日後加藤高明を訪問。十一日大震災善後会委員。 一〇月帝都復興院評議会議員。政府の火	八月加藤首相死去。第二次山本内閣。 十二月摂政狙撃事件（虎ノ門事件）。台湾治警事件。

一三	一九二四	五六	災保険金補助貸付法案を批判。 一月同成会会員による選挙干渉監視団組織。 二月特別都市計画委員会委員。 六月加藤高明首相より入閣要請固辞。 九月台湾総督就任。 一〇月全島巡視。 十二月台湾統治の眼目を「四百万の台湾人」とする声明。田川大吉郎来台。年末台湾の官立大学開設に向け上京。	一月清浦奎吾内閣。第二次護憲運動。政友本党成立。 五月第一五回衆議院総選挙。 六月第一次加藤高明（護憲三派）内閣。 八月政務次官、参与官設置。
一四	一九二五	五七	二月芝山巌事件三〇周年式典（台北士林）。上京（東京、軽井沢に滞在、沼津御用邸に天機奉伺）。 四月帰台。 五月上京（大正天皇銀婚式祝典、秩父宮に拝謁）。秩父宮来台迎接。 六月全島巡視。 八月上京、次兄信三郎、九月三兄富次郎、義兄湯本武比古ら死去、葬儀に参列。 一〇月帰台、全島巡視。幣原坦招聘。	一月日ソ基本条約調印。 二月林献堂ら帝国議会に台湾議会設置の請願（第六次）。 三月普通選挙法案、治安維持法成立。 八月第二次加藤高明内閣。 十一月下岡忠治死去。

一五 昭和一	一九二六	五八	一月上京、第五一議会へ出席。 二月大浦育英会創立。 四月高松宮来台迎接。台北の大日本穀物大会で磯栄吉、末永仁らによる改良内地種米を「蓬莱米」と命名。 五月上京、大阪、名古屋で台湾宣伝会。 六月三木武吉、伊沢を東京市長に擁立。 七月台湾総督を辞任。東京市長就任。 八月瓦斯事業委員会委員、中央紙業委員会委員。しばしば静養のため軽井沢滞在、同成会と近衛文麿との連携を模索。 九月関東大震災三周年追悼会出席。スウェーデン皇太子夫妻を東京駅に出迎え。 一〇月東京市長辞職。 十一月伊沢財団創立（台北）。	一月加藤高明死去。第一次若槻礼次郎内閣。呉三連ら在京留学生、台湾議会設置請願運動。 二月財団法人大浦育英会を発足。松島遊郭移転疑獄事件。 三月陸軍機密費事件。 六月若槻内閣改造（内相浜口）。 七月長野県警廃事件。 十二月昭和改元。
二	一九二七	五九	一月田中政友会、床次政友本党との三党首会談で若槻を批判。 三月憲政会と政友本党との提携（憲本連盟）に奔走。 六月立憲民政党総裁に浜口雄幸を擁立。	三月金融恐慌発生。 四月田中義一内閣、内相鈴木喜三郎。 七月林献堂台湾民衆党結成。

			六月末から七月下旬まで満州朝鮮旅行。	
三	一九二八	六〇	一月貴族院議員を集めて戊辰倶楽部、選挙革正会結成。 三月選挙革正会、政府の選挙干渉、怪文書配付事件を糾弾。 六月水野文相優諚問題。研究会、同成会など五会派共同で内閣総理大臣不信任決議を提出。	二月第一六回衆議院議員総選挙。 五月田中内閣改造。 六月張作霖事件。治安維持法改正。 十一月昭和天皇即位礼。
四	一九二九	六一	二月貴族院本会議で田中内閣問責決議案の可決に尽力。 七月浜口組閣に尽力。 八月朝鮮総督候補となるが推薦を辞退。 一〇月官吏減俸案に反対。 十一月伊沢の還暦祝賀懇親会。	七月田中内閣総辞職。浜口雄幸内閣。 八月緊縮政策を全国放送。売勲事件。 十一月朝鮮疑獄、私鉄疑獄。
五	一九三〇	六二	一月選挙革正審議会委員。 二月白話字運動の蔡培火を浜口首相に紹介。 七月ロンドン海軍軍縮条約問題で枢密院対策に奔走。	二月第一七回衆議院議員総選挙。 四月統帥権干犯問題。 一〇月台湾霧社事件。

			十一月浜口首相狙撃事件を受け、幣原を臨時首相代理に就けるなど善後策に当たる。鉄道会議議員。	
六	一九三一	六三	一月近衛の貴族院副議長就任に浜口、幣原と尽力。 二月幣原失言問題で辞任を要求する安達謙蔵、中野正剛説得に当たる。浜口後継に宇垣一成首班、伊沢内相説出る。 五月文政審議会委員。元任地の和歌山県訪問。六月満鉄総裁候補に挙がる。 十二月安達に協力内閣運動中止を要請。年末森恪、伊沢と会談「挙国一致的政権」樹立を要求。	四月浜口内閣総辞職、第二次若槻内閣成立。 八月浜口雄幸死去。 九月満州事変。 十二月若槻内閣総辞職、犬養毅内閣。
七	一九三二	六四	一月衆議院解散、前知事を動員し選挙監視団組織。 三月舌禍事件の新渡戸稲造を擁護。 五月斎藤実組閣に関与。内相候補になる。政務官問題で内務政務次官に斎藤隆夫を推す。	一月第一次上海事変。国維会結成。 二月第一八回衆議院議員総選挙。 五月五・一五事件。斎藤実内閣。

			六月官吏身分の保障制度を求める意見書を提出。 十一月米穀統制調査会委員。この年長男龍作鹿子木小五郎三女清子と結婚。	
八	一九三三	六五	一月宇垣一成擁立に向け松本学に接触。 三月第六四議会で日本製鉄株式会社法に上山満之進と反対。 四月蔡培火、伊沢及び岩波茂雄と白話字普及に関し意見交換。 五月高遠訪問、高遠町青年会と座談会。 七月鉄道会議議員。 一〇月台湾内地視察員許潭、陳振宋伊沢家訪問。	三月国際連盟脱退。 十一月農村問題中心とする内政会議。 十二月軍部、軍民離間声明。
九	一九三四	六六	一月朝日新聞座談会で、軍部批判。 三月第六五議会で選挙公営化などを内容とする衆議院議員選挙法改正案に反対。 七月岡田啓介組閣に関与。後藤文夫内相ら新官僚進出。 九月満州警察を関東軍憲兵司令官のもとに統合する「軍警統一」に反対。米穀対	四月帝人事件。文官分限令改正。 七月斎藤内閣総辞職、岡田啓介内閣。 十二月対満事務局官制。

			策調査会委員。 十一月士官学校事件発覚。襲撃の第二目標に。 この年三女いよ黒河内太門次男透と結婚。	
一〇	一九三五	六七	一月文政審議会で青年学校制度制定について反対。 二月貴族院本会議で美濃部達吉の天皇機関説擁護の拍手。 五月内閣審議会委員。「ガンヂー翁の教育論」を文教刷新委員会で配付。	三月衆議院、国体明徴決議。 四月青年学校令公布。 八月永田鉄山軍務局長刺殺事件。
十一	一九三六	六八	二月二・二六事件で巣鴨の自宅を避難。後藤内相、川崎卓吉文相を指揮して政府の善後策に当たる。近衛の後継首班辞退を説得。 四月地方長官異動。 七月議院制度調査会委員。 九月鉄道会議議員。 十二月同郷の池上秀畝画伯に師事する小川郷太郎、斎藤隆夫、太田政弘、木村小左衛門らと書画同好の会以心書舎結成。	二月第一九回衆議院議員総選挙。戒厳令布告。 三月岡田内閣総辞職、広田弘毅内閣。川崎卓吉死去。

十二	一九三七	六九	一月宇垣組閣本部を湯浅、次田らを通じて激励。 五月柴田善三郎らと岐阜、愛知、三重旅行。 六月貴族院制度調査会委員。 九月湯浅倉平内大臣に河井弥八の勅選議員推薦を依頼。	一月宇垣内閣流産。林銑十郎内閣。 四月第一九回衆議院議員総選挙。 六月第一次近衛文麿内閣。 七月盧溝橋事件。 八月国民精神総動員実施要綱決定。 一〇月企画院設置。
一三	一九三八	七〇	一月近衛首相と「日支事件処理」について懇談。林献堂、伊沢に検挙された蔡培火、呉三連の救出を依頼、翌月釈放される。 二月国家総動員法案特別委員会で反対するも、三月一転して最終案に全面賛成を表明。 六月議会制度審議会委員・国家総動員審議会委員。 九月長野県庁に大村清一知事訪問、郷里の小学校に学校林設置経営を要望。 十二月古稀祝賀会。	一月内務省社会局・衛生局を廃して厚生省設置。国民政府へ第一次近衛声明。 四月国家総動員法公布。 七月張鼓峰事件。 一〇月日本軍武漢三鎮占領。 十二月汪兆銘重慶脱出。
一四	一九三九	七一	三月議会で台湾米移出特別会計法と米穀配給統制法案に反対。	一月平沼騏一郎内閣。 五月ノモンハン事件。

			四月伊豆長岡の中村房次郎別荘で静養。 六月長野県の地元有志、高遠城址公園に「無字の碑」建立。 九月香坂昌康、本多静六と高遠町を訪問、高遠閣で講演。貴族院多額納税議員選挙で各地支援。 一〇月高遠町鉾持神社に刀剣献納。 十一月鉄道会議議員。 十二月長野県治山治水期成同盟会発会、会長に就任。	七月アメリカ、日米通商航海条約廃棄を通告。
一五	一九四〇	七二	三月斎藤隆夫の議員除名に反対。 四月高遠町訪問、学校林植樹。 五月府県制発布五〇周年記念座談会。 六月新党構想につき近衛と懇談。大浦育英会設立理事に。信濃教育会で講演（長野県立師範学校）。 七月第二次近衛内閣の松岡洋右外相起用に反対。この頃岡田文秀に「新体制違憲論」を起草させ近衛に提出。 十二月同成会、大政翼賛会議会局へ不参	一月米内光政内閣。斎藤隆夫反軍演説。 七月第二次近衛内閣。官界新体制確立大綱。 九月町内会部落会整備要綱。日独伊三国軍事同盟。 一〇月大政翼賛会成立。 十一月西園寺公望死去。 十二月湯浅倉平死去。

一六	一九四一	七三	加を表明。二七日枢密顧問官就任。 一月貴族院議員依願免官。 七月岡田文秀起草の「新内閣基本要綱」を近衛に提出。 八月長野県上伊那農業学校で講演。 九月長野県庁で訓話。日米首脳会談の件で近衛訪問。 一〇月近衛辞職を慰留。 十二月四日枢密院本会議で「日米交渉における東条内閣の態度」を質疑。八日枢密院全員委員会で「侵略は我国伝来の精神に反す」と発言。	一月官吏身分保障制度を撤廃（文官分限令改正）、地方長官大異動。 四月大政翼賛会改組。日ソ中立条約。企画院事件。 七月第三次近衛内閣。松岡外相更迭。 一〇月ゾルゲ事件。東条英機内閣。 十二月真珠湾攻撃（日米開戦）。
一七	一九四二	七四	一月内田信也別荘で近衛に面会。上伊那農業学校、伊那中学校、伊那高等女学校の報国団に学校林設置のための基本金五五〇〇円を寄付。信濃宮奉賛会副会長。 四月第二一回衆議院議員総選挙で、長野県で小坂武雄、野溝勝などを支援。選挙中の尾崎行雄不敬事件につき擁護の書状を東条首相に手交。	一月大日本翼賛壮年団結成。 四月翼賛政治体制協議会、推薦候補を決定。 五月大政翼賛会改組。翼賛政治会結成。 六月ミッドウェー海戦。 十一月大東亜省設置。 十二月御前会議（戦争完遂のため対中国処理方針）。

			七月末軽井沢で近衛に東条との関係修復を勧告。 九月浜口家の依頼で「浜口雄幸伝」編纂を開始。 一〇月大東亜省設置問題で政府絶対支持を表明。	
一八	一九四三	七五	一月青木一男大東亜相の仲介で来日中の汪兆銘と会談。東条後継内閣につき諸人士来訪。浜口伝の編纂のため丸山幹治来訪。 六月東京都初代長官に大達茂雄就任に尽力。 八月軽井沢で宇垣、近衛を訪問。古島一雄来訪。この頃川崎卓吉、浜口雄幸、湯浅倉平らの記念事業に尽力。	一月汪政権米英へ宣戦布告。 三月内閣顧問設置。 四月東条内閣改造。 六月東京都制。 七月地方行政協議会令公布。 九月御前会議「今後取るべき戦争指導大綱」。 十一月企画院・商工省廃止、軍需省創設。兵役法。
一九	一九四四	七六	三月近衛に重臣を枢密顧問官にする案を提示。近衛、伊沢を内相とする組閣構想。 七月東京憲兵隊本部から「不穏文書回収方ノ件」照会。	一月戦時官吏服務令・文官懲戒戦時特例公布。 二月東条首相、陸相・参謀総長を兼任。 六月米軍サイパン島上陸。重臣ら東条退

二〇　一九四五　七七

九月近衛を訪問、重臣による挙国一致体制実現を模索。中村房次郎葬儀。
十二月岩波茂雄の別邸惜櫟荘を訪問。
一月岩波の多額納税議員選挙出馬を支援（三月東京市で当選）。
二月星野直樹、伊沢訪問し「東条内閣復活」を説く。
三月山本玄峰・鈴木貫太郎会談を斡旋。
四月一三日夜の空襲で西巣鴨の自邸焼失。
五月伊豆の中村別荘より上京、枢密院会議出席。
六月軽井沢に移り近衛と往来。
七月野上弥生子、高野岩三郎とともに伊沢を訪問。
八月東久邇宮内閣に入閣した近衛に意見書。
九月上京。山崎巌内相に「道義国家再建意見」提出。
一〇月次田大三郎を通じ幣原喜重郎組閣に関与。

陣工作。
七月東条内閣総辞職。小磯国昭・米内光政連立内閣。
二月近衛上奏文。
三月東京大空襲。大日本政治会結成。
四月鈴木貫太郎内閣。吉田茂憲兵隊に逮捕される。
五月ドイツ降伏。
六月最高戦争指導会議、本土決戦の方針。
七月近衛のモスクワ特派交渉失敗。ポツダム宣言。
八月敗戦。東久邇宮稔彦内閣。
九月ＧＨＱ設置。東条英機ら戦争犯罪人逮捕命令。
十一月戦災復興院設置。
十二月近衛自殺。衆議院議員選挙法改正（男女二〇歳選挙権）。

二一	一九四六	七八	十二月吉田茂、伊沢に幣原の早期退陣勧告を依頼。ハーバート・ノーマン、GHQに「伊沢多喜男―日本の黒幕」提出。 二月楢橋渡書記官長、伊東の伊沢を訪問。伊沢、楢橋に幣原首相あて覚書手交。 三月三土忠造内相、警察制度について伊沢に諮問。 四月枢密院における憲法改正案の帝国議会付議の可否審査委員に就任。	一月天皇人間宣言。GHQ公職追放指令。幣原マッカーサー会談。 二月GHQ憲法改正三原則を日本政府に提示。 四月第二二回衆議院議員総選挙。 五月第一次吉田茂内閣。第一次地方制度改革（東京都制・府県制・市制町村制改正）。
二二	一九四七	七九	二月参議院議員選挙で長野県からの出馬に意欲を示すが、河井弥八の反対により断念。岐阜、長野など県知事公選に関与。 五月枢密院廃止、無官になる。 九月公職追放指定を受ける。 一〇月天皇の軽井沢行幸に天機奉伺。 十一月追放指定への異議訴願につき田中耕太郎らに協力を要請。	二月参議院議員選挙法公布。 四月都道府県知事、市町村長選挙。第一回参議院議員選挙。第二三回衆議院議員総選挙。 五月日本国憲法施行。地方自治法公布。 六月片山哲内閣。 十二月内務省解体。
二三	一九四八	八〇	一月高野岩三郎、田中清次郎と追放問題	二月芦田均内閣。

			協議、東京裁判被告東条英機の弁護人清瀬一郎と接触。五月長野県下伊那郡の信濃宮に参詣。高遠町滞在中に追放確定通知。十一月下条康麿文相就任祝賀会に出席。十二月伊沢八〇歳祝耄の会開催。	三月警察法施行（自治体警察を基本）。一〇月第二次吉田茂内閣。十一月東京裁判、東条らに死刑判決。十二月ＧＨＱ経済安定九原則発表。
二四	一九四九	八一	三月腸捻転を起こして重体。五月国立第一病院に入院。六月手術。八月一三日死去。一五日谷中全生庵で通夜、一六日葬儀（委員長幣原喜重郎）。一〇月長野県高遠城址公園「無字の碑」除幕式。	一月第二四回衆議院議員総選挙。二月第三次吉田内閣。七月国鉄人員整理。三鷹事件。八月松川事件。
二六	一九五一		八月六日公職追放指定解除。同一三日『伊沢多喜男』（伊沢多喜男伝記編纂委員会、羽田書店）刊行。	三月幣原喜重郎死去。九月対日平和条約調印。日米安全保障条約調印。

注：「伊沢多喜男履歴書」（伊沢多喜男関係文書）、『枢密院高等官履歴』（第八巻）昭和ノ四』（東京大学出版会、一九九七年）他より作成。

史料・参考文献（本書に使用したもの）

国会図書館憲政資料室

・伊沢多喜男関係文書　※数字は請求番号

「伊沢多喜男氏談話速記」五六　※「談話」と略記

「警視庁幹部名簿」四七〇－一

「伊沢総督着任当初日程」四七一－三

「大学新営費要求ニ関スル書類」四七五

「就学歩合、入学志願者及児童数」四七六

「大学創設ニ関スル調査」四七七

「台湾大学設立ノ主旨」四七九

「台湾大学ニ文学部併置ノ理由」四八〇

「伊沢総督東京市長就任説ニ対スル民情」四八三

「市長就職賛否調」四八四

「自創立当時至昭和五年伊沢財団事業概要」四八七

「昭和八年伊沢財団内地視察員感想記」四八八

「錦水会記録」四九七

「対満機構問題ニ関スル声明其ノ他」五一〇

「八田、森重両課長現地ヨリノ電報及復命書」五一一

「在満機関調整問題」五一二

「学校林設置助成計画」五二六

「活山活水に関する講演記録」五三二－一
「伊沢先生挨拶」五三二－二　阪井清彦氏宛一九〇九年十二月一九日
「郷土山河の感化力」五三二－三
「南支視察報告」高田雄種五六二
「昭和九年十一月廿七日　青年将校ノ非常手段暴」五六五－一
「新内閣基本要綱　昭和十六年七月十七日近衛公ニ対スル進言稿」五七一
「朝鮮総督問題に就て」五七六
「道義国家再建意見」五七七
「県外活躍の県人　浜口首相最高顧問伊沢多喜男氏」五八六
「伊沢さんをお訪ねして」高田雄種五九四
「伊沢多喜男日記・手帳」六二〇～六四八　※「日記」「手帳」と略記
「加藤高明の追憶」六五〇
「岐阜愛知三重旅行」六五二
「西園寺老公の薨去に想ふ」六五五
「訓話（昭和十六年九月長野県庁に於て）枢密顧問官伊沢多喜男」六五八
「岩波君を憶ふ」六六一
「怒庵の由来」六六七
「明治二十七年東京帝大政治科国際公法答案」六八二
「伊沢多喜男履歴書」六八三
「倫敦購入書籍受領書・パリ購入絵画受領書」六八六
「鉾持神社銘刀奉納式祝詞」六九三
「覚書　婚儀に関連する伊沢家の紹介」六九七
「日露外交に関する意見の一端」（年不明書簡に同封）
・近衛文麿関係文書（陽明文庫蔵）「伊沢多喜男氏訪問手記」

・佐藤達夫関係文書
「憲法改正枢密院議事録　昭和二一年四月～」
「昭和三十四年二月　戦争放棄条項と天皇制維持の関連について　大平駒槌氏の息女のメモ」
・幣原喜重郎関係文書（幣原平和文庫）
「幣原喜重郎書翰集」
大平駒槌宛幣原喜重郎書簡一九二九年二月二三日、一九四一年二月八日、一九四五年五月二三日
・立花小一郎関係文書　「立花小一郎日記」
・松本学関係文書　「中央政局ノ情勢ニ関スル件　新日本同盟本部書記局」一九三四年六月三日
・山岡万之助関係文書（学習院大学法学部・経済学部図書センター蔵）「地方官高等官一覧表　昭和二年三月」

その他機関

・愛知県公文書館
「明治二十九年永年雑件　知事官房」
「明治二十九年通常愛知県会議事録第十二号」
「愛知県職員録　明治二十九年七月現在」
・飯綱町教育委員会いいづな歴史ふれあい館
小林次郎文書
小林次郎宛松本忠雄書簡一九一七年二月二日、一九二三年一月十二日
小林次郎宛伊沢多喜男書簡一九一七年十一月末日
・伊那市立高遠町図書館
内田家資料
内田きさ子宛伊沢多喜男書簡一九二一年七月一日
・伊那市立高遠町歴史博物館
瀬川家寄贈資料

伊沢多喜男古稀祝賀会寄せ書き　No.一二三四－一一
伊沢多喜男似顔絵（内田孝蔵画）No.一二三四－一四
伊沢多喜男還暦祝賀会寄せ書き　No.一二三四－一八

・岩波書店編集部
岩波茂雄宛伊沢多喜男書簡一九四〇年七月一五日、九月三日、一九四二年八月二〇日、一九四五年一月二九日、三月八日

・外務省外交史料館
「要視察外国人ノ挙動関係雑纂、米国人一　宇佐穏来彦ニ関スル件一九一五年七月一九日」
「国際議員商事会議一件」

・岐阜県立図書館
『岐阜県会沿革誌』一九〇二年－一九〇七年
『明治三十一年通常岐阜県会速記録』第四号十二月五日
『明治三十三年通常岐阜県会速記録』第三号十二月一日
『明治三十四年通常岐阜県会速記録』第一〇号十二月九日

・京都大学大学文書館
第三高等学校関係資料
「明治二十四年五月天皇陛下京都行幸露国皇太子希国親王殿下御入京一件書類」
「三高等中学校一覧　自明治二五年九月至明治二六年八月」

・慶應義塾福沢研究センター
福沢関係文書
「慶應義塾入社帳」「明治十八年第一期勤惰表」「卒業生名簿」

・滋賀県県政史料室
『高等警察ニ関スル事項』
『明治三十七年通常滋賀県会速記録』第九号

『明治三十七年通常滋賀県会速記録』第十一号
『明治三十八年通常滋賀県会速記録』第一〇号
『職員進退　附自明治三十七年至明治四十年退職者履歴書』

・住友史料館
鈴木馬左也宛伊沢多喜男書簡一九二一年三月二二日
渡辺吾一「住友家別子林業と四阪島鉱煙害の回顧」

・台湾文献館
「台湾総督府档案」「台湾総督府報」

・東京大学近代法制史料センター原資料部
上山満之進文書「上山満之進日記　風塵録」※「上山日記」と略記
岡田宇之助関係文書「岡田宇之助日記」※「岡田日記」と略記
山崎巌文書「手帳」一九四五年

・東北大学資料館
宮城医学校文書「伊沢富次郎履歴」

・徳富蘇峰記念館
徳富蘇峰宛伊沢多喜男葉書　一九三二年二月二六日

・横浜市史資料室
半井清文書「半井清日記」一九五〇年九月一六日

・早稲田大学大学史史料センター
「三田村甚三郎関係文書」二－一五
三田村甚三郎宛伊沢多喜男書簡一九〇四年一〇月九日

個人

・今井清一氏

「丸山幹治氏筆記」※「丸山筆記」と略記。
「旧友座談会」
・水野りん氏
黒河内透宛伊沢多喜男書簡一九四二年七月二八日、一九四三年一月四日、一九四三年九月六日、一九四五年五月六日
「黒河内透履歴書」
・藤浪みや氏
「主婦日記　昭和十二年一月」藤浪みや
「父伊沢信三郎略歴」伊沢達雄
「立花小一郎年譜」立花馨

新聞

頻出する新聞は本文に以下のように略記した。
『東京朝日新聞』↓『東朝』、『読売新聞』↓『読売』、『台湾日日新聞』↓『台日』

帝国議会会議録データベース資料
本文注記では「帝国議会」を省略し、回・議院名・開催年月日を（）内に記した。
「第四一回帝国議会貴族院開墾助成法案特別委員会議事速記録」第四号、一九一九年三月六日
「第四五回帝国議会貴族院議事速記録」第三一号、過激社会運動取締法案、一九二二年三月二四日
「第四六回帝国議会貴族院議事速記録」第一〇号、国務大臣ニ対スル質疑、一九二三年二月六日
「第五六回帝国議会貴族院議事速記録」第一九号、内閣総理大臣ノ措置ニ関スル決議案、一九二九年二月二二日
「第六五回帝国議会貴族院議事速記録」衆議院議員選挙法中改正法律案特別委員会、一九三四年三月二〇日

「第六五回帝国議会両院協議会議事速記録」衆議院議員選挙法中改正法律案両院協議会、一九三四年三月二四日
「第六七回帝国議会貴族院議事速記録」第十一号、発言問題ニ付キ弁明ノ件、一九三五年二月二六日
「第七三回帝国議会貴族院議事速記録」国家総動員法案特別委員会議事速記録第四号、一九三八年三月二二日
「第七四回帝国議会貴族院議事速記録」米穀配給統制法案特別委員会議事速記録第五号、一九三九年三月二四日
「第七五回帝国議会貴族院議事速記録」第一四号、国務大臣ノ演説ニ対スル件、一九四〇年二月二八日

公刊日記史料

下記の公刊日記は、頭書のように略記し、引用箇所の年月日を付した。

『宇垣日記』『宇垣一成日記』全三巻、角田順校訂、みすず書房、一九六八年〜七一年
『大木日記』大木操『終戦時の帝国議会　大木日記』朝日新聞社、一九六九年
『河井日記』『昭和初期の天皇と宮中　侍従次長河井弥八日記』全六巻、岩波書店一九九三年〜九四年及『河井弥八日記　戦後篇』一〜三、尚友叢書、二〇一五年〜二〇一八年
『木戸日記』『木戸幸一日記』上下巻、東京大学出版会、一九六六年
『小林日記』『最後の貴族院書記官長小林次郎日記　昭和二〇年一月一日-十二月三一日』尚友倶楽部史料調査室・今津敏晃編、尚友倶楽部、二〇一六
「鈴木日記」「鈴木貞一日記—昭和八年（史料紹介）」及び「同　昭和九年」伊藤隆・佐々木隆『史学雑誌』八七巻一号・四号、一九七八年一月・四月
『斎藤日記』『斎藤隆夫日記』上下、伊藤隆編、中央公論新社、二〇〇九年
『蔡培火日記』『蔡培火全集1』「家世生平与交友日記　一九二九年〜一九三六年」、呉三連台湾史料基金会、二〇〇〇年
『阪谷日記』『阪谷芳郎　東京市長日記』櫻井良樹・尚友倶楽部編、芙蓉書房出版、二〇〇〇年
『高木日記』『高木惣吉日記　日独伊三国同盟と東条内閣打倒』毎日新聞社、一九八五年

『次田日記』『次田大三郎日記』太田健一ほか編、山陽新聞社、一九九一年
『西原日記』『西原亀三日記』山本四郎編、京都女子大学、一九八三年
『野上日記』『野上弥生子全集』第二期第四巻（日記四　昭和八―一〇年）、第九巻（日記九　昭和二〇年三月二八日―昭和二二年）、岩波書店、一九八七年
『原日記』『原敬日記』全六巻、福村出版、一九六五年
『原田日記』『西園寺公と政局』Ⅰ～Ⅷ・別巻、原田熊雄述、岩波書店、一九五一年～五六年
『浜口日記』『浜口雄幸日記・随感録』池井優ほか編、みすず書房、一九九一年
『牧野日記』『牧野伸顕日記』伊藤隆・広瀬順晧編、中央公論社、一九九〇年
『真崎日記』『真崎甚三郎日記』全六巻、伊藤隆ほか編、山川出版社、一九八一年～八七年
『松本日記』『松本学日記』伊藤隆、広瀬順晧編、山川出版社、一九九五年

伊沢多喜男・家族による記事

伊沢多喜男「読書を勧めらる」『斯民』第一五編七号、一九二〇年七月
伊沢多喜男「海外より観たる祖国」『斯民』第一六編十二号、一九二一年十二月
伊沢多喜男「当面の急務は人心の作興」『斯民』第一六編一〇・十一号、一九二一年一〇・十一月
伊沢多喜男「日本の楽土、台湾の近況」『サンデー』一九二五年二月八日
伊沢多喜男「芸妓問題批判」『廓清』第一八巻第一〇号、一九二八年一〇月
伊沢多喜男「四十年の友を失ふて」『民政』一九三一年一〇月
伊沢多喜男「宝山君と中学教育」滝浦文弥編『栽松宝山良雄先生』宝山先生遺著出版会、一九三二年
伊沢多喜男「政局を語る」『経済マガジン』ダイヤモンド社、一九三七年七月
伊沢多喜男「姻戚の一人として」『稲畑勝太郎君伝付録』伝記編纂委員会、一九三八年
伊沢多喜男「武士道の薫育」『婦人之友』三七巻六号、一九四三年六月
伊沢多喜男「不折敢闘の生涯」『文芸春秋』二一巻一〇号、一九四三年一〇月
伊沢多喜男「にれのや閑話」『信濃教育』七二四号、一九四七年四月

伊沢多喜男「ある日の幸田露伴の想い出」『婦人之友』四一巻十二号、一九四七年十二月
飯沢匡「おやじ(33) 伊沢多喜男　和製トロツキー」『朝日ジャーナル』二七一号、一九六四年五月
飯沢匡「二・二六事件と〝君側の奸〟」『中央公論』八二巻三号、一九六七年三月
飯沢匡「官僚政治の幕間話」『資料日本現代史月報』一九八四年一月、大月書店
飯沢匡『権力と笑のはざ間で』青土社、一九八七年
藤浪みや「父伊沢多喜男の想いで」『伊沢多喜男関係文書』芙蓉書房出版、二〇〇〇年
藤浪みや「羽仁先生と父のかかわり」私家版

伊沢に直接言及した記事・論文など

有竹修二「官僚百態（八）伊沢多喜男」『国民サロン』一九六八年十一月
伊沢多喜男伝記編纂委員会編『伊沢多喜男』（羽田書店、一九五一年）※『伝記』と略記
伊与部輝「官僚政治家の大御所伊沢多喜男をあばく」『人物評論』一九三四年三月
春日重信「伊沢多喜男の時代（一）～（四）」『伊那路』四七巻四・五・七・九号、二〇〇三年四・五・七・九月
小林次郎「伊沢先生の思出」『信州の東京』第三六二号、一九五五年九月
佐々弘雄「伊沢多喜男の政治的立場」『改造』、第一四巻八・九号、一九三二年八月
原平夫『上伊那近代人物叢書第一巻　伊沢修二　伊沢多喜男』伊那毎日新聞社、一九八八年
森戸吾良「信州の生んだ偉人　伊沢多喜男翁の書」『信山緑化情報』第三〇号、一九六一年

研究書・研究論文・その他

本文末尾の（　）内に出典として簡略表記した。

はじめに、第一章（著者名・書名五〇音順）
安倍能成『岩波茂雄伝』岩波書店、一九五七年
板倉創造『一枚の肖像画　折田彦市先生の研究』三高同窓会、一九九三年

馬詰嘉吉『恩師須田卓爾先生』金剛出版、一九七二年
奥中康人『国家と音楽　伊沢修二が目指した日本近代』春秋社、二〇〇八年
上沼八郎『伊沢修二』吉川弘文館、一九八八年
川西政明「宇野浩二の世界」『新・日本文壇史　第二巻　大正の作家たち』岩波書店、二〇一〇年
黒沢良『内務省の政治史　集権国家の変容』藤原書店、二〇一三年
『慶応義塾大学百年史』中巻（前）、慶応義塾、一九六〇年
『慶応義塾野球部史』慶応義塾体育会野球部、一九六〇年
『香坂昌康氏談話速記録』内政史研究資料第三集、一九七三年
小林次郎『国会生活の思い出』松籟堂、一九五〇年
近藤英明『国会のゆくえ』春陽堂書店、一九五六年
三高記念室『新編自由寮史』三高自昭会、二〇〇六年
三高記念室『神陵小史』三高自昭会、二〇〇九年
『三高野球部史　創部一〇〇年記念』第三高等学校野球部神陵倶楽部、一九九二年
幣原喜重郎『外交五十年』読売新聞社、一九五一年
『幣原喜重郎』幣原平和財団、一九五五年
『壬辰会雑誌』第五号、一八八二年八月
季武嘉也『大正期の政治構造』吉川弘文館、一九九八年
祖父江孝男『県民性』中公新書、一九八六年
『高遠町誌　人物編』高遠町誌刊行会、一九八六年
『東京遊学案内』少年園、一八九一年
『名士の少年時代　新人国記』中部編報知新聞社通信部編、平凡社、一九三〇年
『明治の禅匠』禅文化研究所、二〇〇九年
柳沢芙美子「山岡次郎研究ノート（二）織物産地を繋いだ染色技術者」『福井県文書館紀要』二号、二〇〇五年
柳田泉『明治初期翻訳文学の研究』春秋社、一九六一年

『楽石伊沢修二先生』故伊沢先生記念事業会、一九一九年

第二章

荒船俊太郎「三田村甚三郎関係文書」『早稲田大学史記要』第三九巻、二〇〇八年三月
『石黒忠篤伝』日本農業研究所編、岩波書店、一九六九年
一色耕平『愛媛県東予煙害史』周桑郡煙害調査会、一九二六年
上山君記念事業会『上山満之進』上下、成武堂、一九四一年
川東竫弘『農ひとすじ岡田温』愛媛新聞、二〇一〇年
『岐阜県警察史』上、岐阜県警察本部、一九八一年
『稿本柴田善三郎』私家版・著者発行年不詳
坂本令太郎「伊沢多喜男　政界の黒幕、大臣製造業」『信濃路』一九七五年一〇月
佐藤孝三郎『高岳自叙伝』佐藤達夫、一九六三年
清水唯一郎『政党と官僚の近代　日本における立憲統治構造の相克』藤原書店、二〇〇七年
末岡啓照『伊庭貞剛小伝　環境対策の先駆者』新居浜市広瀬歴史館、二〇一一年
『鈴木馬左也』鈴木馬左也翁伝記編纂会、一九六一年
高橋雄豺『明治警察史研究　明治年代の警保局長』第四巻、令文社、一九七二年
追想録河井昇三郎編集委員会『追想録河井昇三郎』一九七五年
藤堂迂人「県外活躍の県人　浜口首相最高顧問伊沢多喜男氏」一九三一年（伊沢多喜男文書五八六）
中井信彦校注『片葉雑記－色川三中黒船風聞日記』慶友社、一九八六年
永山正「色川三中以後の色川家の系譜について」『土浦文学』第二四号、一九八二年
南原繁ほか『小野塚喜平次　人と業績』岩波書店、一九六三年
『福井県史』通史編五近現代一、一九九四年
「府県制発布五十周年記念座談会」『斯民』第三五編八号、一九四〇年八月
細井肇『政争と党弊』益進会、一九一四年

松村謙三『三代回顧録』東洋経済新報社、一九六四年
松本皓一「「教育者」型人格における宗教体験と聖・俗の行動傾向―栽松・宝山良雄の場合」『駒沢大学仏教学部研究紀要』四七号、一九八九年三月
山下亀三郎『沈みつ浮きつ』四季社、一九五二年
『山梨県議会史』第二巻、一九七三年
山本正心「政界の立て者伊沢多喜男氏出世のスタートと今昔感」『書斎の屑籠 活殺自在』一九四〇年
山本由児「山本正心と土佐自由民権運動 思想とその一生」『自由民権記念館紀要』一四号、二〇〇六年八月
『幽翁』西川正治郎編、文政社、一九三三年
『和歌山県議会史』第二巻、一九七一年

第三章

「危ふく兄弟の縁切り 古今東西逸話美談」『キング』三巻四号、一九二七年四月
新井勉「大正・昭和期における司法省の裁判所支配」『日本法学』七七巻三号、二〇一一年
『ある横浜商人の賦 中村房次郎考』横浜市中区福祉部市民課、一九七八年
一ノ瀬今朝子「伊沢多喜男翁の想い出を手繰って」『伊那路』一六巻八号、一九七二年八月
大西比呂志『横浜市政史の研究 近代都市における政党と官僚』有隣堂、二〇〇四年
小島憲一郎『堀貞自叙伝』私家版、一九二八年
小山俊樹『憲政常道と政党政治 近代日本二大政党制の構想と挫折』思文閣出版、二〇一二年
坂井雄吉「解題 有松英義の政治的生涯」『国家学会雑誌』八六巻三・四号、一九七三年十二月
櫻井良樹『帝都東京の近代政治史 市政運営と地域政治』日本経済評論社、二〇〇三年
三峰会編『三峰下岡忠治伝』三峰会、一九三〇年
塩野ひさ江編『内田孝蔵』抜天会、一九五二年
尚友倶楽部史料調査室・小林和幸編集『幸倶楽部沿革日誌』芙蓉書房出版、二〇一三年
季武嘉也『選挙違反の歴史 ウラからみた日本の一〇〇年』吉川弘文館、二〇〇七年

田宮裕「大浦事件」『日本政治裁判史録　大正』第一法規出版、一九六九年
東京朝日新聞政治部編『その頃を語る』東京朝日新聞社、一九二八年
内藤一成『貴族院と立憲政治』思文閣出版、二〇〇五年
『新潟県議会史』大正編、新潟県議会、一九五七年
西尾林太郎『大正デモクラシーの時代と貴族院』成文堂、二〇〇五年
畠山秀樹『住友財閥成立史の研究』同文館出版、一九八八年
波多野勝『裕仁皇太子ヨーロッパ外遊記』草思社、一九九八年
『原敬関係文書』第一巻書翰篇一、日本放送出版協会、一九八四年
松本剛吉『大正デモクラシー期の政治　松本剛吉政治日誌』、岩波書店、一九五九年
三谷太一郎『近代日本の司法権と政党　陪審制成立の政治史』塙書房、一九八〇年
渡辺欽城『三多摩政戦史料』日本産業新報社、一九二四年

第四章

井出季和太『台湾治績志』台湾日日新聞社、一九三七年
井上敬介『立憲民政党と政党改良　戦前二大政党制の崩壊』北海道大学出版会、二〇一三年
『黄旺成先生日記　11　一九二四年』中央研究院台湾史研究所、二〇一三年
岡本真希子『植民地官僚の政治史　朝鮮・台湾総督府と帝国日本』三元社、二〇〇八年
『顔国年君小伝』長浜実編、台湾日日新報社、一九三九年
『辜顕栄翁伝』辜顕栄翁伝記編纂会、一九三九年
櫻井良樹『加藤高明　主義主張を枉ぐるな』ミネルヴァ書房、二〇一三年
幣原坦『文化の建設　幣原坦六十年回想記』吉川弘文館、一九五三年
『台湾を惑乱せる伊沢一派の暴戻』拓南新聞社、一九三六年
田川大吉郎『台湾訪問の記』白揚社、一九二五年
陳瑜「台北帝国大学設立構想に関する研究」『教育実践学論集』八号、二〇〇七年三月

原武史『可視化された帝国　近代日本の行幸啓』みすず書房、二〇〇一年
松尾尊兊『吉野作造集』「解説」筑摩書房、一九七六年

第五章

粟屋憲太郎『昭和の政党』小学館、一九八三年
安達謙藏『安達謙藏自叙伝』新樹社、一九六〇年
飯沢匡『異史明治天皇伝』新潮社、一九八八年
石井満『新渡戸稲造伝』関谷書店、一九三五年
伊藤正徳『加藤高明』上下、加藤伯伝記編纂委員会、一九二九年
『内田康哉』鹿島研究所出版会、一九六九年
大日方純夫『警察の社会史』岩波書店、一九九三年
『貴族院要覧　増訂甲』、貴族院事務局、一九二五年
栗林貞男『地方官界の変遷　内務畑の新人旧人』世界社、一九三〇年
児玉識『上山満之進の思想と行動』海鳥社、二〇一六年
櫻井良樹『帝都東京の近代政治史　市政運営と地域政治』日本経済評論社、二〇〇三年
『桜内幸雄自伝　蒼天一夕談』蒼天会、一九五二年
杉森久英『新渡戸稲造』読売新聞社、一九九一年
野溝伝一郎先生顕彰会編『野溝伝一郎』甲陽書房、一九六二年
『松本学氏談話速記録』上下巻、内政史研究会、一九六七年
前田蓮山編『床次竹二郎伝』床次竹二郎伝記刊行会、一九三九年
丸山鶴吉『七十年ところどころ』七十年ところどころ刊行会、一九五五年
御手洗辰雄『三木武吉伝　民衆政治家の生涯』四季社、一九五八年
村井良太『政党内閣制の展開と崩壊　一九二七～三六年』有斐閣、二〇一四

第六章

『青木得三氏談話速記録』一、内政史研究会、一九六四年
安部博純「森恪 ファシズム体制の先駆」『日本政治の実力者たち リーダーの条件二』有斐閣、一九八〇年
伊藤隆『昭和初期政治史研究 ロンドン海軍軍縮問題をめぐる諸政治集団の対抗と提携』東京大学出版会、一九六九年
今井清一『濱口雄幸伝』上下巻、朔北社、二〇一三年
岩淵辰雄「謀略政治家森恪」『文芸春秋』三二巻十一号、一九五四年七月
内川永一朗『晩年の稲造 共存共栄を説く』岩手日報社、一九八三年
兼近輝雄「安達謙蔵 党人派の実力者」『日本政治の実力者たち リーダーの条件二』有斐閣、一九八〇年
北田悌子『父浜口雄幸』日比谷書房、一九三二年
嶋田聡「蔡培火『東亜の子かく思ふ』に関する一考察」『愛知大学国際問題研究所紀要』一四八号、二〇一六年一〇月)
須藤信喜「大臣をアゴで使った男」『二〇世紀』一九六九年一月
陳芳明『台湾新文学史』上、東方書店、二〇一五年
中島岳志『岩波茂雄 リベラル・ナショナリストの肖像』岩波書店、二〇一三年
中島康比古「『宇垣一成関係文書』に見る宇垣擁立運動」『宇垣一成関係文書』芙蓉書房出版、一九九五年
半井清『浮き草の思い出』私家版、一九七二年
矢部貞治『近衛文麿』読売新聞社、一九七六年
山浦貫一編『森恪』原書房、一九八二年
山崎一芳『久原房之介』東海出版社、一九三九年
山本四郎「斎藤内閣の成立をめぐって」『史林』五九巻五号、一九七六年九月
『若槻内閣』若槻内閣編纂会、一九三一年
若槻礼次郎『古風庵回顧録 若槻礼次郎自伝』読売新聞社、一九五〇年

第七章

岡田文秀「行政改革の根本義」『自治研究』第七巻第一〇号、一九三一年一〇月
岡田文秀自叙伝刊行会『怒濤の中の孤舟　岡田文秀自叙伝』、一九七四年
小田部雄次「五・一五事件前後の天皇・宮中」『昭和初期の天皇と宮中　侍従次長河井弥八日記』第六巻、岩波書店、一九九四年
佐々弘雄「伊沢多喜男の政治的立場」『改造』一九三二年八月
佐々木隆「荒木陸相と五相会議」『史学雑誌』八八巻三号一九七九年三月
「静観の底に渦巻く政局展望」『政論パンフレット』第一輯、一九三四年
杣正夫「一九三四年衆議院議員選挙法の改正一、二」『法政研究』九州大学法政学会、五〇巻一、二号
田崎宣義「救農議会と非常時」『日本議会史録三』第一法規、一九九一年
堤康次郎『太平洋のかけ橋』三康文化研究所、一九六三年
古川隆久『近衛文麿』吉川弘文館、二〇一五年

第八章

阿部彰『文政審議会の研究』風間書房、一九七五年
伊藤隆「旧左翼人の「新体制運動」」『昭和期の政治〈続〉』山川出版社、一九九三年
宇垣一成述・鎌田沢一郎著『松籟清談』文芸春秋新社、一九五一年
大島京一「二・二六事件と新々官僚」『社会往来』一九三六年四月号
「各省の次代を造る人々」『日本評論』一九三七年九月
『加藤祐三郎氏談話速記録』内政史研究会、一九六九年
川崎卓吉伝記編纂会『川崎卓吉』川崎卓吉伝記編纂会、一九六一年
『萱場軍蔵氏談話速記録』内政史研究資料第四六、四七集
『ガンジーの教育論』ガンジー、片山佳代子編訳、ブイツーソリューション、二〇〇九年
『検察秘録二・二六事件Ⅰ　匂坂資料五』「二二六事件ニ関スル件報告（第四報）」角川書店、一九八九年

『検察秘録二・二六事件Ⅲ　向坂資料七』「証人尋問調書」角川書店、一九九一年
『検察秘録二・二六事件Ⅳ　向坂資料八』「予審終了報告及控訴状等資料」同右、一九九二年
『現代史資料二三　国家主義運動三』「十一月二十日事件意見書」みすず書房、一九七四年
『近衛日記』共同通信社、一九六八年
佐々木隆「陸軍『革新派』の展開」『昭和期の軍部（年報・近代日本研究一）』山川出版社、一九七九年
清水秀子「対満機構の変遷」『国際政治』三七号、一九六八年一〇月
『資料文政審議会』第三集、明星大学出版部、一九八九年
高橋正衛『二・二六事件「昭和維新」の思想と行動』中央公論社、一九六五年
茶谷誠一『昭和戦前期の宮中勢力と政治』吉川弘文館、二〇〇九年
筒井清忠『陸軍士官学校事件　二・二六事件の原点』中央公論新社、二〇一六年
『内務省外史　続』大霞会編、地方財務協会、一九八七年
「内務畑人物布陣図」『社会往来』一九三六年七号
服部龍二『広田弘毅「悲劇の宰相」の実像』中央公論新社、二〇〇八年
林弥三吉『文武権の限界と其の運用』兵書出版社、一九三六年
『秘録永田鉄山』芙蓉書房、一九七二年
『広田内閣』広田内閣編纂所、一九三六年
古川隆久『あるエリート官僚の昭和史』芙蓉書房出版、二〇〇六年
古川隆久『昭和戦中期の議会と行政』吉川弘文館、二〇〇五年
御厨貴「国策統合機関設置問題の史的展開」『昭和期の軍部』山川出版社、一九七九年
美濃部亮吉『苦悶するデモクラシー』文芸春秋新社、一九五九年

第九章

伊藤隆『近衛新体制　大政翼賛会への道』中央公論社、一九八三年
大豆生田稔『近代日本の食糧政策　対外依存米穀供給構造の変容』ミネルヴァ書房、一九九三年

『呉三連回憶録』自立晩報文化出版部、一九九一年（英語版 *Memoirs of Wu San-Lien*, Quadu Press, 2018）
『呉三連伝』台湾省文献委員会、一九九九年
古島一雄『一老政治家の回想』中央公論社、一九五一年
斎藤隆夫『回顧七十年』民生書院、一九四八年
蔡培火『東亜の子かく思ふ』岩波書店、一九三七年
御厨貴『権力の館を歩く』毎日新聞社、二〇一〇年
森戸吾良「伊沢翁の無字の碑（一）（二）（三）」『伊那』一九六八年七月・八月・一〇月
『楊肇嘉回憶録』三民書局、一九六八年
吉田裕「軍財抱合」の政治過程」『歴史評論』四〇八号、一九八四年
劉明電『台湾米穀政策の検討』岩波書店、一九四〇年

第一〇章

青木一男『わが九十年の生涯を顧みて』講談社、一九八一年
有竹修二『唐沢俊樹』唐沢俊樹伝記刊行会、一九七五 年
伊藤隆『昭和十年代史断章』東京大学出版会、一九八一年
伊藤隆「近衛上奏文」『昭和期の政治〈正〉』山川出版社、一九八三年
内田信也『風雪五十年』実業之日本社、一九五一年
大島清『高野岩三郎伝』岩波書店、一九六八年
『大達茂雄』大達茂雄伝記刊行会、一九五六年
大谷敬二郎『にくまれ憲兵』日本週報社、一九五七年
「尾崎行雄不敬事件」『日本政治裁判史録　昭和・後』第一法規出版、一九七〇年
『回想山本玄峰』玉置弁吉編著、春秋社、一九八六年
『鹿島精一追懐録』鹿島精一追懐録編纂委員会編刊、一九五〇年
『軽井沢町誌　歴史編（近現代編）』軽井沢町誌刊行委員会、一九八八年

岸信介・矢次一夫・伊藤隆著『岸信介の回想』文芸春秋、一九八一年
小磯国昭自叙伝刊行会『葛山鴻爪』一九六三年
高村坂彦『激動の世に生きて　草履取り振り人生』私家版、一九八四年
小林勇『惜櫟荘主人　一つの岩波茂雄伝』岩波書店、一九六三年
『周仏海日記　一九三七－一九四五』みすず書房、一九九二年
『枢密院会議議事録　国立公文書館所蔵』第九四巻（東京大学出版会）一九四二年一〇月二八日
鈴木一編『鈴木貫太郎自伝』桜菊会出版部、一九四九年
高木惣吉『高木海軍少将覚え書』毎日新聞社、一九七九年
高木蒼梧『玄峰老師』大蔵出版、一九六三年
田中清玄『山本玄峰老師言行録』一九九三年
『田中清玄自伝』文芸春秋社、一九九四年
手嶋泰伸「終戦期の平沼騏一郎」『日本歴史』第八二〇号、二〇一六年九月
『東京大空襲・戦災誌』第三巻、東京空襲を記録する会、一九七三年
『長野県政史』第三巻、一九七三年
『日召自伝』日本週報社、一九四七年
馬場明『日中関係と外政機構の研究 大正・昭和期』原書房、一九八三年
深井英五『枢密院重要記事覚書』岩波書店、一九五三年
古井喜実『一政治家の人生　山陰生れ　私の履歴書』牧野出版、一九七九年
古川隆久『昭和戦中期の国策統合機関』吉川弘文館、一九九二年
古川隆久『戦時議会』吉川弘文館、二〇〇一年
細川護貞『情報天皇に達せず』下、同光社磯部書房、一九五三年
細川護貞『細川日記』中央公論社、一九七八年
堀真清「侃堂丸山幹治　忘れられた政論記者」『日本思想の地平と水脈』ぺりかん社、一九九八年
丸山侃堂「黒幕政治家　伊沢多喜男の政界秘話」『毎日情報』一九五〇年十二月一日

『丸山真男回顧談』下、松沢弘陽・植手通有編、岩波書店、二〇〇六年
『南弘先生 人と業績』南弘先生顕彰会、一九七九 年
『三好重夫氏談話速記録』内政史研究会、一九六六年
『村田五郎氏談話速記録』三、内政史研究会、一九七三年
森有義『青年と歩む 後藤文夫』日本青年館、一九七九年
八百板正『不退転の人 野溝勝の足跡』一九八〇年
Lang, Ehrhardt Imanuel, *A Child in Japan During World War II Memories of a German Missionary's Son*, 2013.

第十一章

天川晃「幣原内閣」「吉田内閣」『日本内閣史録五』第一法規出版、一九八一年
荒井庄衛「伊沢多喜男先生を軽井沢にお訪ねして」『高遠』第五号、一九七五年
荒垣秀雄「吉田の懐刀、興信録的人物殖田俊吉」『現代人物論』河出書房、一九五〇年
粟屋憲太郎『未決の戦争責任』柏書房、一九九四年
大窪愿二「ハーバート・ノーマン年譜」『思想』六三四号、一九七七年
岡戸武平『士魂商才 武藤嘉門伝』中部経済新聞社、一九六三年
『神奈川県警察史』下巻、神奈川県警察本部、一九七四年
川田順『住友回想記』中央公論社、一九五一年
『国際検察局(IPS)尋問調書』第二四巻、日本図書センター、一九九三年
『国際検察局(IPS)尋問調書』第四七巻、日本図書センター、一九九三年
古関彰一『憲法九条はなぜ制定されたか』岩波書店、二〇〇六年
『GHQ日本占領史』一「GHQ日本占領史序説」、日本図書センター、一九九六年
『GHQ日本占領史』六「公職追放」、日本図書センター、一九九六年
塩田潮『最後の御奉公 宰相幣原喜重郎』文芸春秋、一九九二年

滝沢忠義「ハーバート・ノーマン　長野が生んだカナダ外交官の悲劇」『信州の人物余聞』ほおずき書籍、二〇一〇年
東郷茂徳『東郷茂徳外交手記　時代の一面』原書房、一九六七年
内藤一成「参議院議員河井弥八の誕生」『日本学研究』一七号、二〇一四年十二月
『栖橋渡伝』栖橋渡伝出版会、一九八二年
野島貞一郎編『緑風会十八年史』緑風会史編纂委員会、一九七一年
ノーマン、ハーバート「伊沢多喜男―日本の黒幕」『ハーバート・ノーマン全集』第二巻、岩波書店、一九七七年
ノーマン、ハーバート著・大窪愿二訳、「一九三〇年代の日本政治（遺稿）」『思想』六二四号、一九七六年
ノーマン、ハーバート著・中野利子編訳『日本占領の記録一九四六－四八』人文書院、一九九七年
『敗戦時全国治安情報』第二巻、日本図書センター、一九九四年
服部龍二『幣原喜重郎と二十世紀の日本　外交と民主主義』有斐閣、二〇〇六年
浜田康史「カナダの対日インテリジェンス一九四二年－一九四五年　太平洋戦争期のE・H・ノーマン」『国際政治』一六一号、二〇一〇年八月
馬場伸也「占領とノーマン」『思想』六三四号、一九七七年
林虎雄『この道十年』産業経済新聞社、一九五九年
林虎雄『過ぎて来た道』甲陽書房、一九八一年
平野孝『内務省解体史論』法律文化社、一九九〇年
『前田多門　その文・その人』堀切善次郎、一九六三年
『増田甲子七回想録　吉田時代と私』毎日新聞社、一九八四年
増田弘「公職追放の衝撃」『戦後日本　占領と戦後改革』第二巻、岩波書店、一九九五年
『吉田茂書翰　正』吉田茂記念事業財団編、中央公論社、一九九四年
『緑風会十八年史』野島貞一郎編集、緑風会史編纂委員会、一九七一年

おわりに

市川喜崇『日本の中央‐地方関係　現代型集権体制の起源と福祉国家』法律文化社、二〇一二年
ウェーバー、マックス『職業としての政治』岩波書店、一九五二年

◇各章に大西比呂志編著『伊沢多喜男と近代日本』（芙蓉書房出版、二〇〇三年）所収の下記論文を参照した。
吉良芳恵「県知事時代の伊沢多喜男　和歌山・愛媛・新潟」
季武嘉也「大浦兼武と伊沢多喜男　内務官僚として」
櫻井良樹「伊沢多喜男と東京市政」
加藤聖文「植民地統治における官僚人事　伊沢多喜男と植民地」
黒川徳男「中間内閣期の伊沢多喜男」
中島康比古「国家総動員法案と伊沢多喜男」
大西比呂志「戦中戦後の伊沢多喜男　内務官僚支配の終焉」

口絵・図版の出典

◇口絵
伊沢多喜男　西巣鴨の自邸で（一九三五年頃）——藤浪みや氏提供
家族と（一九三二年新年参賀を終えて）　妻とくと子供たち——藤浪みや氏提供
伊沢と台湾運動家たち（蔡培火経営の「味仙」で一九三九年六月）——呉三連台湾史料基金会提供

◇図版
図１　藩黌進徳館——伊沢多喜男伝記編纂委員会編『伊沢多喜男』（羽田書店、一九五一年）
図２　三高時代の日記　一八八二年三月——国会図書館憲政資料室所蔵「伊沢多喜男関係文書」六二〇

図3　四阪島精錬所（明治三八年頃）――末岡照啓『伊庭貞剛小伝　環境宅先の先駆者』新居浜市広瀬歴史記念館、二〇一一年

図4　西巣鴨町の伊沢邸――『西巣鴨町東部事情明細図』一九二七年四月（部分）

図5　ベルリンで　内田孝蔵と――塩野ひさ江編『内田孝蔵』抜天会、一九五二年

図6　駕上の伊沢総督――『地方巡視　大正一三年一〇月（自一九日至二七日）』「伊沢多喜男関係写真ほか八六点」伊那市立高遠町歴史博物館所蔵No.八五三

図7　在京台湾人留学生による台湾議会設置請願運動　一九二六年一月――呉三連台湾史料基金会提供

図8　東京駅で娘みやと　一九二六年――藤浪みや氏提供

図9　岡本一平の風刺画――『朝日新聞』一九二九年二月一五日朝刊二頁

図10　浜口雄幸宛て伊沢多喜男の手紙　一九二九年七月一日――「伊沢多喜男関係文書」四〇二―三

図11　無字の碑　高遠城址公園――著者撮影

図12　頑爺帳：伊沢邸訪問者のサイン帳――「伊沢多喜男関係文書」六六八

図13　近衛公に対する進言稿――「伊沢多喜男関係文書」五七一

図14　幻となった浜口伝編纂史料――今井清一氏所蔵

図15　軽井沢の伊沢別荘周辺――『軽井沢別荘案内図』一九三六年　軽井沢町立図書館デジタルアーカイブ

図16　A Japanese Eminence Grise : IZAWA TAKIWO――『国際検察局（IPS）尋問書』第四七巻、日本図書センター、一九九三年

◇カバーの似顔絵について
一九四三年に内田孝蔵が制作。伊那市立高遠町歴史館所蔵。

作者内田孝蔵は一八八一年高遠町板町に生まれ、伊沢の母方の従弟である。ドイツ留学をへて丸の内で眼科医院を開業し、日本で最初の二重瞼の施術を編み出した整形外科の先駆者でもある。同郷の画家・書家として名高い中村不折は「我が畏友医学博士内田孝蔵君は其の本職たる顔面整形術を施すことの基礎として先づ患者の肖像を書く、これが仲々御自慢で我々専門の画家が往々吹きとばされて木の葉の如く翻弄されて仕舞ふ」と高い評価を与えている。『顔』(丸ビル眼科出版部出版、一九三七年)の作品集がある。

◇表紙の写真
建築当時の内務省新庁舎(一九三三年九月、霞が関)。建て替えられて現在は中央合同庁舎第二号館となっている。

む

も

や

に

ぬ

の

す

せ

し

さ

く

こ

き

か

え

お

う

い

人名索引

あ

大西比呂志（おおにしひろし）

1955年生まれ。日本近現代史を研究。早稲田大学大学院政治学研究科博士後期課程単位取得満期退学。現在、フェリス女学院大学国際交流学部教授。長年「横浜市史」編纂事業に関わるほか、多数の自治体史に執筆している。著書に『伊沢多喜男と近代日本』（編著2003、芙蓉書房出版）、『横浜市政史の研究』（単著2004、有隣堂）、『大東京空間の政治史』（共編著2002、日本経済評論社）など。

※本書は一般社団法人尚友倶楽部の学術図書出版助成金を受けて出版されました。

伊沢多喜男 知られざる官僚政治家

二〇一九年三月二〇日　第一刷発行©

著　者　大西比呂志
発行者　宮本　功
発行所　株式会社　朔北社
〒一九一―〇〇四一
東京都日野市南平五―二八―一―一階
TEL　〇四二―五〇六―五三五〇
FAX　〇四二―五〇六―六八五一
振替〇〇一四〇―四―五六七三一六
http://www.sakuhokusha.co.jp

印刷・製本　中央精版印刷株式会社

落丁・乱丁本はお取りかえします。

ISBN978-4-86085-132-3　C0023　Printed in Japan